하나님은 초창기 보즈푸리 운동이 시작될 때부터 나에게 놀라운 것들을 가르치기 시작하셨고, 이 운동(그리고 다른 운동들)을 사용하셔서 나의 선교 접근방식에 급진적인 변화를 가져다주셨다. 나는 예수님이 "모든 종족들로 제자 삼으실 것이고", 모든 제자들은 또 다른 제자들을 재생산할 것이라는 사실을 진지하게 받아들이기 시작했다. 나에게 이런 급격한 영향을 끼쳤던 현대판 사도행전 운동을 촉발했던 빅터 존과 다른 리더들이 나눈 이 놀라운 이야기들을 읽을 수 있어서 얼마나 감격스러운지 모른다.

켄트 팍스_ Beyond 대표/CEO

이 책은 25년 전 우리에게 교회개척운동을 소개했던 그 운동을 재검토한다. 우리는 이제 이 운동이 북인도 전역에서 이웃한 힌두 종족들, 부족들, 주변 종족들, 무슬림 종족들 가운데 새로운 운동을 촉진하고 있다는 것을 발견한다. 나는 자주 "이 운동이 얼마나 오래 지속될까요?"라는 질문을 받는다. 글쎄, 25년이 지났는데도 이 운동은 정체될 것 같은 조짐을 발견할 수 없다.

데이비드 게리슨_ Global Gates 대표 책임자

이 책은 9천만 명의 북인도 보즈푸리 종족 가운데 일어난 하나님의 운동을 설명한다. 지난 25년 동안 평범한 제자들이 수백만 명에게 세례를 주고 수 만개의 교회를 개척했다. 이 책의 모든 페이지는 제자와 교회를 증식하는 운동을 형성하고 유지하는데 필수적인 교훈들을 알려준다.

스티브 애디슨_「The rise and fall of movements」의 저자

이것은 기적적인 이야기이고 엄청난 책이다. 나는 지난 2년 동안 북인도와 네팔에 가 보았고 그 지역에서 하나님의 기적적인 역사의 예들을 너무 많이 목격했다. 가장 놀라운 것 중 하나는 두 그룹의 리더들이 자신들이 직면한 거짓 가르침에 대항하기 위해 스스로 성경 연구를 통해 얻은 교리적 진술들을 적고 있는 것을 지켜본 것이다. 나는 수십 명의 신자들이 처음 신앙생활을 하면서 몇 년 동안 시작한 교회들의 확산되는 흐름이나 네트워크에 대해서 이야기하기 위해 도표를 사용하는 것을 보았다.

돈 덴트_ Gateway 신학교 선교학 교수

나는 지금껏 15년 이상 보즈푸리 운동을 지켜보고 있다. 우리가 교회를 시작했을 때, 첫 10년간 1만 명의 사람들이 그리스도께 자신의 삶을 헌신하는 것을 보려는 비전을 가졌다. 우리는 이 목표를 8년 만에 달성했다. 이제 우리는 이렇게 질문하고 있다. "하나님이 빅터 존을 통해 인도에서 하신 일을 미국에서도 하실 수 있을까? 수백만 명을 구원하고 세례 줄 수 있을까?" 우리는 앞으로 10년 안에 100만 명의 새로운 제자들을 얻기 위해 비전을 제시하고 있다. 빅터 존의 멘토링과 함께 보즈푸리 이야기는 내 삶과 우리 교회의 삶을 바꾸어 놓았고, 확실히 말할 수 있는 것은 당신이 이 책을 읽고 마음으로 충분히 받아들인다면 여러분의 삶이 바뀔 수 있을 것이다!

크리스 갈라노스_ Experience Life 교회 대표 목사.
「초대형교회에서 제자삼기운동으로(좋은씨앗)」의 저자

1995년 3월 나는 바라나시에서 개최된 2차 보즈푸리 리더 콘퍼런스에서 말씀을 나누었다는 친구 빅터 존의 문자 메시지를 받았다. 나는 진행상황에 대해서 물었고, 빅터는 '가정교회' 200개가 현재 바라나시 지역에 있다는 말을 전해 왔다. 나는 6개월 후에 그 지역을 방문했는데, 그 '가정교회'는 400개로 배가된 상태였다. 그 이후는 모두 다 알고 있듯이 "통제할 수 없는" 증식이 일어났다. 성령님이 이끄신 시너지 효과는 북인도의 보즈푸리 종족과 다른 종족들 뿐만 아니라 다른 나라에서도 유기적이고 다세대적이고 다계층적으로 증식하는 제자삼기운동과 교회개척운동을 일으켰다.

여기 배워야 하는 교훈들이 있다. 보즈푸리 돌파 스토리에는 순종적인 사람들, 단체, 기도와 복음심기, 제자삼기와 리더훈련, 문화적으로 적절한 '환대' 가운데 일어나는 기적과 치유로 인한 창의적 공동체 접근이 근간을 이루고 있다.

찰스 크리디오티스_ A Nordic Catalyst 창립자,
「Simply Kingdom, Simple Church」의 저자

이 책을 읽으면서, 당신의 마음은 하나님이 보즈푸리 종족에게 역사하시는 것처럼 우리나라에도 그분의 임재와 능력이 새롭게 부어지기를 간절히 바랄 것이다. 이 책을 읽고 나면, 하나님께서 온전히 순종하는 사람이라면 누구든지 그분의 영광을 위해 사용하실 수 있고 사용하실 것이라는 사실이 분명해진다. 예수님이 말씀하셨다. "나는 내 아버지께서 하시는 일을 내가 본 대로 하는 것이다." 하나님이 이 운동에서 하시는 일은 아버지가 하시는 일을 보고 나서 그것을 행한 결과가 분명하다. 나는 은사 중단론자로서 2000년에 보즈푸리 리더 콘퍼런스에 참석했을 때 기적, 표적, 기사와 비신자에게 복음전도를 통한 리더와 교회의 급속한 영적 증식에 관한 일들을 개인적으로 일부 경험했다. 나는 기적을 목격했을 뿐만 아니라 나 자신도 근본적으로 치유되었다. 또한 콘퍼런스에서 하나님과 그분의 말씀에 굶주리고 목말라하는 1200명의 리더를 목격했다. 정말 하나님의 기적적인 운동이다.

크리스 핫시_ Abundant Life Community 교회 담임목사

『보즈푸리 돌파』는 인도에 임한 놀라운 부흥의 스토리이다. 보즈푸리에서는 사도행전의 역사가 계속되고 있다. 충격적인 부흥의 소식이 아닐 수 없다. 하나님은 시대마다 새 인물을 세우시고, 새로운 방법으로 부흥을 주도해 가신다. 보즈푸리에서 일어나고 있는 부흥은 하나님의 새 창조의 역사요, 인도에 있는 영혼들을 사랑하시는 하나님의 긍휼의 역사이다.

부흥은 하나님이 방문하시고, 직접 개입하셔서, 놀라운 일을 이루시는 것이다. 회개와 함께 수많은 영혼들이 주님께 돌아오는 역사이다. 지역사회가 변화되고 민족이 개

조되는 역사이고, 영혼 구원의 역사가 제자 재생산의 역사로 연결되며 교회들이 배가되는 역사이다.

보즈푸리의 부흥 소식을 읽으면서 가슴이 뜨거워지는 것을 경험했다. 새 소망이 물밀듯 밀려온다. 하나님은 살아 계시며, 하나님의 부흥은 계속되고 지속된다. 보즈푸리의 부흥이 한국 교회를 새롭게 하고, 열방을 주님께로 인도하는 역사로 뻗어 나가길 소망한다. 부흥을 사모하는 그리스도의 제자들과 선교사님들 그리고 목회자들에게 추천한다.

강준민 목사_ L.A. 새생명비전교회 담임목사

사렙다 과부에게 무얼 했는지 묻고, 돌아가 똑같이 선지자에게 양식을 제공하고 그릇과 병을 준비한다고 해서 같은 일이 일어나는 것은 아니다. 하나님께서 주류가 아닌 이방과부를 사용하시는 이유를 깨달아 모두가 다시 바른 길을 가야 한다. 보즈푸리의 이야기는 '나는 여전히 하나님이다'라고 말씀하시는 하나님의 음성이다. 사렙다 과부에게 물어야 할 것은 아들이 죽고 산 후에 정말 알게 된 것이 무엇인지를 묻는 것이다. 이 책은 그 이야기를 나누고 있다.

권성찬 선교사_ GMF 대표

'돌파'는 선교지, 특별히 이슬람과 힌두권역 등 복음에 대한 수용성이 지극히 낮은 지역에서 섬기고 있는 사역자들에게는 가슴을 뛰게 하는, 그러나 동시에 가장 도전적인 단어이다.

보즈푸리어는 잘 알려진 대로 북인도지역에서 광범위하게 사용되는 언어이고 사용자들은 대부분 힌두교, 불교, 이슬람등 비기독교 종교에 헌신된 이들이다. 다른 인도 지역과 마찬가지로 관습적으로 카스트 제도를 실천하고 있고, 서구 기독교 국가들에 의한 식민의 경험으로 반기독교적인 정서를 가지고 있어 그것이 선교의 가장 큰 걸림돌로 남아 있기도 하다.

이러한 조건들만을 본다면 사역의 유의미한 실천과 열매를 기대하기 어려운 권역이지만, 이러한 곳에서 수많은 영혼이 그리스도에게로 돌아오는 일이 우리 세대에 일어난 것이다.

본 서는 그러한 회심과 재생산 운동의 생생한 기록이다. 총체적 선교를 통한 회심과 그렇게 만들어진 제자들이 또 다른 제자들을 만들고 양육하는 재생산을 통해 불가능하게 여겨졌던 일들이 들불처럼 번져간 사건을 읽어가는 가운데, 우리 스스로가 만들어낸 한계를 허물고 넘어가기를, 믿음으로 말미암은 인내와 수고로 한국 교회의 선교 현장에도 이러한 '돌파'가 이루어지기를 간절히 기도한다.

김아영 교수_ 햇불트리니티신학대학원대학교 선교학과 교수,
한국이슬람연구소/우드베리연구소 소장

우리는 이미 성경을 통해 초대교회에 임한 성령 하나님의 역사로 말미암아 이루어진 교회의 부흥과 확장, 성도들의 삶의 변화와 지역사회의 변화를 알고 있다. 그런 성령 하나님의 강한 역사가 오늘날에도 여전히 일어나고 있음을 보여주는 것이 이 책이다. 이 책은 인도의 북부에 위치하며, 수천 년 동안 힌두교, 불교, 이슬람교가 강하게 사로잡고 있었던 보즈푸리 지역에 거주하는 9천만 명의 보즈푸리 종족 가운데 일어난 성령 하나님의 강하신 역사가 어떻게 이루어졌으며, 그 결과로 수많은 그리스도인 리더들이 세워지고, 수많은 교회가 개척되며, 지역사회에 얼마나 놀라운 변화가 일어났는지를 소개한다. 그리고 이 책을 통해 우리에게도 성령 하나님의 강하신 역사하심이 있기를 소망하게 될 것이며, 하나님께서는 그렇게 기도하고 헌신하며 순종하는 사람을 통해 오늘날에도 놀라운 역사를 행하실 것임을 믿게 될 것이다.

김재철 목사_ 장성교회 담임목사, 프론티어스선교회 이사장

200년 동안 현대 선교의 무덤이었던 보즈푸리에서 일어난 복음 전파 이야기는 우리의 땅 끝인 선교 현장과 일상에서 분투하는 선교사와 독자들에게 도전과 위로가 될 것이다.

보즈푸리의 전도자들은 성경의 토대 위에서 문화적으로 적합하게 복음을 전하기 위

해 힘썼다. 그들은 교리의 내용을 전달하는 것으로 만족하지 않고, 선교지만의 종교적, 문화적, 영적 그리고 육체적 필요에 대하여 적절한 답을 제공했다. 이를 통해, 보통 비선형적인 회심을 하는 힌두권과 이슬람권의 신자들은 과거 자신의 종교로 회귀하지 않고 지속적으로 성장하고 변화되었다. 더 나아가, 복음을 들은 그들 역시 자신의 문화권 안에서 시의성 있는 적절한 복음을 전할 수 있었다. 이러한 점에서 보즈푸리 이야기는 우리가 전하는 복음이 과연 다른 세계관을 가진 이들도 쉽게 보고 듣고 만지고 받아들일 수 있는 복음인지를 되묻게 한다는 점에서 도전이 된다.

그리고 보즈푸리 전도자들은 총체적 복음을 통해 다양한 종교, 지역, 계층, 세대, 그리고 영역 안에서 변혁적인 열매를 맺었고, 하나님의 나라의 증거는 구체적이고 가시적으로 드러났다. 이러한 점에서, 보즈푸리 이야기는 선교 현장과 일상에서 복음을 심고 물을 주며 열매를 기다리는 이들에게 장차 자신의 때에 열매를 맺게 하실 하나님의 주권을 기억하게 하는 동시에 위로를 준다.

마지막으로, 보즈푸리 이야기는 초대 교회로부터 지금까지 전 세계에 복음이 증거 되기 위해 필요한 것이 다름 아닌, 고난과 기도임을 우리에게 다시 깨우쳐 주었다. 우리는 이들의 사역과 삶 안에서 몸소 고난과 기도의 삶을 보여주신 그리스도를 바라보게 될 것이다. 그리고 그 길을 따르는 제자로서, 그리스도의 남은 고난을 채우며 간절한 기도를 통해 하나님의 영광과 선교에 동참하기를 열망하게 될 것이다.

남경우 목사_ 한국선교훈련원 GMTC 원장

『보즈푸리 돌파』는 서구 및 한국 교회가 쇠퇴하고 있는 가운데 북인도에 있는 보즈푸리 -전에는 100년 선교 사역 역사가 있었지만 선교의 무덤이라고 불렸던 종족 - 에 우리의 상상을 초월하는 Disciple-Making Movements(DMM)가 어떻게 일어난 것인지를 기술한다. 선교지에서 무엇이든 가능하다는 것을 제한하는 우리의 패러다임을 바꾸는 놀라운 성령 역사의 이야기이다. 모든 평신도들도 하나님의 사역자로 부르심을 받은 자로서 교회 개척자가 될 수 있다는 꿈을 꾸게 해주는 실화다. 이 운동은 인도뿐만 아니라 인도네시아 종족들 가운데서도 DMM이 일어날 수 있도록 우리에게 큰 동기부여가 되었다. 하나님의 크신 일을 깊이 연구하는 모든 리더들에게(시 111:2) 이 책을 전적으로 추천한다.

박동훈 목사_ 전 인도네시아 선교사, 메릴랜드 빌립보교회 담임목사

21세기를 살아가는 우리에게 가장 큰 은혜는 성령 하나님의 다양한 사역적 현장을 경험한다는 것이다. 하나님이 하시는 모든 일들이 창의적이고, 어느 누구도 흉내 낼 수 없는 탁월한 것들이었지만 오늘날에도 사도행전을 경험하는 것은 하나님의 긍휼이다. 인도 북부에서 벌어지는 하나님의 영혼 사랑 사역은 우리의 가슴을 뜨겁게 한다.

무슬림 속에서 성령은 지금도 일하시고, 힌두 부족 속에서 하나님은 지금도 일하신다. 아브라함을 갈대아 우르에서 부르실 때처럼 한번도 하나님의 이름을 들어 보지 못한 사람들 속에서 일어나는 부흥의 역사는 지금도 계속 진행되고 있다. 어느 한쪽에서는 무너지는 것처럼 보이지만 하나님은 또 바다 건너편에서 교회를 세우시는 하나님이시다.

보즈푸리는 누구든지 교회를 시작할 수 있도록 길을 열었다. 그것이 누가복음 10장이다. 오늘도 선교에 부르심을 받아 이런 기적 같은 일들을 만들어 내는 사역적 동지들이 지구촌 어디에선가 일하고 있다는 것이 감사하다. 그들과 같은 시대를 섬기는 동역자여서 행복하다.

박명배 목사_ 송내사랑의교회 담임목사

다수의 전문가들이 '여기서는 안 된다. 선교의 무덤이다'라고 포기하는 곳에서 복음의 능력을 붙잡고 거룩한 모험을 감행한 사역자들의 믿음의 보고서, 『보즈푸리 돌파』가 출간되었다. 석가모니가 강론을 시작했다고 알려진 인도의 보즈푸리에서의 영적 승전보가 이 책에 담겨 있다. 한 영혼, 한 영혼을 향한 애끓는 심정으로 현장을 섬긴 이야기가 첫 장부터 마지막 장까지 생생하게 흐르고 있어, 페이지를 넘기다 보면 어느덧 마음이 선교 현장에 가 있음을 느끼게 될 것이다. 마지막 책장을 덮으면 특정 지역에만 적용되는 선교 전략이 아니라, 세계 어디에서나 접목할 수 있는 선교적 마인드가 다져지기에 기쁜 마음으로 추천한다.

오정현 목사_ 사랑의교회 담임목사

신선한 충격이었다. 시작부터 가슴이 뛰기 시작했다. 두 가지 이유 때문인데, 먼저는 하나님께서 지금도 여전히 지구의 어느 곳에서 구체적으로 일하고 계심을 확인했기 때문이었고, 다른 하나는 침체되고 지루하기까지 한 한국교회와 사역현장에 새로운 활력을 불어넣을 수 있다는 기대 때문이었다.

인도의 북동부에 위치한 보즈푸리 종족에 하나님의 소수 정예부대가 들어갔다. 그들은 나중에 이렇게 말했다. "이 운동이 시작되기 전 인도의 기독교인들은 지역사회봉사를 했다. 하지만 과거에 이런 사역들은 항상 선교 기지에 기반을 두었다. 지역 주민들은 선교 기지를 둘러싼 담장에 압도되어 들어가기를 주저했다. 그들을 우리에게로 초대하기보다 우리가 지역사회로 들어간다. 바울이 아덴에서 했던 것처럼 우리는 각각의 상황을 평가하고 각 지역이 어떤 기회와 도전을 가지고 있는지를 파악한다. 모든 상황이 독특하기 때문에 우리는 모든 지역에서 똑같은 접근 방식을 사용하지 않는다." 보즈푸리 돌파를 가능케 한 단편이다. CLC 학습센터가 대표적인 예다.

이 책에 담긴 이야기들은 21세기 영적 재생산의 성경적 모델이다. 수평적 리더십과 은사의 활용, 기존 문화의 벽인 카스트 제도의 틈을 파고들어 모든 카스트 안에서 일하시는 성령의 역사를 따라가는 일은 오늘날 한국교회 현장에도 절실히 필요한 부분이다. 우리 모두는 복음이 사람을 세우며 세상을 바꿀 수 있음을 믿기 때문이다. 이 일에 직접 쓰임 받은 당사자의 일기 같은 책으로, 쉽게 읽도록 번역되었다는 점에서 기꺼이 일독을 권한다.

장봉생 목사_ 서대문교회 담임목사, 아시아교회정책연구소

한국에서 복음의 '사회적 부속화 현상'을 안타까워한다는 저자의 말에 마음이 이끌렸다. 우리 사회에서 복음이, '그들만의 리그의 닫힌 경전'이 된 지 이미 오래되었기 때문이다. 우린 단연코 복음의 유일성과 포괄성, 확장성과 총체성을 믿지만 설교와 선교적 선언에서만 그렇다. 따라서 우리에게는 복음의 그러한 본질들이 일상을 물들이는, 보다 많은 현장의 이야기들이 절실하다. 복음이 진짜라고 말해주는, 하나님의 사건은 여전하다는 사실을 명백하게 증명하는 이야기들이 필요한 거다. 『보즈푸리 돌파』를 반겨 읽어야 할 이유다. 힌두교와 불교의 태동과 연관되어 있으면서도 숱한 무슬림들의 고향인 동시에, 기독교를 앞세운 서구 식민주의에 대한 불신이 깊은 지역에서 복음이 일으키고 있는 '위대한 현재적 사건들'을 생생하게 접할 수 있는 기회는, 우리의 땅을 향

한 하나님의 말 걸어오심에 해당하기 때문이다. 물론 거기서 됐으니까 여기서도 될 거라고 생각하는 건 순진하고 무모할 수 있고, 거기서는 됐는지 모르지만 여기는 상황이다르다고 생각하는 건 아쉽고 서글프다. 우리는 이 둘 사이 어느 지점에서 갈망을 지닌 채 하나님의 말 걸어오심을 기다리는 중이다. 그것이 또한 이 책을 손에 쥐고, 함께하나님을 느끼고 하나님과 역동적인 소통을 이루어야만 하는 이유다. 이 책을 손에 들고 하나님과 소통하는 동안, '하나님을 향한 들음과 복음에 대한 급진적인 순종으로확증되는 신앙'이 어느새 우리들의 심장을 뛰게 하고 가정과 교회를 자극하여 교회에잇닿아 있는 지역으로 담대히 향하게 하고, 지혜롭게 접촉하도록 이끄는 복을 간절히기대한다.

정갑신 목사_ 예수향남교회 담임목사

전도와 선교는 그리스도인이라면 반드시 가지는 거룩한 소명이다. 그러나 현장에서부딪히는 여러 한계들은 어느덧 복음전파를 아무나 할 수 없는 특수한 영역으로 만들어버렸다.

그러나 인도에서 일어난 보즈푸리 운동은 어떤 세대의 벽과 어떤 한계에 부딪혀도,그리스도인이라면 누구나 전도와 선교를 통해 복음의 능력을 체험할 수 있다는 것을가르쳐준다.

교회 출석이 그리스도인으로서의 삶의 전부였다면, 이 책은 우리가 얼마나 강력한 능력을 이미 소유하고 있는지를 보여줄 것이다. 교회는 교회를 낳아야 하며, 제자는 제자를 낳아야 한다. 그것이 살아있는 교회 공동체의 모습이다. 이 책을 읽는 모든 그리스도인들이 부흥을 다시 갈망하게 될 것임을 확신한다.

조운 목사_ 울산대영교회 담임목사

선교사의 무덤으로 알려진 인도 북부 보즈푸리 지역에 일어난 놀라운 선교 역사에대해 읽으면서 흥분을 감출 수 없었다. 세계에서 12번째로 큰 언어권으로 9천만 명이사용하는 언어를 가진 보즈푸리 지역에서 200년이 넘도록 선교했던 전도자들이 현지 언어를 원시언어라고 무시하고 다른 언어로 전도했으며, 그 긴 세월 동안 0.0001%만 기독교인이었다는 기록은 안타까움 그 자체였다. 하지만 그렇게 지리멸렬하던 보즈푸리에도 주님은 헌신된 주의 종들을 보내셔서 이 책의 제목 그대로 엄청난 '돌파'가 일어나게 하셨다. 과거 한국교회도 영적인 어둠을 뚫고 성령의 강력한 역사로 돌파를 경험했다. 갖가지 영역에서 꽉 막혀있던 전통과 제도들이 변화되면서 영적 부흥을 맛보았다. 그러나 지금의 한국교회는 성장을 멈추고 쇠퇴하는 듯하다. 이러한 시점에 보즈푸리에 일어난 영적 부흥 소식은 한국교회에 새로운 도전과 희망을 주기에 충분하다. 이 책을 통해 침체된 듯한 한국교회의 새로운 돌파를 꿈꾸는 모든 목회자와 성도들에게 강력히 일독을 권한다.

조정희 목사_ 신부산교회 담임목사, 프론티어스선교회 이사

정말 오랫동안 기다렸던 책이 나왔다. 나는 오래전부터 보즈푸리에서 일어난 일에 대해서 들어왔고, 하나님을 찬양했다. 그 일을 흉내 내보기도 했다. 그럼에도 구체적으로 어떤 일이, 어떻게 일어났는지 궁금했다. 그 궁금증이 이 책을 읽으면서 풀렸다. 그리고 책을 다 읽기도 전에 나도 모르게 무릎을 꿇고 하나님을 찬양하고, 회개하고, 소망하게 되었다. 만일 당신의 공동체에서 하나님이 하시는 배가의 역사를 경험하길 원한다면 반드시 이 책을 읽어야 할 것이다.

한철호 선교사_ 미션파트너스 상임대표

보즈푸리 돌파
- 21세기 영적 재생산의 성경적 모델 -

빅터 존, 데이브 콜스

보즈푸리 돌파

21세기 영적 재생산의 성경적 모델

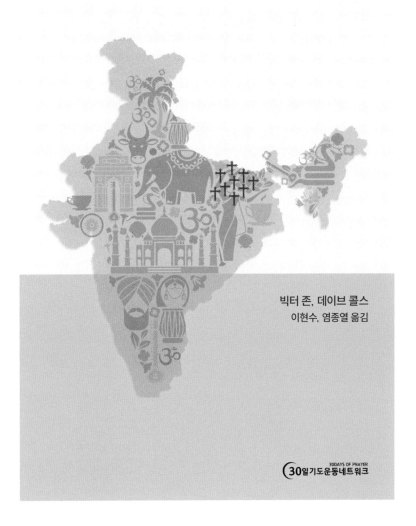

빅터 존, 데이브 콜스
이현수, 염종열 옮김

30DAYS OF PRAYER
30일기도운동네트워크

신앙과 순종이 현대판 사도행전의 모델과 이정표가 되며,
예수님을 사랑하고 그 도를 따르는 보즈푸리의 수많은 신자들에게 바친다.
그들의 믿음과 순종은 모범이 되었고 사도행전이 계속된다는 것을 상기시켜준다.

어둡고 외로웠던 순간에 사랑과 침묵의 지지로
나를 격려하고 풍성하게 해 준 내 사랑하는 아내 솔레비(Solevi)에게 바친다.

내가 불가능한 일들이 일어날 수 있다고 믿게 해 주신
하나님의 변함없는 성품에 감사한다.

짧은 시간이라도 어떤 방식으로든 나를 돕고
하나님의 역사에 대한 이야기를 하는데 기여했던 모든 사람들에게 바친다.

: 차 례 :

저자 서문

19세기 서구 선교사들의 헌신과 노력으로 한국에 기독교가 전파되었다. 복음은 한국의 문화, 교육체계, 사회 전반에 걸쳐서 엄청난 영향을 미칠 만큼 성장하게 되었다. 2차 세계대전이 끝나고 국권을 회복한 후 복음은 한국사회에서 운동성(movement)이 약화되었고 기독교는 다종교 사회에서 하나의 종교로 자리잡게 되었다. 그런 맥락에서 복음은 사회의 한 부분이 되면서 안타깝게도 확장성이 현저히 약화되게 되었다.

　1억 명 이상의 사람들이 북인도에서 보즈푸리 언어를 사용하고 있다. 『보즈푸리 돌파』, 여러분의 손에 들린 이 책은 하나님의 복음이 '하나님께서는 이곳에서 일하실 수 없어.' 아니면 "하나님께서 나를 쓰시지 못할 거야."라는 잘못된 믿음을 어떻게 극복할 수 있게 해주었는 지 증언하고 있다. 『보즈푸리 돌파』는 절망을 딛고 일어선 믿음의 승리이고, 하나님께서 헌신적으로 "무너진 데를 막아서는"(겔 22:30) 하나님의 사람들을 사용하신 증거이기도 하다. 하나님께 불가능한 것은(눅 1:37) 없을 뿐 아니라 모든 미전도종족은 복음을 듣게 될 것이라는 확증이기도 하다.

영적으로 메마른 곳에서 하나님께서는 풍성한 과수원을 만드실 능력이 있으시다. 『보즈푸리 돌파』가 믿음으로 하나님을 구하고 인내하는 한국의 그리스도인들에게 사랑과 강력한 소망을 베푸시기를 기도한다. 우리가 씨를 뿌리면 하나님께서는 거둘 것임을 믿어 의심치 않는다. 복음만이 운동을 일으킬 수 있다. 그 복음이 운동이 되면 순종하고 삶이 변화되는 극적인 역사가 복음이 전해지는 곳마다 일어나게 된다. 한국의 그리스도인 모두에게 하나님의 축복이 임하고, "하나님, 이 책을 통해 우리의 삶과 사역에 무엇을 하시길 원하십니까?" 간구하는 여러분이 되기를 기도한다.

빅터 존, 데이브 콜스
Victor John with Dave Coles

20세기 들어오면서 복음은 서구를 넘어 비서구, 즉 모든 지역으로 전파
되었고 그 이후 더 많은 그리스도인들은 서구가 아닌 비서구에서 생겨나
게 되었다. 그야말로 복음은 모든 곳에서 모든 곳으로 증거 되는 일이 진
행된 것이다. 그런 노력가운데서도 아직 복음을 듣지 못한 수많은 민족
들이 있다는 것을 알게 되었다. 20세기는 그런 미전도종족을 향한 선교
사역이 들불같이 일어난 시기였다고 할 수 있다. 그럼에도 20세기말 우
리는 남은 과업이 여전히 남아 있음을 목도하게 된다.

한국교회도 지난 세기 엄청난 복음의 진보를 경험했다. 한반도 모든
곳에 교회가 세워지고 하나님의 백성들이 생겨나게 된 것이다. 한국교회
는 세계교회의 주목을 받는 경이로운 복음의 돌파를 경험한 교회로 알
려지게 되었다. 민족 복음화를 위한 기도와 말씀, 그리고 사랑을 나누는
방식의 복음 증거가 이런 엄청난 돌파의 원인이라고 할 수 있다. 그런 영
적 부흥은 선교적 부흥으로 이어져 3만 명 이상의 타문화권 선교사를

단시간에 파송할 수 있었다. 그러나 폭발적인 부흥과 성장은 21세기에 들어오면서 끝없는 침체, 그리고 교회와 그리스도인 감소라는 복병을 만나게 된다. 더 이상 교회가 성장하지 않고 오히려 문을 닫고 교인수는 감소하기 시작한 것이다.

우리가 이런 도전 앞에 고민하고 있을 때 하나님께서는 인도북부 보즈푸리 지역에서 엄청난 영적 부흥을 일으키기 시작하셨다. 선교사의 무덤이라고 할 수 있는 지역에서 복음이 꽃을 피우고 한 번도 복음을 들어본 적이 없는 사람들이 예수 그리스도를 만나 새 삶을 찾기 시작한 것이다. 여러분 손에 들린 『보즈푸리 돌파』는 21세기판 사도행전 부흥에 관한 이야기이다. 식어져 가고 힘이 빠져가는 한국교회가 다시 영적으로 회복될 수 있는 것은 여전히 어디에선가 일하고 계신 하나님을 다시금 우리 가운데 초대하고 그분께서 일하시도록 우리를 드리는 것이 아닐까 한다.

이들의 삶, 사역 그리고 헌신의 기록을 통해 여전히 우리를 통해서 일하길 원하시는 주님을 우리도 만날 수 있기를 기도한다. 그 주님께서 보즈푸리에서 일하시고 계신 것과 같이 우리 가운데서도 다시 그분의 일을 하실 수 있음을 믿기 때문이다.

이현수

머리말

내가 초대교회 시대에 살았다면 어떠했을지 자주 궁금했다. 그러다가 얼마 전에 나는 북인도의 보즈푸리(Bhojpuri) 언어를 사용하는 사람들 가운데서 그것을 경험할 수 있었다. 인도의 보즈푸리 지역은 힌두교와 불교의 태동에 기여한 곳이고 많은 무슬림들의 고향이다. 지난 200년 동안 이곳은 "현대 선교의 무덤"이라고 불렸다. 수천 년 동안 힌두교, 불교, 이슬람교가 보즈푸리 종족을 매우 강하게 사로잡고 있었다. 서구 식민주의로 말미암아 이곳에는 기독교라는 "서구 종교"에 대한 깊은 불신이 자리 잡게 되었다.

9천만 명 이상의 보즈푸리어를 말하는 사람들에게 복음을 전하려 했던 한 작은 팀은 그것이 얼마나 불가능한 일인지를 직면했다. 그러나 그것이 하나님께 불가능한 일은 아니었다. 25년 전에 하나님은 우리가 구하거나 상상할 수 있는 것 이상의 새로운 일을 시작하셨다(엡 3:20). 하나님이 역사하시기를 필사적으로 갈망하면서 이 복음 사역자들은 그 어느 때보다 더 많이 기도했다. 사람의 지혜와 전통을 내려놓게 하신 하나님은 그들이 새로운 지역사회에 복음을 전할 수 있도록 순전히 성경적인 방법(눅 10장)으로 돌아가게 하셨다. 9천만 명 이상의 사람들에게 복음을 전하고자 하는 비전을 가지고 있었지만, 사역자들이 너무 적었기 때문에 그들은 신약시대의 패턴으로 돌아가기로 결정했다. 그것은 새신자들이 교회를 이끌고 새로운 사도적 은사를 가진 새로운 리더들이 자신의 언어 종족과 이웃 종족들 가운데 새로운 교회를 시작하는 것을 의미했다.

나는 보즈푸리 운동이 일어나고 있지 않다고 말하는 사람들(일부는 여전히 그렇게 말한다)에게 우리가 본 것을 가서 보라고 추천한다. 많은 평범한 사람들이 여전히 성경에서 본 그대로 하고 있다.

2014년에 나와 몇몇 사람들은 바라나시(Varanasi)와 주변 지역의 리더들을 방문하고 만나면서 일주일을 보냈다. 약 25명의 리더들이 모인 곳에서 우리는 다양하고 "평범한" 리더들을 만났다. 거기에는 두 교회를 시작한 고등학교 3학년 학생이 있었고, 세 교회를 시작한 젊은 여대생도 있었다. 과거에 거의 말이 없던 한 청년은 누이에게서 많은 악령들이 쫓겨나가는 것을 보고 변화되어 지금까지 10개의 교회를 개척했다.

우리가 참석한 가정교회 모임에서 리더들은 수줍어하는 8살짜리 소녀에게 일어서라고 말했다. 그녀는 죽었었는데 한 그룹이 그녀를 위해 기도한 후 다시 살아났다. 같은 교회에서 어떤 남자는 실명된 눈이 치유를 받았고 어떤 여자는 암이 나았다. 그들은 이런 기적들을 평범하게 여긴다. 즉, 하나님이 성경에서 그렇게 일하셨으니까 당연히 오늘날도 똑같이 하실 것이라고 생각한다.

우리가 많은 사람들을 방문하고 그들의 이야기를 들었을 때 이 성령의 운동이 모든 면에서 아주 총체적이라는 것이 분명해졌다. 이 운동은 신체적, 영적, 감정적, 사회적, 그리고 가장 중요한 영원한 필요들을 해결해 준다.

우리는 이 운동으로 인해 여러 도시에서 시작된 철길 아이들을 위한 사역의 현장도 방문했다. 수만 명의 버려진 아이들이 인도 전역의 기차역에 살고 있다. 그 아이들은 강도, 강간, 구타에 대한 두려움 때문에 하루에 2-3시간만 잔다. 보즈푸리 운동은 이 아이들을 위한 홈(home) 사역을 시작했다. 처음 그곳에 도착했을 때 대부분의 아이들은 너무 지쳐서 첫 한주 동안은 말 그대로 먹고 잠자는 것 외에는 아무것도 하지 않았다. 구조대원들은 아이들이 신뢰하는 법을 배우고 트라우마에서 회복하도록 도운 후 그들이 가족들을 다시 만나게 해 주었다. 또한 그들은 가족들이 자녀를 돌볼 수 있을 만큼 건강해지도록 돕거나 아이들을 아는 가족에게 위탁하기도 한다. 이 사역을 통해서 수많은 아이들이 우리에게 맡겨진다. 두 아동 홈(children's home) 현장에서 아이들이 현지어로 하나님의 사랑에 대한 노래를 불렀을 때 우리는 그것을 들으면서 목이 메었다.

또 다른 마을에서 우리는 하위 카스트에 속한 한 여성을 만났다. 그녀는 자기 집에서 교회를 시작한 후 근처의 상위 카스트 사람들 사이에서도 교회를 시작했다. 우리와 함께 방문한 다른 인도인들은 그녀가 그렇게 할 수 있다는 것에 충격을 받았다. 우리는 그녀가 몇몇 상위 카스트 사람들의 치유를 위해 기도했고, 하나님이 그들을 고쳐주신 후 그들이 그녀가 어떤 카스트 출신이든 상관하지 않았다는 것을 알았다. 하나님의 진리와 능력은 모든 장벽을 무너뜨릴 수 있다.

우리는 술에 취해 두 사람을 죽인 남자와 하루를 보냈다. 하나님은 그를 놀랍게 구원하셨다. 그는 각기 리더가 있는 100개 이상의 교회가 시작되도록 도왔다. 그 리더 중 상당수는 여성이다. 그는 현재 82명의 리더

(자신의 가정 교회 외에 1~30개 이상의 다른 교회를 시작한 교회개척자)와 함께 일하고 있다. 이 숫자에는 그가 발굴해서 현재 리더십 그룹에서 이 과정을 배우고 있는 리더들은 포함되지 않았다. 이 남자와 그의 팀도 하나님이 기도하라고 하셨을 때 의심과 두려움에도 불구하고 기도함으로 다시 살아난 세 사람의 이야기를 들려주었다.

흥미롭게도 우리는 몇 사람에게 때때로 기적이 지역사회에서 첫 번째 신자를 얻을 수 있는 기회를 제공해 준다는 말을 들었다. 그러나 그 이후 사람들이 믿고 나서 질병과 중독에서의 치유가 훨씬 더 자주 일어나는 것 같았다. 물론 모든 사람이 치유되는 것은 아니다. 일부 신자들은 "아니다" 또는 "기다려라"라고 말씀하시는 하나님께 여전히 기도하며 몸부림치고 있다. 우리는 40명 이상의 또 다른 사람들과 함께 리더십 회의를 하며 하루를 보냈다. 그들은 모두 20명, 40명, 50명, 80명 정도의 리더로 각각 구성된 비슷한 리더십 그룹을 가지고 있었고, 거기에 속한 리더들은 모두 스스로 교회를 시작하고 있었다.

우리가 방문하는 동안 우리에게 자신들이 가진 것을 나누어 주려고 하는 그들의 열정에 놀랐다. 그들은 가진 음식이 거의 없었음에도 그것을 나누어 주었다. 우리가 그들을 위해 기도하자 그들도 우리를 위해 기도하기를 원했다. 시간을 같이 보내며 이야기를 나누는 가운데 우리는 그들에게 배울 수 있었다. 하나님이 그들 가운데 그들을 통해서 일으키신 놀라운 역사에도 불구하고, 그들이 겸손하다는 사실을 말이다. 그들은 계속 말했다. "우리는 다른 사람들에게 배워야 해요. 왜냐하면 우리는 계속 실수하기 때문이죠. 하나님이 참으로 놀랍지 않으신가요!"

이 신자들은 하나님께서 말씀을 통해 가르치고 계신 것과 그들이 순종하고 있는 것을 전 세계 그리스도의 지체들에게 즐겁게 나누려고 한다. 이 교훈들은 다른 많은 나라들에서도 이 복음의 운동을 촉발시키는 데 도움이 된다. 나는 이 일에 깊이 감사하며 계속해서 더 배우고 더 순종하려 한다.

이 운동은 몇 가지 놀라운 수치를 보여준다. 풀뿌리 정치를 위한 광범위한 인구조사를 펼친 힌두교 근본주의자들은 25년 전에는 기독교인이 거의 존재하지 않았던 북인도의 보즈푸리 언어 종족에 이제 1,200만 명의 기독교인이 있다고 주장한다. 보즈푸리 리더들은 이 운동이 인간의 통제와 감독을 넘어설 만큼 폭발적이었기 때문에 오래전에 이미 그 숫자를 세는 것을 포기했다. 지난 10년 동안 선교 연구자들의 외부 조사는 수만 개의 교회와 수백만 명의 세례 받은 신자들이 있다고 분명히 증거한다.

그러나 중요한 것은 놀라운 수치에 대한 보고가 아니다. 정말 중요한 것은 모든 신자들이 누구나 복음을 전할 수 있고, 병자를 고칠 수 있고, 귀신을 쫓아낼 수 있고, 과부와 고아를 돌볼 수 있고, 또 그렇게 해야만 한다고 생각한다는 점이다. 그들은 우리와 마찬가지로 불완전한 인간이지만 그들 가운데는 엄청난 장점이 하나 있다. 그들은 성경을 읽으면 그것을 믿고 순종해야 한다고 생각하게 하는 운동 가운데서 영적으로 태어났고 성장해 왔다. 그들은 제자는 제자를 증식해야 하고, 교회는 교회를 증식해야 하고, 리더는 리더를 증식해야 한다고 생각한다.

그들은 전 세계 많은 "기독교인들"이 이렇게 살고 있지 않다는 것을 알지 못한다. 그들이 신약성경의 제자들에 대해 읽거나 들었을 때, 그들은 그들을 가르치는 동일하신 아버지(요 6:44)와 그들을 인도하시고 그들에게 권한을 부여하시는 성령님(요 16:13, 행 1:8)이 계신다는 사실을 믿는다. 우리 모두가 그들이 행했던 방식을 믿고 행동한다면 과연 무슨 일이 일어나게 될까?

스탠 팍스
21:14 공동 퍼실리테이터, Beyond 국제 전략 부총재

도입

이 책의 내용은 인도 보즈푸리 운동의 빅터 존과 다른 리더들의 것이다. 내가 정확성을 위해 자료를 편집했지만 개념, 이야기, 정보는 모두 그들의 것이다. 내가 여러 곳의 현장을 방문하는 동안 그들은 나에게 이 자료를 나누어 주었다.

대부분의 내용은 일단 빅터 존의 것이다. 하지만 그가 멘토링하고 훈련시킨 많은 리더들도 여기에 기여했다. 프라카시(Prakash), 사티시(Satish), 아닐(Anil), 라비(Ravi), 프라딥(Pradeep), 티와리(Twari), 카빌라시(Kavilash), 쿠마르(Kumar), 윌리엄(William)은 보즈푸리 운동의 역동성을 설명하는 팀으로 일했다. 읽기 쉽도록 하기 위해 나는 허락을 받고 빅터의 이야기와 이 리더들의 이야기들을 합쳐서 대부분의 이야기를 하나의 일인칭 시점으로 만들었다.

나는 구체적인 간증을 나누어 준 리더들의 이름을 본문에 밝혀 두었다. 보안상의 이유로 대부분 기여자들의 성을 뺀 이름만 사용했다. 어떤 경우는 별표로 표시된 가명을 사용했다. 지명은 흔히 실제 인터뷰에서 나눈 자세한 수준이 아니라 대략적인 경우가 더 많다. 이 책에 기록된 모든 이름과 지명에 대해서 정확한 정보를 갖고 있지만 보안상 이 책에서는 공유하지 못했다.

1장에서 중요한 배경을 제시한 후 빅터와 다른 사람들은 2장에서 1990년대 초 보즈푸리 운동의 시작을 설명한다. 카스트 제도는 인도의 사회생활에서 기반이 되는 역할을 하고, 하나님 나라를 세워가는데 독특한 도전을 주기 때문에 3장에서는 카스트 이슈들에 대한 이 운동의 접근방식과 반응을 설명한다.

총체적 사역은 이 운동을 통해 복음을 진전시키는데 있어서 필수적인 역할을 한다. 커뮤니티 학습 센터(Community Learning Centers, 이후 CLC)는 이 운동을 통해 행해진 총체적 사역의 일부일 뿐이지만 변화가 일어나는 많은 곳에서 주된 역할을 한다. 4장은 CLC의 개념과 적용을 설명한다.

5장은 지역사회의 변화 가운데 하나님이 하시는 일에 관해 설명하는데 지역사회의 변화에 있어서 CLC와 그 역할에 관한 많은 언급도 포함한다. 표적과 기적이 이 운동에서 중요한 역할을 하지만 하나님의 위대한 역사를 구성하는 일부로서 기능할 뿐이다. 이 책은 특히 5장 전체에서 많은 기적을 설명하지만 기적적인 사건 자체에 집중하지 않는다. 우리는 삶과 지역사회가 그리스도의 사랑으로 변화될 때 나타나는 하나님의 능력을 정직하게 묘사하는 것을 목표로 삼았다.

하나님의 백성은 박해를 경험하는데 특히 이전에 복음전도가 미약했던 지역에서 그분의 나라가 확장될 때 이를 경험한다. 6장은 보즈푸리 운동에서 경험하고 있는 박해의 몇 가지 예를 자세히 설명한다.

7장은 철길 아이들과 그들의 독특한 필요를 위한 특별한 사역을 설명한다. 8장은 시골 지역의 맥락에서 인도의 수도 뉴델리(New Delhi)와 다른 도시들 같은 도시 맥락으로 운동이 확산되는 것에 대해 설명한다.

이 운동의 가장 큰 부분은 보즈푸리 사람들 가운데 일어났지만 또한 이 운동은 다른 많은 언어 종족들에게로 확산되었다. 일반적으로 묘사된 "보즈푸리 운동"은 실제 꽤 많은 교회개척운동들로 구성되고, 보즈푸리 운동을 통해 재생산되는 하나님나라의 역동성은 다양한 방식으로 인근에 위치한 미전도 종족들에게 연쇄적으로 영향을 미쳤다. 9장은 다른 언어 종족들에게 이 운동이 확산되는 것을 설명하고, 10장은 무슬림 가운데 이 운동이 미친 영향을 설명한다.

리더십 개발은 이 운동의 증식에 있어서 핵심 요소로 여겨진다. 11장은 하나님이 이 운동 안에서 새로운 리더 세대들을 지속적으로 개발하기 위해 사용하시는 방법들을 설명한다. 12장은 하나님이 이 운동을 통해 보여주신 주목할 만한 수준의 재생산과 지속성을 가져오기 위해 사용하신 일부 원리들을 요약한다.

하나님의 놀라운 역사에 대한 보고들은 자주 우리 마음에 질문을 불러일으키는데 특히 문화적 맥락이 우리 자신의 것과 다르고 묘사된 사건들이 우리의 개인적인 경험과 동떨어졌을 때 그러하다. 이런 이유로 13장은 이 운동에 관해 자주 묻는 40개 이상의 질문에 답한다. 13장이 끝날 때까지 아직 대답하지 않은 질문이 있다면 거기 나온 주소로 질문할 수 있고, 우리는 가능한 한 많은 질문에 답하려고 할 것이다. 또한 이 운동에서 하나님의 일에 참여하기 위해 당신의 기술, 은사, 자원을 제공하고 연결할 수 있는 기회도 주어질 것이다.

이 사역의 역동성은 서구 세계에서 우리 대부분이 경험하는 교회개척 패턴과 다르다. 이런 이유로 쉽게 혼란을 초래할 수 있는 2가지 사항들을 미리 명확히 하고 싶다.

1. 빅터 존이 설립한 비영리단체는 보즈푸리 운동에서 핵심 역할을 한다. 그러나 이 책에서 분명해지겠지만 그것은 큰 단체가 아니고 운동을 지시하거나 통제하지도 않는다. 정의상 교회개척운동은 사람이나 조직의 통제 그 이상이다. 그것은 하나님의 영의 역사이고 그분의 순종하는 종들이 거기에 참여할 수 있는 특권을 갖는다. 이 단체는 해마다 이 운동이 확산되고 강화될 수 있도록 촉매 역할을 한다.

2. 보즈푸리 운동은 수만 명의 리더들이 있고 권위 구조는 매우 수평적이다. 따라서 당신이 이 책에서 "우리 리더"가 무엇을 했다는 내용을 읽는다면 그 리더는 이 운동에서 가장 높은 위치에 있는 사람이거나 이 단체의 리더를 말하는 것이 아니다. 그는 화자가 어떤 형태로든 이끌거나 멘토링하고 있는 지역 리더, 즉 수천 명 중에 한 명을 말한다. ("우리 리더"라는 말을 읽을 때 서양인의 마음에 처음 떠오를 수 있는) 더 큰 권위나 지위를 가진 사람과는 완전히 반대된다. 이것은 예수님이 명령하신 "거꾸로 뒤집힌" 리더십을 반영한다. 이 운동은 경의를 표하는 종교적 호칭을 피하고, 모든 신자들이 자신의 맥락에서 리더가 되어 자신만의 독특한 은사를 사용하도록 권한을 부여한다. 이런 리더십 패러다임이 지속적인 재생산을 일으키는 열쇠들 중의 하나로 여겨진다. 이 운동에 속한 모든 사람은 자신의 리더를 알고 자신이 이끄는 사람을 알지만 리더십은 정말로 지위나 호칭이 아니라 섬김의 수단으로 기능한다.

하나님은 보즈푸리 종족과 인근 종족들 가운데서 놀라운 일을 하셨고 지금도 그 일을 행하고 계신다. 나는 이 운동에서 일어난 주님의 위대한 역사에 대해 듣고 선포할 수 있는 것이 나에게 특권이라고 생각한다. 나는 하나님이 북인도에서 하셨고 여전히 하고 계신 일에 대해 읽고, 그분의 영광이 드러나고 전 세계 곳곳에 있는 하나님의 백성들 어느 누구라도 격려받고 도전받고 정보를 얻을 수 있기를 기도한다.

내가 더 많은 말을 할 수도 있지만 그것보다 더 좋은 것은 보즈푸리 가운데 하나님이 하셨던 놀라운 운동에 대해서 빅터 존과 그 운동에 동참했던 이들의 말을 직접 듣는 것이다.

데이브 콜스
Beyond 사역을 섬기는 교회개척운동 촉진자 및 전략가

1장

돌파 이전

약 12년 전 샤시(Sashi)[1]는 심한 고열을 앓았고 부모는 그녀를 병원으로 데리고 갔다. 이틀 후 그녀의 상태는 더 악화되어 중환자실로 옮겨졌다. 얼마 지나지 않아 의사들이 와서 그녀의 부모에게 "당신의 딸은 죽었습니다."라고 말했다. 그녀의 시신을 보자 그녀의 어머니는 오열하기 시작했다. 그러자 그녀의 아버지가 말했다. "여보, 울지 말고 기도합시다."

그렇게 그들은 걸어 들어가 샤시의 시신 옆에서 무릎을 꿇고 기도하기 시작했다. 그들이 10분 정도 간절하게 기도하는데 갑자기 샤시가 딸꾹질 하는 소리를 들었고 그녀가 다시 숨쉬기 시작했다. 부모는 의사를 불렀고 그가 와서 그녀의 상태를 꼼꼼히 확인했다. 마침내 의사는 "샤시가 완전히 치료됐네요. 더 이상 치료도 필요 없고 이제 집에 갈 수 있겠네요." 라고 말했다. 그녀는 고열 때문에 중환자실에서 죽었다가 완전히 건강해져서 집으로 가게 되었다. 이 기적적인 사건은 주님이 보즈푸리에서 행하

---

1 편집자주: 나(데이브)는 샤시의 아버지를 만났다. 내가 좀 더 이야기해 달라고 초대했고, 이후에 그의 멘토와 함께 그의 이야기를 검증했다.

신 수많은 기적들 가운데 하나일 뿐이다.

이 운동을 통해 일어난 하나님의 강력한 역사는 회의론자들을 비롯한 인도 외부의 사람들에게까지 영향을 미쳤다. 2000년에 크리스(Chris)라는 목사가 보즈푸리 콘퍼런스에 참여했다. 그는 신유나 초자연적인 은사를 믿지 않았다. 우리와 함께 있는 동안 그는 많은 치유, 기적, 구원이 일어나는 것을 보았지만 여전히 믿지 못했다.

크리스가 설교하기로 한 그날 아침 그의 친구 동료 목사가 그에게 팔씨름을 하자고 했다. 그가 "난 할 수 없네. 예전에 어깨를 다쳐서 말이야."라고 완곡히 거절했다. 하지만 그 친구는 고집을 부렸고 결국 팔씨름을 하게 되었다. 그들이 팔씨름을 하고 있는데 크리스는 어깨에서 처음에 툭 하는 소리가 나더니 이내 퍽, 퍽, 퍽 하는 큰 소리가 나는 것을 느꼈다. 그는 인대나 힘줄이 여러 개 찢어졌다는 것을 알았고 극심한 고통을 느꼈다.

그는 내게 와서 "빅터, 내 어깨의 인대가 찢어져서 통증이 심하네요. 오늘밤 설교는 못하겠어요."라고 말했다.

나는 콘퍼런스에 참석한 사람들 중에 한 사람을 가리키면서 말했다. "저 목사님에게 기도를 받아 보시겠어요? 그는 치유의 은사가 있어요."

크리스가 "나는 치유의 기적을 믿지 않아요. 오늘날 치유의 은사는 없어요."라고 말했다.

나는 미소를 지으며 그 자리를 떠났다. 나는 그와 논쟁하거나 심지어 그를 설득하려고 하지 않았다. 하지만 그가 걸어 나오는데 주님이 그에게 말씀하셨다. "너는 어리석다."

갑자기 그가 돌아와 내게 말했다. "다시 생각해봤는데 그분에게 기도를 요청하고 싶어졌습니다."

그렇게 보즈푸리의 한 목사가 크리스의 어깨에 손을 얹고 기도를 시작했다. 갑자기 크리스는 어깨에 불이 붙는 것 같았고 근육, 힘줄, 인대가 마구 경련을 일으키는 것을 느꼈다. 그 목사의 기도가 끝나자 어깨를 자유롭게 움직일 수 있었고 통증은 완전히 사라졌다. 심지어 오래전 부상으로 생긴 불편함까지 사라졌다. 하나님이 그에게 완전히 새로운 어깨를 주신 것이다.

크리스는 집으로 돌아오고 나서부터 전에 없이 하나님을 갈망하게 되었다. 그는 성령님과의 새로운 만남을 경험했고, 하나님의 은혜로 그의 교회는 성령의 역사를 끊임없이 경험하는 곳으로 변한 것이다. 주님은 매주 강력하게 역사하셔서 교회에 오는 모든 사람이 하나님의 임재를 경험하고 치유되게 하셨다.

보즈푸리 운동에 대해 들었을 때 사람들은 나에게 자주 묻는다. "그러면 당신은 무엇을 했는가?" 혹은 "당신이 처음 한 일이 무엇인가?"

뭐라고 설명할 도리가 없다. "나는 먹고, 자고, TV 보고, 신실하게 살려고 노력했어요." 그들은 어떤 극적인 대답이나 공식을 원한다. 하지만 하나님의 모든 역사는 기도로 이루어지고 각기 독특한 모습으로 나타난다. 우리는 다음에 어떤 일이 일어날지 예상할 수 없다. 우리는 하나님의 뜻에 따라 놀라운 일을 구하고 전능하신 하나님은 어떻게 응답하실지 선택하신다. 예수님께서 말씀하셨다. "너희가 내 이름으로 무엇을 구하든지 내가 행하리니 이는 아버지로 하여금 아들로 말미암아 영광을 받으시게 하려 함이라. 내 이름으로 무엇이든지 내게 구하면 내가 행하리라."(요 14:13-14)

표적과 기적은 보즈푸리 운동의 필수적인 부분이 되었다. 힘든 상황에서 신적 개입이 있었고 교회가 세워지는 곳마다 치유와 능력 대결을 경험했다.

어둠의 지역

이 지역의 역사를 생각할 때 이 운동에 나타난 하나님의 영광은 더 빛나 보일 수밖에 없다. 인도의 보즈푸리 지역은 단지 토양뿐 아니라 여러 면에서 비옥한 곳이다. 수많은 위대한 종교 지도자들과 구루(힌두교의 성자)들이 이곳 출신이다. 석가모니는 깨달음을 얻고 이곳에서 처음으로 강론을 했다. 요가와 자이나교도 여기서 시작되었다.

보즈푸리 지역은 인도에서 법적 소송과 토지 분쟁이 가장 심한 곳이다. 그것은 흔히 카스트 이슈들과 관련이 있다. 인도의 거의 모든 정치적 운동은 이 지역에서 시작되었다. 인도의 첫 번째, 두 번째, 세 번째 수상이 모두 보즈푸리 지역에 속한 우타르 프라데시(Uttar Pradesh)주와 비하르(Bihar)주 출신이다.

보즈푸리 지역

과거에 이 지역은 복음을 외국의 것으로 보고 굉장히 적대적이었다. 이곳은 "선교의 무덤"이라고 알려졌다. 이런 인식이 점차 사라지면서 사람들은 복음을 받아들이기 시작했다. 하지만 주님이 최근 수십 년간 하신 모든 일에도 불구하고 우리에게 여전히 강한 자[2]를 결박해야 할 기도의 필요가 있다.

---

2   마태복음 12:29

보즈푸리 지역은 기독교인들뿐만 아니라 비기독교인들에게도 어둠의 지역으로 묘사되어 왔다. 노벨 문학상 수상자인 V. S. 나이폴(Naipaul)이 동 우타르 프라데시를 여행하고 쓴 『어둠의 지역』이라는 책은 이 지역의 부패와 비참함을 잘 묘사하고 있다.

역설적이게도 갠지스 평원 전체는 상당히 비옥하다. 땅에 씨만 뿌려 놓으면 곡물이 저절로 자란다. 매년 내리는 비로 죽은 토양층이 씻겨나가고 홍수는 히말라야로부터 신선한 미네랄을 가져온다. 그래서 땅은 비옥하고 물은 풍부하다. 하지만 가난과 카스트 제도가 사람들을 계속해서 속박하고 있다.

많은 사람들이 이 비옥한 땅을 바라보며 왜 이 지역에 이토록 심한 불평등과 악이 존재하는지 의아해한다. 수백만 톤의 곡물이 썩거나 설치류들이 먹어 치우는 동안 왜 이렇게 많은 사람들이 굶주림으로 죽어가는지 말이다. 어둠의 세력이 사람들을 분열시키고 가난하게 만들고 기독교가 이곳에서 꽃피우는 것을 막아왔다.

영국 식민시대의 선교사역

영국 식민정부는 윌리엄 캐리 시대(그가 인도에서 보낸 1793-1834년)부터 150년 이상 자신들의 평판과 교역 이윤을 취할 목적으로 이 지역에서 기독교인의 전도활동을 막아왔다. 영국 엘리트 지배층에게 백인 선교사가 인도인과 함께 앉아 있는 것 자체가 용납되지 않았다. 선교사들이 인도 평민들과 어울리는 것이 영국령 인도에서는 당혹스러운 일이었기 때문에 이를 원하지 않았던 것이다.

이런 억압의 시대가 지난 이후, 40년간의 사역으로 보즈푸리에서 세례를 받은 사람은 겨우 80-90명에 지나지 않았다. 이 시기에 많은 선교사들은 지역우선주의와 권위적 태도를 취하고 있었다. 그들은 사역이 번성하려면 모든 것을 자신이 쥐고 있어야 한다고 생각했다. 현지 리더들을 훈련해서 리더십을 넘겨주려고 하지 않았다. 또한 많은 선교사들이 그 지역의 현지 지도자들이 아닌 거의 영향력이 없는 사람들과만 접촉을 했다. 이 사람들이 좋은 기독교인은 되었지만 리더십의 자질은 부족했다. 그들의 삶이나 카스트 배경에서 그 어떤 것도 리더십을 발휘할 수 있는 자신감을 주지 못했다.

긍정적인 면이 있다면 선교사들은 복음을 가져와서 사회의 가장 비천한 사람들에게 소망을 주었고, 복음을 풍성하게 전하기 위해 노력했다는 점이다. 그들은 기독교인의 정체성을 확립했지만 외부 의존과 현지 리더십의 부족이라는 오점을 남겼다. 인도 기독교인들은 외부 사역자와 자원에 매우 의존했다. 그들의 사고방식은 외부의 지원 없이는 스스로 할 수 있는 게 하나도 없다는 것이었다. 일반적으로 인도 기독교인들은 외국인들이 교회를 목회하고 서양 선교사들만이 복음을 전하고 교회를 이끌 수 있다고 생각했다.

많은 상위 카스트 사람들은 불가촉천민(달리트: 인도 사회의 최하위층)이 금전적 이익을 위해 기독교로 개종한다고 믿었다. 1947년에 독립한 이후 인도정부는 불가촉천민(달리트)에게 희망을 주기 위해 특별한 혜택과 금전적 지원을 도입했다. 어떤 사람들은 이것이 기독교로의 개종을 멈추게 할 것이라 생각했다.

표류되다

1960년대에 인도의 새로운 정부는 외국 선교사 비자를 제한했고 따라서 외국 선교사는 급격히 줄어들었다. 그들이 떠나고 나자 외국에서 들어오는 선교기금이 줄어들었다. 많은 곳에서 선교사들이 강한 현지 리더십을 남기지 못했음에도 감당할 수 없는 비용으로 운영되던 많은 선교기관들이 그곳을 떠났다. 그들은 인도인들이 그 사역을 이끌 수 있다고 생각하지 못했고 서구교회들은 더 이상 자신들이 그 사역을 대표하지 않기 때문에 재정적인 후원을 중단했다. 그 공백기를 틈타 많은 인도인들이 권력, 재산, 기금을 차지했다. 이어진 법정 소송들은 기독교인들 사이에 내분과 피해의식을 심어주었다. 이런 혼돈 속에서 인도 교회의 자체적인 선교의 비전은 약해졌고 결국 사라져버렸다.

북인도에서 몇 안 되는 기독교인들은 힌두교와 이슬람교의 광대한 바다에서 극히 소수에 불과했고 여러 면에서 유약하고 의존적이었다. 그들의 사고방식은 "우리 vs 그들"이었다. "우리"는 자원과 확실한 리더십이 부족한 소수를 의미했다. 그래서 그들은 밖으로 나가 다른 사람들에게 복음을 전하기보다 기독교인으로 살아남는 데만 집중했다.

그들은 교회로 찾아오는 비기독교인을 무조건 의심했다. 만약 비기독교인이 교회에 들어오면 교인들은 "복음에 관심이 있는 사람인가? 주님에 관해 들을 수 있을 만큼 열려 있지 않을까?"라고 생각하지 않고 "그는 누구지? 스파이인가? 여기 왜 왔지?"라고 의심했다. 그들의 깊은 의심은 밖으로 나가 전도하려는 의지를 다 막아버렸다.

또한 인도 교회는 언어, 문화, 예배 형태가 굉장히 서구화되어 있었다. 그들은 주변의 대다수 인도인들과 연결되지 못했다. 하나님을 언급할 때도 그 지역 힌디어 단어를 사용하는 대신에 영어 'God'을 사용했다. 1990년대 초까지 이런 방식의 기독교는 보즈푸리나 북인도의 다른 종족들을 전도하는데 전혀 희망을 주지 못했다.

열매를 찾아서

나는 이런 상황 가운데 앞서 설명한 기독교 공동체의 일원으로 성장했다. 나는 "우리가 어떻게 이런 열매 없는 패턴에서 벗어날 수 있을까? 어떻게 밖으로 나가 사람들을 구원할 수 있을까?"라는 질문에 대한 해답을 간절히 찾기 시작했다. 나는 15년 동안 사람들을 구원하고 교회로 데려오기 위해 애쓰며 사역했지만 거의 소용이 없어 보였다.

나는 1910년에 보즈푸리 사역을 시작한 선교단체에 참여했다. 보즈푸리를 전도하려는 시도는 1990년대에 갑자기 시작된 것은 아니었다. 그러나 보즈푸리는 세계에서 12번째로 큰 언어권이었고 9천만 명이 사용하는 언어였음에도 전도하는 사람들은 현장에서 보즈푸리어를 사용하지 않았다. 당시 통념상 보즈푸리어는 원시적인 언어로 여겨졌다. 지금은 그때와는 매우 다르다. 보즈푸리어는 현재 우리 전략의 핵심적인 한 요소다.

나는 보즈푸리 지역에서 이전에 섬겼던 선교사들의 힘들었던 사역과 그들의 실패와 성공에 관한 이야기를 들었다. 그리고 고민에 빠졌다. "이 모든 사역에도 이런 적은 결과를 얻었다면 해답이 무엇일까? 이 선교사들이 풍성한 추수를 보지 못하게 방해했던 것은 무엇일까?" 분명히 모든 중요한 자원과 높은 수준의 훈련, 잘 개발된 협력관계들을 전부 동원해도 목표에 도달하지 못하고 있었다. 이런 사실은 내가 하고 있는 시도들에 의문을 갖게 했다. "내가 올바른 질문을 하고 있는 것일까? 오히려 내 주변의 비기독교인들에게 피해를 주고 있는 것은 아닐까?"

1989년에 나는 마닐라에서 열린 로잔 대회에 참석했고, 거기서 세계에서 가장 큰 미전도종족 중의 하나인 "볼다리 종족"(대회를 위해 사용된 보즈푸리 종족의 가명)에 대해서 이야기하는 남침례교인들을 만났다. 그때 나에게 가장 큰 질문은 "이 종족에게 나아가기 위해서 무엇을 더 해야 하는가?"였다.

15년 이상 사역하면서 나는 온갖 종류의 아이디어와 비전이 생기고 사라지는 것을 보았다. 나는 힌두교와 무슬림 인구 등을 분석하고 잃어버린 사람들에게 다가가야 한다는 이야기도 들었다. 하지만 논의는 교회 개척에 대한 언급 없이 전도에만 초점이 맞추어져 있었다. 나는 "전노의 목표가 무엇인가?"라는 질문과 씨름했다.

1980년대에는 초대형 교회가 논의에서 주목받은 주제였다. 기독교 잡지들은 대형 교회에 대해 많은 기사들을 내보내며 교회가 크면 클수록 좋다는 인상을 심어주었다. 교회 성장 세미나와 토론들이 곳곳에서 열렸지만, 순종 기반의 제자도[3]에 대해 이야기하는 사람들은 거의 없었다.

그러던 중에 나는 세계 오순절 콘퍼런스에 참석해 한국에서 3만 명이 넘는 성도가 출석하는 유명한 초대형 교회의 목사를 만났다. 그와 악수를 나누며 대화를 하고 사진을 찍는 가운데 몇 가지 질문을 했다. 나는 "이 분이 나에게 그 기름부음을 조금이라도 전달해 주면 얼마나 좋을까."라는 생각이 들었다. 그러나 나는 마침내 결론을 내렸다. "아니, 하나의 초대형 교회는 답이 아니야." 그러자 "교회란 무엇일까? 얼마나 커야 할까? 언제 교회라고 불려야 하는가?"라는 문제들에 대해 다시 생각하게 되었다. 그 당시 사람들은 이런 질문에 모호한 대답만 했을 뿐 아무도 분명한 대답을 해 주지 못하는 것 같았다.

보즈푸리를 위한 비전

1991년에 남침례교 관련자들이 나를 몇 번 방문했다. 한 번은 그들이 인

---

3 순종 기반의 제자도에서 하나님께 순종하기(그리스도의 가르침을 적용하기)는 그분의 제자들에게 삶의 중심적인 특징으로 작용한다.

도에서 사역하는 선교사들이 있다고 언급했는데 보즈푸리 종족 사역을 맡은 두 쌍의 부부도 포함되어 있었다. 그 중 하나가 데이비드 왓슨(David Watson)이었고 그 당시 델리(Delhi)에 살았다.

데이비드가 말했다. "나는 리서치를 하기 위해 전략 조정가로 임명되었어요." 그래서 나는 그를 보즈푸리 지역으로 초청하여 우리 교단이 사역하고 있는 모든 곳을 보여 주었다. 그 지역 전체에 약 8개의 교회가 있었다. 나는 그를 그 교회들에 데려가 전도와 새로운 교회 개척을 위한 현대적 선교방식에 대해 나누게 했다. 그는 말레이시아에서 개척하고 새로운 교회를 시작한 경험을 이야기했다. 굉장히 흥미로웠고 나는 그의 이야기가 교인들에게 좋은 동기부여가 되기를 바랐다. 짧은 방문기간 동안 데이비드와 나는 왜 인도 기독교인들이 보즈푸리 종족 전도에 실패하는지, 그리고 그들을 어떻게 전도할 것인지에 대해 이야기했다.

그의 방문 후 나는 계속해서 8개의 교회에 보즈푸리 종족 전도를 위한 비전을 나누었지만 이 지역 교회들을 설득하진 못했다. 그들은 지금의 교회를 유지하는데 더 관심이 많았다. 잃어버린 사람들을 전도하는 것은 자신들이 받지 못한 전문적인 훈련을 받은 서양선교사들이 맡아야 한다고 생각했다.

나는 교회의 이런 태도와 내부지향적인 정책에 실망했다. 그래서 내가 해야 할 첫 번째 일은 목회사역에서 벗어나는 것이라고 결정했다. 1992년에 2년간 무급 휴가를 내고 무기한으로 스웨덴으로 이주했다(아내는 스웨덴 사람이고 스웨덴 선교단체가 인도로 파송한 선교사였다).

그 기간 동안 나는 데이비드 왓슨과 계속 연락했고 1년에 한두 번 만나기도 했다. 그와의 대화는 무척 자극이 되었고 그는 늘 흥미로운 이야기를 했다. 나는 그에게 진심을 나누었고 그러자 그가 말했다. "우리가 2

년 정도 함께 일할 수 있을지도 모르겠네요. 내 소원도 교회가 시작되는 것을 보는 것이니까요."

영적 도전

우연히도 1992년에 내가 보즈푸리에서 사역을 시작할 즈음 힌두교 근본주의자들[4]이 급진적 힌두교를 확산시키기 위해 새롭게 공격적으로 움직이기 시작했다. 이 극단주의자들은 보즈푸리 종족이 살고 있는 가장 큰 두 지역 중에 하나인 우타르 프라데시 주에 있는 16세기 모스크를 파괴했다. 힌두교의 신 라마의 신화적 출생지에 세워진 모스크를 파괴한다는 것은 힌두교가 기독교나 이슬람교가 영향을 미치는 모든 시도에 도전한다는 의미였다.

또한 그들은 기독교인과 무슬림을 반대하는 캠페인을 시작했다. 힌두교 근본주의자들의 의도는 어떤 전도자도 마을에 들어가지 못하게 막는 것이었다. 당시 몇몇 기독교 그룹들은 돈을 쏟아부어 외국의 유명한 전도자들을 초청해 집회를 열고 있었다. 그들은 얼마나 많은 힌두교인들과 무슬림들이 주께 돌아오게 될지 계획하고 그것을 발표했다. 도시 전체를 대상으로 집회를 열고 곳곳에 신유 집회 광고를 게시했다. 나는 기독교 지도자들에게 지속적으로 말했다. "이러다가 파국을 맞게 될 것입니다. 전략을 바꾸세요." 결국 내가 예상했던 대로 이 사역 방식은 엄청난 박해를 초래한 채 끝나고 말았다.

1990년대 초반에 많은 종교적인 TV 프로그램들이 방송을 시작했다. 어떤 채널을 돌려도 힌두교 성자의 강의가 흘러나왔다. 요가도 굉장히 인

---

4   예를 들어 "아요디아(Ayodhya) 분쟁"과 같은 발행된 기사들에서 설명하고 있다. https://en.wikipedia.org/wiki/Ayodhya_dispute는 2017년 5월 29일에 접속.

기가 많았다. 한편으로 교회 건물을 짓는데 제한이 생기기 시작했다. 내가 보즈푸리에서 가시적인 사역을 시작하려고 노력하고 있을 때 이와 같은 몇 가지 일들이 동시에 일어났다.

인도로 복귀

나는 인도로 돌아와야 할지 확신이 없었다. 그러나 나는 인도의 잃어버린 사람들을 향한 열정과 미전도 종족을 향한 주님의 부르심을 느꼈고, 결국 나와 아내는 세 자녀와 함께 인도로 돌아오기로 했다. 우리가 1994년에 다시 돌아왔을 때 우리의 미래는 매우 불확실하고 희미할 뿐이었다.

그때 데이비드 왓슨이 나에게 메일을 보냈다. "우리는 싱가포르에 있는데, 우리 단체에서 한 달간 전략 조정가 훈련을 하고 있습니다. 아내와 함께 참여하지 않을래요?"

우리는 싱가포르에 가서 훈련에 참석하고 인도로 돌아왔지만 정확히 어떻게 새로운 일을 시작해야 할지 여전히 확신이 없었다. 전략 조정가 훈련에서 ⑴ 종족 그룹의 개념, ⑵ 집중할 종족에 대한 리서치 방법, ⑶ 그 종족을 위한 기도 동원하는 법, ⑷ 그 종족의 전도를 위한 연속단계들로써 100가지 옵션을 만드는 법, ⑸ 이 옵션들을 좁혀서 실행을 위한 3가지 옵션을 선택하는 법을 배웠다. 나는 지역 관심자(contacts)를 사역하도록 훈련시키고 의존성이 생기기 전에 빠져나오는 법(시작하기 전에 출구전략을 준비하는 법)도 배웠다.

한 종족 그룹에 대한 리서치를 통해 우리는 그 지역사회의 구체적인 필요를 알았고, 그들의 세계관을 이해했고, 그들에게 복음을 전하려고 할 때 부딪히게 될 장애물들을 예상하고 극복할 수 있었다.

싱가포르의 전략 조정가 훈련 후에 나는 바라나시에 대해 리서치를 시작했다. 이 도시는 보즈푸리 지역의 중앙에 있었고, 보즈푸리 종족이 대부분 살고 있는 우타르 프라데시 주와 비하르 주를 연결시켜주는 지역이었다.

이 때는 사역적으로 힘든 시기였다. 나는 보즈푸리의 여러 지역을 혼자 돌아다니며 기도 동원과 기도행진을 시도했다. 나는 계속 스스로에게 다짐했다. "비전을 잃지 말자." 때때로 견디기 어려웠지만 하나님이 주신 비전을 따라야만 한다고 느꼈다. 많은 열매를 보지 못하고 철저히 고립되었다고 느낄 때 도리어 내 문제들이 쌓여만 갔다. 내가 나타나자마자 기적을 행하고 운동이 일어나야 하는 것처럼 느껴질 때는 정말 쉽지 않은 시간이었다. 매 순간이 도전이었지만 주님은 은혜롭게 운동이 시작되게 하셨다.

2장

돌파의 시작

나와 내 가족이 1994년에 인도로 돌아왔을 때 보즈푸리 지역에는 소수의 기독교 단체들만이 사역하고 있었다. 기존의 기독교 단체들은 자기들의 사역지역을 갖고 있었고, 그 당시 유행했던 문서전도방법에 초점을 맞추고 있었다. 대부분의 전도문서들이 힌디어로 제작되었지만, 대부분의 보즈푸리 사람들은 문맹으로 보즈푸리어만 사용하고 있는 실정이었다. 그런 상황에서 우리는 순종지향적인 제자도에 집중적인 선택을 하게 되었다. 전도에 대한 새로운 접근방식은 기존 단체들로부터 부정적인 반응을 불러일으켰다. 그러나 주님은 보즈푸리 언어를 사용하는 접근법에 호응하는 사람들을 모아 주셨다.

우리는 1994년 바라나시에서 열린 첫 번째 보즈푸리 컨설테이션에 가톨릭 신자들을 비롯한 모든 인근의 목사들과 교회 리더들을 초청했다. 이 컨설테이션에서 우리는 보즈푸리 교회에 대한 비전을 공유했다. 그것은 지역 특성을 가지고 성경에 기반을 둔, 문화적으로 적합한 교회를 세우자는 것이었다. 보즈푸리 비전 배후에 있는 아이디어는 전도와 교회개척에 대한 낙후된 옛 방식인 지역 패권주의 사고를 없애는 것이었다. 이 새로운 개념은 이 비전에 헌신하거나 열려있는 사람들 가운데 비전, 방법, 실행에 관한 더 나은 의사소통이 일어나도록 하는 촉매 역할을 했다. 참석한 80명의 리더들 가운데 거룩한 불이 타올랐다.

우리는 누가 무엇을 하고 있는지 알아보고 우리 앞에 있는 과제를 평가하기 위해 보즈푸리의 모든 행정구역(district)에 대한 체계적인 조사를 시작했다. 이 조사에 따르면 거의 1억 명의 보즈푸리 종족 중에 약 10,000명(0.0001%)만이 스스로를 기독교인이라고 불렀고, 그들 대부분은 신앙에 대하여 그리 진지하지 않았다.

이 시기에 나의 개인적인 비전이었던 것이 빠르게 많은 개인과 그룹 사이에 공유되었다. 우리는 기도 동원과 기도행진을 시작했고 어떤 그룹은 전담 기도팀을 만들었다. 우리는 사역이 어떻게 전개될 것인지에 대한 청사진을 가지고 시작하지 않았다. 모든 것이 수년에 걸쳐 발전되어 나갔다.

우리는 3개의 도시에서 제자도와 리더십에 대해 한 달간의 훈련을 시작했다. 이 아이디어는 교회 증식을 위한 공유된 DNA를 갖추고, 추수가 일어났을 때 그것을 위해 준비된 리더 그룹을 형성하기 위한 것이었다. 2년 만에 관심 있는 모든 사람이 이 비전을 실행할 수 있도록 좋은 패턴이 자리 잡았다.

보즈푸리어로 사역한다는 것은 언어뿐만 아니라 문화, 역사, 그리고 이 사람들이 노래, 음악, 드라마를 통해 표현했던 모든 것을 이용하는 것이다. 이 접근법은 과거에 놓쳤던 것이다. 우리는 보즈푸리어가 보즈푸리 종족에게 너무나 필수적인 부분이라는 것을 깨달았다.

모임(fellowship)의 수가 증식되던 때인 1998년에 우리는 첫 번째 보즈푸리어 찬양집을 출간했다. 여기에는 찬양곡들과 함께 침례식, 헌아식,

결혼식, 장례식을 위한 지침들과 각각의 경우에 사용할 수 있는 적절한 성경구절들이 수록되었다. 이 책은 아주 높은 호응을 얻게 되었으며, 지역 예배공동체를 크게 강화시켰다. 사람들이 더 이상 다른 언어에서 힌디어로 번역한 노래를 암송할 필요가 없었기 때문에 훨씬 다양한 찬양곡을 사용할 수 있었다. 또한 모든 보즈푸리 모임이 예배시간에 비슷한 찬양을 부를 수 있었기 때문에 사람들 간에 더 넓은 동질감이 형성되었다.

우리가 보즈푸리어 신약성경 초판을 발간했을 때인 1998년에 상당한 수치의 실제적인 돌파가 일어났다. 그 후 이 운동은 기하급수적으로 성장하기 시작했다.

2001년에 보즈푸리어 오디오 드라마 신약성경이 나왔다. 당시 보즈푸리의 문맹률이 60% 이상이었기 때문에 이것은 엄청난 영향을 미쳤다. 우리는 이전에 복음을 들어본 적이 없는 사람들에게 이 드라마 성경을 통해 말씀하시는 성령의 역사를 주목하고 기뻐했다.

2001년에 처음으로 보즈푸리어 찬양 18곡이 포함된 오디오테이프도 출시되었다. 그 찬양들은 하나님에 대한 경배와 구원에 대한 기쁨에 초점이 맞춰져 있었다. 이 찬양들은 다른 언어에서 번역된 것이 아니다. 모두 보즈푸리 종족이 자신의 언어로 만든 것이었다. 보즈푸리어의 사용을 통해 복음과 구속이 이 종족의 마음에 진정으로 찾아왔다.

이제 초기부터 나와 함께 해 왔던 몇몇 리더들의 간증이 나온다. 첫 번째는 1991년부터 보즈푸리에서 사역하고 있는 카빌라시(Kavilash)의 간증이다. 그와 내가 만난 후 나는 그가 전통적인 사역 패턴을 잊도록 돕기 위해 노력했다. 그는 기독교적인 색채가 강했다. 항상 "할렐루야"를 외치고 악마를 쫓았다. 내가 그에게 말했다. "그렇게 하는 것도 좋지만 당신도 사람들을 제자화하고 멘토링해야 합니다." 지금은(25년 후) 그 지역 사람들의 30%가 그리스도를 따르는 자가 되었다.

카빌라시의 간증

나(카빌라시)는 빅터 존을 만나기 전에 이미 기독교인이었다. 전통적인 교회에
등록된 교인이었다. 1990년대 초에 빅터 형제는 가르치고 훈련하기 위해 내가
있는 지역에 오곤 했다. 우리 교회 목사님과 나는 그와 개인적인 관계를 갖고
있었다. 빅터는 바라나시에서 콘퍼런스를 열고 우리를 초대했다. 첫 번째 보즈
푸리 콘퍼런스에는 단지 60-80명만 참석했다. 그렇게 보즈푸리 사역이 시작되
었고 우리도 참여하게 된 것이다. 산토시 다스(Santosh Das)가 우리 교회 목사
님이었고 처음부터 매우 깊이 관여했다. 그는 나의 참여에 호의적이었고 늘 나
를 격려해 주었다.

　그 콘퍼런스에서 우리는 보즈푸리 지역에 복음을 많이 나눌 많은 필요가 있
음을 깨달았다. 우리는 매우 흥분되어 보즈푸리에서 사역하기 시작했다. 처음
에 우리는 사역을 위해서 더 많은 사람들을 준비시키는 것이 목표였다. 우리는
더 많은 추수할 일꾼을 위해 금식하고 기도하기 시작했고 사역자의 수는 천천
히 증가했다. 그 시점에 나는 아직 모든 신자들을 훈련시킬 생각은 없었다. 우
리는 주로 훈련 중인 목회자들과 사역자가 될 사람들에 집중했다. 첫 해에 우
리는 여러 지역에서 훈련센터를 시작했고 70-75명의 사역자들을 훈련시켰다.

　처음에 우리는 각 사람에게 성경의 기초 진리에 대한 훈련을 1-3개월 동안
실시했다. 그것은 유급 전도자가 되기를 기대하는 사람들이 받는 전통적인 훈
련과 달랐다. 우리는 그런 기대를 주지 않았다. 우리는 하나님, 모임의 중요성,
성령의 역사, 말씀의 중요성에 대해 가르쳤다. 우리는 그리스도에 대한 믿음을
강화시켰고 밤새 기도하고 하루 종일 금식하며 보내는 사역의 모범을 보여주었

다. 우리는 그들과 함께 기도행진을 하고 그리스도를 전하는 방법을 가르쳤다. 주로 친구와 가족에게 조용하게 전도하라고 강조했다. "우리는 그것을 아주 단순하게 유지했다." 그 후 사역이 발전되기 시작했고 사역자의 수가 증가하기 시작했다. 그들은 아주 열정적이었다. 이렇게 90년대 초에 이 사역이 형태를 갖추고 운동이 되어 일어나기 시작했다. 모든 지역에 불이 붙었다.

내가 처음 보즈푸리 사역에 참여했을 때 나는 많이 배운 사람이 아니었다. 단지 초등학교 2학년 과정만 마쳤을 뿐이었다. 이 운동에 참여하면서 나는 더 많은 교육을 받기 시작했다. 대부분 정규 학교 과목이 아니라 성경 교육이었다. 그 후 배우고자 하는 열망이 생겼고 2년 만에 8학년까지 마칠 수 있었다. 하지만 나는 우리가 받은 훈련이 가장 흥미로웠다. 왜냐면 그 훈련이 내가 성경을 배우고 훨씬 더 깊이 이해할 수 있게 해 주었기 때문이다.

초창기에는 주로 혼자 일했다. 그 후 다른 리더들 일부가 나와 함께하기 시작했다. 빅터는 내 핵심 멘토였다. 산토시 다스 목사님도 보즈푸리 종족을 전도하는데 집중하기 위해 목회를 그만두었다. 그는 사역 초기에 결정적인 역할을 했고 2008년에 돌아가시기 전까지 너무나 많은 사람들을 멘토링했다.

수년에 걸쳐 우리는 훈련 자료 외에 더 많은 도구들을 개발했다. 예를 들어 2001년에 나는 오디오 드라마 성경을 사용하기 시작했다. 나는 돌아다니며 사람들에게 그것을 들려주었고, 이 때문에 많은 곳에서 사역을 시작할 수 있었다.

초창기와 현재를 비교하면 많은 것이 달라졌지만 그대로 남아있는 것들도 있다. 이제 사역은 훨씬 더 커졌지만 한 가지는 변하지 않았다. 그것은 맨 처음부터 결과를 내라는 압력이 결코 없었다는 것이다. 이 사역은 숫자 지향적이지 않기 때문에 우리는 부담 없이 자유롭게 사역할 수 있었다. 우리는 마음에서 우러나는 동기로 인해 하나님을 사랑하고 이웃을 섬긴다. 변하지 않는 것이 또 하나 있다. 그것은 우리 단체 안에 사랑의 관계가 있다는 것이다. 이것은 상명

하복에서 나오지 않는다. 모두 함께 해야 한다. 이것은 처음부터 지금까지 우리 단체뿐만 아니라 이 운동에 관련된 다른 단체들에서도 계속된다.

물론 주님 안에서 성장하고 성숙해 감에 따라 이 운동에 참여한 사람들도 변해간다. 그것은 긍정적인 변화다. 처음에는 아주 적은 사람들이 참여했지만 지금은 훨씬 많다! 처음에 사역의 초점은 단지 현장 사역자들을 훈련하는 정도였다. 이제 사역은 훨씬 크고 더 다양하다. 여러 분야의 사역들이 천천히 추가되었는데 총체적인 접근법, 구호활동, 여성의 역량 강화, 지역사회 활동 등이다.

수년에 걸쳐 내 접근 방식도 달라졌다. "영적인" 것에 곧바로 집중하여 대화를 시작하는 대신 이제는 총체적인 접근방식으로 시작한다. 주로 혼자 일하는 대신 팀을 구성하고 팀으로 일하는 법을 배웠다. 지난 몇 년 동안 나는 2천 명의 리더를 멘토링했다. 그들 중 대부분은 다른 사람들을 멘토링했고 평균 10세대까지 더 많은 그룹과 리더를 재생산했다. 나는 현재 약 150명의 그룹 리더를 멘토링하고 있다.

네게시와(Nageshwar)의 이야기

나(네게시와)는 1987년에 믿음을 갖게 되었다. 나의 형은 심각한 정신적인 문제를 가지고 있었고 많은 의사들에게 갔지만 치유받지 못했다. 그러다가 산토시 다스 목사님에 대해 알게 되었고 많은 사람들이 그의 모임에서 치유되었다는 이야기를 들었다. 그래서 나는 형을 산토시 다스 목사님에게 데려갔고 거기서 한 시간 동안의 기도로 완전히 치유되었다! 나는 복음을 제시하기 전에 관계와 관심을 쌓기 위한 방법으로 이 간증을 자주 나눈다.

신앙을 갖게 된 후 교회만 출석하는 일반적인 신자였고, 단지 가끔 산토시 다스 목사님의 사역을 도우러 가곤 했다. 나는 그 사역의 가치를 깨닫게 되었고 더 많은 것을 배우고 참여하고 싶어졌다. 2001년에 우리는 오디오 성경을 사용하는 훈련을 시작했다. 이 훈련은 나를 사역을 위해 준비시켰고 이렇게 나는 이 운동에 참여하게 되었다.

그 후로 나는 그룹을 시작하고 다른 사람들을 멘토링하는 2천 명의 리더들을 멘토링하게 되었다. 평균적으로 이런 그룹들과 리더들은 10세대끼지 재생산한다. 즉, 한 그룹이 다른 그룹을 시작하면 그 다른 그룹이 또 다른 그룹을 시작하는 식으로 10번을 거듭해서 그룹을 증식해 나간다. 요즘 나는 약 200명의 그룹 리더를 직접 멘토링한다.

마스터의 간증

나(마스터)는 빅터 존의 친구였던 우리 교회 목사님으로부터 보즈푸리 사역에 대한 얘기를 듣고 나서 첫 번째 보즈푸리 콘퍼런스에 참석했다. 우리는 약 80명의 사람들과 함께 참석했고 나는 보즈푸리 종족에 대해 배웠다. 거기서부터 모든 것이 바뀌기 시작했다. 내가 받은 첫인상은 보즈푸리에 복음이 거의 증거되지 못했다는 것이다. 우리는 생각하길, "이것은 우리와 관련이 있는 것임에 틀림없다. 이제 우리 종족을 위한 때가 온 것이다" 우리 모두는 흥분되었고, 주님을 섬길 힘을 얻게 되었다. 또한 이 콘퍼런스에서 우리가 보즈푸리 종족으로서 무언가 할 수 있다는 것을 깨닫고 담대함도 얻게 되었다.

내 사역은 이때부터 급격히 변했고 속도가 빨라졌다. 그 당시 우리는 집집마다 다니며 사람들과 대화를 나누었다. 우리는 관계를 맺었지만 때때로 며칠 동안 복음을 나누지 못할 때도 있었다. 그러나 기회가 생기면, 즉 어떤 사람이 필요나 문제가 생기면 우리는 그들을 위해 기도했다. 그리고 나는 하나님이 하신 일에 놀라움을 금할 수 없었다.

특히 우리가 1만 명의 리더가 모인 한 콘퍼런스에 참석했을 때 하나님이 행하시고 계신 일로 인해 크게 격려받았다. 우리는 이렇게 많은 사람들이 믿게 될 것이라고 결코 생각하지 못했다.

윌리엄의 이야기

나(윌리엄)는 처음부터 사역에 참여했다. 맨 처음부터 빅터 존 형제는 거대한 비전을 가지고 있었다. 초창기에는 사역하는 것이 매우 어려웠다. 우리는 사람들에게 전도하기 위해 매우 열심히 사역해야 했다. 우리는 작은 방에서 시작했고 참석자들 대부분은 어떤 일이 일어나고 있는지 깨닫지 못했다. 많은 사람들이 보즈푸리 운동은 단지 이름만 존재한다고 생각했다. 많은 단체의 리더들이 비웃으며 말했다. "왜 당신은 보즈푸리 사람들과 사역하려고 애쓰나요? 그냥 시간만 낭비할 뿐이에요."

보즈푸리어 찬양집이 출판되자 그 사람들이 말했다. "이런 것은 좋은 접근이 아니에요. 그들은 힌디어로도 찬양을 하니까요. 왜 어려운 보즈푸리어로 애써 할 필요가 있을까요? 이해하기 어려운 접근이네요." 그들의 생각은 이것이 전혀 다른 접근일 뿐만 아니라 문어적이지 않기 때문에 적절하지 않다는 것이었다. 많은 사람들이 우리 접근에 대해서 마음에 들어 하지 않았다. 그 이유는 보즈푸리어로 된 성경이 없었기 때문입니다. 그러나 우리는 전도지를 인쇄해서 그 전도지를 갖고 지역사회에 나아가려고 했다.

그 후 우리는 신약성경을 보즈푸리어로 번역하기 시작했다. 반대에도 불구하고 빅터 존은 계속 앞서 나갔다. 그는 모든 비판을 무시하고 계속 그 사역을 진행해나갔다. 비전을 가지고 계속 앞으로 나아가는 큰 헌신이 있었다. 빅터 자신은 여러 곳을 방문해서 사람들을 만났고 많은 사람들을 돕는 프로그램을 진행했다. 그는 여행하고 사람들을 만나는 힘든 일들을 많이 했다.

처음에는 사역이 매우 작았지만 이제는 매우 커졌다. 보즈푸리 운동은 힘든 사역, 헌신, 위대한 비전으로 시작되었다. 그리고 이제는 수백만 명의 보즈푸리 종족이 예수님을 믿는 신자가 되었다.

결론

하나님께서는 놀라운 방법으로 일하셨고 20년 이상의 성장을 통해 사역을 위한 다양한 문들을 여셨다. 다음 장들에서 우리는 이 운동이 직면해 온 특정한 이슈들에 초점을 맞출 것이다. 그리고 주님이 어떻게 이 도전들을 하나님나라의 빠른 성장을 위한 기회들로 바꾸셨는지 보여주고 싶다.

3장

카스트 안에서 일어난 돌파

보즈푸리 언어의 중심지는 우타르 프라데시와 비하르주에 접해있다. 인
도의 수도가 우타르 프라데시 주에 위치하고 있는데 비해 비하르 주는
험난한 역사와 카스트 전쟁으로 악명이 높다. 1990년대 비하르 주에
서 상위 카스트 사람들과 하위 카스트 사람들 사이에 끔찍한 전쟁이 일
어났다. 두 집단 모두 게릴라식 군대를 갖고 있었고 그 공격으로 인해
1000명 이상이 죽었다. 우리 그룹은 이런 적대감, 복수, 대량 학살의 환
경 가운데서 복음을 전했다. 기도를 통한 영적 전쟁과 복음 선포를 통해
서 이 카스트 전쟁은 놀랍게 누그러졌다.

락시만푸르 바데(Lakshmanpur Bathe)[5]의 대학살이 일어난 해인 1997

---

5 예를 들면 "학대의 패턴: 비하르주 시골에서의 폭력과 주정부의 대응"과 "인도의 가장
   가난하고 위험한 주, 비하르에서 계급(그리고 카스트) 전쟁 기획"을 참조하라. https://
   www.hrw.org/reports/1999/india/India994-06.htm는 2019년 3월 27일 접속. 특히 주
   목할 만한 2가지 만행을 언급하자면 "…1992년에 MCC(하위 카스트 전사들)가 비하르의 바
   라(Bara) 마을에서 브라민 카스트 35명을 잔인하게 살해했다. 무장단체 MCC는 바라의 35
   명을 인근 운하의 둑으로 데려가 손을 묶고 목을 베어버렸다. 그 보복은 1997년에 일어났
   다. 란비르 세나(Ranvir Sena)라고 불리는 상위 카스트 지주들의 민병대가 락슈만푸르 바
   데 마을에서 조직적이고 잘 계획한 공격으로 58명의 불가촉천민(달리트)를 학살했다. 약

년에 우리는 비하르에서 사역을 시작했고 교회개척운동(Church Planting Movement, 이후 CPM)도 그 지역에서 일어나기 시작했다. 2년이 못되어 복음은 분쟁과 유혈사태로 상처 입고 지친 많은 전사들에게 전해졌다.

1999년에 이 호전적인 집단들의 두 지역사령관이 그리스도를 받아들였고 완전히 변화되었다. 습격과 살육을 이끄는 대신에 그들은 교회를 개척하는데 앞장서기 시작했다. 이 변화는 현재까지 계속되고 있고, 이제 19명의 전직 민병대 지역사령관들이 그리스도를 받아들이고 교회개척 사역자가 되었다. CPM이 카스트 전쟁에 영향을 미쳤고 분쟁 대신 평화를 가져오는데 도움을 주었다. 그러나 비하르의 카스트 전쟁은 훨씬 더 광범위한 문제들의 일부일 뿐이다.

카스트 제도 이해하기

카스트 제도는 환생과 카르마에 관한 힌두교 신앙, 즉 인생에서 사람의 지위가 전생의 선행이나 죄의 결과라는 신념에 근거하여 대략 기원전 1500-500년에 시작되었다. 따라서 사람이 하위 카스트 가정에서 태어났다면 전생의 죄에 대한 정당한 결과라고 여긴다. 기능적으로 카스트는 사회가 다양한 종류의 일들로 구분되어 있다고 본다. 이런 점은 다른 사회들의 상황과 유사하다. 하지만 이 제도를 뒷받침하고 기준으로 삼는 종교적 신념 때문에 카스트 제도는 훨씬 더 악랄하다. 그것은 아주 비인간적인데 왜냐하면 이 제도가 하위 카스트 공동체에 있는 사람들을 지배하고 사용하고 심지어 죽일 수 있는 종교적인 권한을 부여하기 때문이다.

100여 명의 무장한 란비르 세나 조직원들이 밤 11시경 락슈만푸르 바데에 진입했다. 그들은 오두막집을 부수고 들어가서 자고 있는 사람들을 향해 총을 난사했다. 이 공격으로 마을은 거의 전멸했다. 가장 어린 희생자는 1살도 채 되지 않았다."

힌두교가 카스트를 묘사할 때 최고의 신(브라마)은 자신의 머리에서 상위 카스트 브라민(Bramin)을 창조했다고 한다.[6] 역사적으로 브라민은 교사와 사제로 기능했다. 또한 그의 팔과 가슴에서 전사, 왕, 지주, 관리 계급인 크샤트리아(Kshatriya) 카스트를 창조했다. 이 카스트에서 왕과 군대 총사령관이 나왔다.

브라마는 자신의 다리에서 상인이나 농민 같은 비즈니스 계급인 바이샤(Vaishya)를 창조했다. 이 계급에서 왕의 비서가 나왔다. 관리하고 기록하는 사람들이다. 브라마의 발에서 노동 계급인 수드라(Shudra)가 나왔다. 그들의 일은 상위 세 카스트를 돕는 것이다. (힌두교 경전에 언급이 없는) 달리트, 즉 "불가촉천민"은 인간 이하로 동물보다 못한 것으로 여겨졌다. 과거에 수드라와 달리트는 자신의 권리가 없었다.

지난 수 세기 동안 달리트 가정의 첫 아이가 남자라면 그를 강에 던져 마더 갠지스(Mother Ganges)에게 바쳐야 했다. 이것이 달리트를 복종시키는 방법이었다. 이 관습은 사티(sati, 남편이 죽으면 그의 시신과 함께 살아있는 과부를 태우는 것)라는 또 다른 비인간적인 관습과 함께 영국에 의해서 불법화되었다. 그럼에도 불구하고 카스트 관련 범죄는 아직도 북인도 지역에서 너무나 자주 일어나고 있다.

고대 힌두교 경전인 베다(Veda)를 보면 수드라는 거룩한 (힌두교) 경전의 어떤 부분도 들을 수 없다고 기록되어 있다. 수드라가 경전의 내용을 듣는다면 그중에 가장 희미한 기억조차 사라지도록 녹인 납을 귀에 부어야 했다. 물론 그러면 그 사람이 죽겠지만 그럼에도 불구하고 그렇게 했

---

6   이 자료들의 설명을 참조하라. http://navsarjan.org/navsarjan/dalits/whoaredalits, http://creative.sulekha.com/manusmriti-epic-of-caste-system-and-casteism_416485_blog 는 2019년 3월 27일 접속.

다. 그것이 경전에 적혀 있었기 때문이다.

하위 카스트 출신의 일부 소녀들은 데바다시(devadasi, '데바'는 신을 의미하고, '다시'는 종을 뜻하므로, '데바다시'는 신의 종, 기본적으로 성전 매춘부를 의미한다)로 성전에 바쳐졌다. 데바다시는 자신의 집이 아니라 성전에 머물렀기 때문에 사제는 항상 자기가 즐길 수 있는 사람을 가까이 두었다. 데바다시는 밤에 나가서 돈을 벌기 위해 다른 사람을 접대할 수 있었고, 그 돈으로 성전에 십일조를 바쳤다. 소녀들은 밤낮으로 학대당하며 생계를 유지해야 했다. 이것도 카스트 제도의 일부였다.

상위 카스트는 자신이 하위 카스트 사람의 그림자에 의해서도 더럽혀질 수 있다고 생각한다. 이것은 인간을 믿을 수 없을 정도로 비하하는 아주 악랄한, 비인간적인 시스템이다.

예를 들면 하리아나(Haryana)의 이웃한 주에서는 카스트 제도가 여전히 도시와 마을에서 매우 강력한 영향력을 발휘한다. 모든 사람들의 삶을 지배하고 각 사람의 정체성에 강하게 영향을 미친다. 여전히 카스트 관련 사건으로 사람들이 산 채로 화형 당하고 고문당한다. 동물들은 특정 우물에서 마실 수 있지만 달리트와 수드라는 그 물을 사용할 수 없다. 인권감시단체의 보고에 따르면 "달리트와 (지정 부족, 즉 원주민[adivasi]으로 알려진) 토착민들은 차별, 배제, 공동체적 폭력 행위에 계속해서 시달리고 있다. 인도 정부가 채택한 법률과 정책은 강력한 보호 근거를 제공하지만 때때로 지방정부가 제대로 집행하지 않는다."[7]

이런 잘못된 사회적 역학관계가 생겨나는데도 왜 저들은 카스트 제도를 지속시키고 싶어 할까? 우리는 카스트에 집중하지 않고 하나님나라가

---

7   Human Right Watch World의 2008년 보고서에서 "인도"를 참고하라. https://www.hrw.org/legacy/englishwr2k8/docs/2008/01/31/india17605.htm는 2016년 12월 14일에 접속.

확장되는 것을 보고 싶다. 우리는 성경에서 하나님나라는 모든 사람들에게 동등하게 열려있음을 본다. 인도의 문화가 이렇게 조직적으로 비인간적인 시스템을 가진 것에 반해, 기독교는 하나님 아래서 만민의 평등에 관해 이야기하고 권리가 없는 사람들에게 권리를 주려고 한다. 그러기에 기독교는 항상 다른 사람들에게 짓밟히던 사람을 즉시 동등한 위치로 끌어올린다. 이런 점들 때문에 기독교는 인도의 기득권층에겐 큰 혼란을 가져다주는 위협적인 존재가 된다.

문화적 긴장

인도 전체의 사회적 맥락에서 카스트는 여전히 중요한 역할을 한다. 사회적 긴장의 원인이 되고 힌두교 근본주의를 육성한다. 이제는 많은 사람들의 사고방식이 점점 변화하고 있고, 상위 카스트 사람들도 특별한 대우를 그리 흔하게 요구하진 않는다. 하지만 그들에게 위협을 느끼게 하는 일이 일어나면 즉시 카스트 의식이 발동한다. 다양한 사람들과 대화를 해보면 카스트 제도가 여전히 그들의 사고방식에 남아 있음을 느낀다. 이 세계관은 그들이 어떤 지위를 가지고 있고, 어떤 교육을 받고, 사회에서 어떤 위치에 있든지에 상관없이 지속된다.

　민주주의 때문에 상위 카스트는 지배자로서의 힘을 많이 잃었다. 인구의 대다수는 지정 카스트[8]와 지정 부족 같은 하위 카스트 출신이다. 민주적 투표는 다수의 힘을 증가시켰다. 또한 많은 달리트와 하위 카스트 사람들이 저항했고 정부와 사회에서 높은 지위를 얻었다. 그래서 상

8　"지정 카스트…와 지정 부족…은 인도에서 역사적으로 사회적 혜택을 받지 못했지만 공식적으로 지정된 원주민의 여러 그룹들이다. 이 용어는 인도 헌법에 명시되어 있다…현대문학에서 지정 카스트는 때때로…달리트라고 언급된다." 위키백과를 2017년 3월 13일에 접속.

위 카스트 사람들은 자신의 사회적 힘이 줄어드는 것을 느끼고 있다.

힌두교 민족주의는 이렇게 변화하는 사회적 역학관계의 반응으로 생겨났다. 근본주의자들은 소수 브라민이 권력을 장악할 수 있도록 힌두교 민족주의를 전파한다. 여기에는 가장 취약한 사람들을 공격하는 것도 포함된다. 거기서 종교적 박해가 발생한다. 실제 이슈는 개종이 아니라 하위 카스트 사람들을 억압에서 해방하는 사회 개혁이다. 하위 카스트 사람들이 자신의 권리를 깨달을 때 그들은 더 이상 상위 카스트 손에서 조용히 고통받지 않는다. 그래서 힌두교 근본주의 집단은 기독교인들을 사회개혁가로 생각하고 공격한다. 우리는 사람들을 교육하고 교육을 받은 그들은 더 이상 상위 카스트의 노예로 살려고 하지 않는다. 사회적 관계는 변화하고 있고 꼭대기에 있는 사람들은 이것을 두려워한다. 대부분의 힌두교 근본주의 그룹은 자신의 힘을 잃을까 봐 두려워하는 상위 카스트 사람들이 운영하고 그 두려움이 박해를 일으킨다. 어떤 경우에는 경찰에 친척이 있어서 그들은 경찰에 고소하고 기독교인들을 막기 위해 무언가를 하도록 요구한다. 그러나 이런 박해 배후에 있는 실제 이슈는 사회적 통제와 권력이다.

카스트의 도전

보즈푸리 운동은 이런 카스트 중심의 상황에서 커다란 변화를 가져왔다. 보즈푸리 지역의 인구는 20%의 상위 카스트 사람들과 80%의 하위 카스트나 따돌림당하는 달리트와 원주민으로 구성된다. 복음은 인구의 80%에 해당하는 하위 카스트에게 더 빠르게 전해지는 경향이 있기 때문에 교회는 이런 사회적 현실을 반영해 준다. 이것은 우리가 카스트와 관련된 실제 이슈를 다루어야 한다는 의미다. 새로 생겨나는 기독교 모임은 가난, 문맹, 리더십이라는 도전에 직면한다. 하위 카스트 사람들이 리더십 훈련을 받아보지 못했기 때문이다. 그들은 주도적이 되기보다 명령에 따르도록 여러 세대에 걸쳐 교육받아 왔다. 그래서 우리는 각 사람에게 권한을 부여하기 위해 특별한 제자도 및 리더십 훈련을 개발해야 했다. 이것이 CPM과 대중운동(mass movement) 사이의 한 가지 중요한 차이점이다. 이 운동에서는 각 사람이 멘토링을 받으며 제자화되고 있다.

우리 상황에서 또 다른 도전은 여전히 전통 교회가 아주 카스트 중심적이라는 것이다. 남인도의 전통 교회 출신 사람들은 카스트 기반의 교회에서 왔다. 교회 사이에 아주 명확한 구분이 있고 상위 카스트 교회와 하위 카스트 교회는 서로 결코 교류하지 않는다. 그들은 사회의 일반적인 교류 방식처럼 서로 연결되거나 교제하지 않는다.

하지만 보즈푸리 운동에서 우리는 브라민과 달리트와 다른 모든 카스트에 대해서 이야기하지 않는다. 잃어버린 사람들에 대해서 이야기한다. 그들이 복음을 듣고 받아들이지 않는다면 그들이 브라민이든, 달리트든 상관없이 잃어버린 채로 남아있을 것이다.

언어로 모든 카스트에 접근하다

때때로 사람들이 말한다. "왜 상위 카스트 사람들에게 집중하지 않나요?" 그러나 보즈푸리에서 우리의 접근방식은 다르다. 우리 지역의 상위 카스트가 인구의 2-10%에 불과하다면, 동일한 비율이 교회에도 반영된다. 남인도의 사역과는 달리 우리의 비율은 인도 인구를 반영한다. 하나님은 모든 카스트 안에서 일하고 계신다.

게다가 카스트 중심 사역은 많은 경우 현실을 제대로 반영하지 못한다. 어떤 마을에서는 특정 카스트 출신이 한 가정 밖에 없을 수 있다. 한 가정만으로 예배공동체를 시작할 수는 없기 때문에 다양한 카스트들의 모임이 필요하다. 우리는 카스트가 아니라 언어, 지역, 경제적 구분에 따라 사람들을 전도하는데 집중한다. 그것이 그 지역 전체에 복음이 뿌리 내리고 확산되는데 도움이 되기 때문이다.

카스트는 그룹들을 나누지만 언어는 사람들을 연합시킨다. 그래서 우리는 의도적으로 카스트에 집중하지 않기로 선택했다. 대신에 우리는 언어에 집중해 왔고 보즈푸리에서 시작해서 많은 언어 종족들로 퍼져나갔다.

정부 고위 관리들의 대부분이 상위 카스트 출신이다. 근래 들어 정부의 보호 정책(하위 카스트를 위한 할당제, 우대 조치의 한 형태)때문에 일부 하위 카스트 사람들의 신분이 상승하고 있지만, 그들이 거기에서 능력을 제대로 발휘하기는 무척 어렵다. 어떤 사람들은 "그가 하위 카스트 출신이라면 아마 일을 제대로 해내지 못할 것 같아"라고 생각한다. 그들은 카스트가 사람들이 어떻게 교육이나 훈련을 받았는지 보다는 어떻게 타고 났는지를 보여준다고 여전히 믿고 있다.

사람들이 도시로 이주했을 때 이 문제는 훨씬 덜 했다. 델리에서 우리의 사역을 통해 신앙을 갖게 된 초창기 사람들 중 일부는 건설 노동자들이었지만 그들은 브라민(최상위 카스트)이었다. 사람들은 결혼과 같은 문제에서만 자신의 카스트를 고려할 뿐 그 외에는 별로 관심을 갖지 않는다. 도시에서는 문제없이 다른 카스트 사람들과 이웃으로 살 수 있다.

보즈푸리에서 하나님은 현재 모든 카스트 가운데 일하고 계신다. 심지어 하위 카스트 사람들이 상위 카스트 사람들에게 전도하고 있다. 다른 카스트 출신 신자들 간에 많은 교류가 있는 것은 아니지만 그 가운데 함께 모여 예배하고 기도하는 모임이 있다. 한 마을의 하위 카스트 지역에서 예배공동체를 인도하는 하위 카스트 여성이 이제 그 마을의 상위 카스트 지역에 가서 또 다른 예배공동체를 인도한다. 그녀가 하위 카스트 출신이고 (어느 마을에서나 평범한 리더일 수 없는) 여성일지라도 하나님은 상위 카스트와 하위 카스트 양쪽 모두에서 그녀를 효과적으로 사용하고 계신다.

티와리(Tiwari)의 간증

초기부터 보즈푸리 운동과 관련되었던 리더들 중 한 사람이 상위 카스트 힌두교 배경에서 그리스도께로 나아왔다. 지금부터 티와리가 나눈 간증을 소개하려 한다. 그는 수년간 이 운동과 자신의 삶에 미친 카스트의 영향에 대해 돌아본다.

나(티와리)는 우리 지역의 힌두교 대사제의 장남으로 태어났다. 1980년에 나는 그리스도를 영접했다. 나는 우리 마을의 브라민 지역에서 복음의 첫 열매라고 생각했다. 이것은 큰 일이었다. 나를 주님께 인도한 산토시 다스도 라지푸트(Rajput)족 출신의 브라민이었다. 그는 아주 겸손한 사람이었다. 신앙을 위해 큰 대가를 치렀고 복음을 위해 많은 것을 잃었다. 평생을 소박한 집에서 살았고 그가 가진 모든 것은 하나님 아버지의 것이었다. 그는 우리에게 지역사회에서 좋은 관계를 형성해 가는 놀라운 본을 보여주었다.

산토시가 나의 마을에서 자신이 소유한 조그만 경작지에서 일하고 있을 때, 몇 친구들과 나는, "이 친구는 말이 너무 많은데 한번 손을 봐야겠어"라고 생각했다. 그런 생각을 갖고 가서 내 친구들이 그를 놀리고 약을 올렸다. 난 그런 모습을 보며 즐기고 있었다. 그 와중에 그가 나에게 말했다. "티와리, 언젠가 하나님이 당신을 심판하실 것인데 당신은 무어라고 대답할 것인가요?"

내가 대답했다. "왜 나예요?" 나는 다른 아홉 명도 거기에 있는데 왜 나를 지명했는지 알고 싶었다. 사실 나는 마을에서 착하다고 소문난 사람인 데다, 그를 조롱한 건 내 친구들이지 나는 그냥 옆에서 웃기만 했을 뿐이었다. 나는 화가 나서 생각해 보았다. '왜 나만 심판받지? 왜 내 친구들은 아니지?' 그래서 다음날 이 일에 대해 따지기 위해 그를 다시 찾아갔고 그는 나에게 예수님에 대해 이야기했다.

나는 "그래, 이것은 뭔가 다르네. 하지만 내가 많이 신경을 쓸 필요는 없지.' 라고 생각했다. 그렇지만 나는 여전히 궁금했다.

그때 내가 떠나려고 하자 그가 말했다. "오늘 우리 집에서 작은 기도 모임이 있는데 오지 않을래요?"

나는 "왜 내가 당신네 기도 모임에 가야 하나요? 우리에게도 힌두교 기도 모임이 많은데요."라고 생각했다. 그러나 나는 궁금했다. 그래서 그가 어떤 기도 모임을 하는지 알아볼 심산으로 가기로 마음 먹었다.

그 모임에 펜실베이니아에서 온 여성이 있었는데 나는 그 사실을 몰랐다. 그녀가 치유의 은사를 가졌다는 것도 몰랐다. 내가 들어갔을 때 그녀를 보고 생각했다. "이 여성이 왜 여기 있지? 이 사람들이 내가 그녀와 만나게 하려고 이 모임을 준비했나?" 나는 그녀가 자신의 종교를 나에게 설득시키려 해서 큰 논쟁이 벌어질 것이라고 생각했다. 그러나 사실 우리는 대화하지 않았다. 그 당시 나는 영어를 못했고 그녀는 인도어를 못했기 때문이다. 그러다가 모임 중간에 그녀가 내 손을 잡고 30분간 기도했다. 나는 어쩔 줄 몰랐다. 그런 다음 그녀는 내 머리를 잡고 30분 더 기도했다.

나는 "한 시간 동안 기도해야 할 만큼 내가 뭘 잘못했나?"라고 생각했다. 나는 이런 일이 벌어지는 것을 지켜보면서 창피했다. 내 친구들 중에서 나만 뽑혀서 심판에 대한 경고를 받았다. 이 모임의 모든 사람들 중에서 나만 뽑혀서 한 시간 동안 기도받았다. 그 후 기도 모임이 끝났다.

그날 밤 내가 집에 돌아가기도 전에 그 소식이 아버지에게 들어갔다. "외국 여성이 당신 아들에게 무슨 짓을 했어요. 잘 처리하세요. 그렇지 않으면 안 좋은 일이 생길 거예요." 그날 밤 아버지는 나를 집에서 쫓아냈고 나는 앞으로 무엇을 해야 힐지 몰랐다. 나는 기독교인이 되기 위해 거기에 간 것이 아니다. 하나님의 심판에 대한 질문의 답을 찾으러 갔을 뿐이다. 그러나 갑자기 집을 잃고 이 세상에서 혼자가 되어 버렸다. 그때는 12월 추운 밤이었고 내 꿈이 산산조각 난 순간이었다. 나는 무엇을 해야 하는지 어디로 가야 하는지 몰랐다.

6개월 후 나는 예수님의 실재를 알게 되었고 그분은 내 구세주가 되셨다. 그 후 세례를 받고 성령으로 충만해졌다. 그러나 복음을 제대로 이해하는데 6개월이 더 걸렸다. 내가 처음 신앙을 가졌을 때 다른 카스트 출신 사람들과 교제하는 것이 힘들다는 것을 알았다. 하지만 복음이 나를 감동시키고 내 관점을 변화시켰다.

많은 새신자들이 초기에 많은 것을 이해하지 못한다. 신앙을 받아들인 상위 카스트 사람들에게는 '문화를 파괴하지 말고 단지 복음을 따르라'고 가르쳐야 한다. 이것은 처음부터 이 운동의 주제(문화적으로 적합한 예배공동체)였다. 어떤 사람들은 문화에 반대해서 많은 것을 말한다. 나는 "그것들이 나쁘지만 그렇다고 왜 비판만 하고 있나요? 사람들은 복음이 필요해요. 그들이 구원받기 위해서는 생명이 필요해요. 첫 단계에서는 무엇보다 이것에 집중하는 것이 좋아요."라고 말한다. 다양한 문화적 적용은 나중에 사람들이 더 성숙하고 자신이 가고 있는 길에 대해 더 이해했을 때 필요하다. 나는 우리가 문화적인 것을 주의 깊고 지혜롭게 다루면 많은 젊은이와 가족들이 신앙을 갖게 될 것이라고 믿는다. 우리는 복음을 잘 가르치는 것이 목표다.

나는 카스트 제도가 우리나라의 악이라고 생각하지만 실상은 상위 카스트 사람들도 고통당하고 있다. 그들의 관점에서 큰 이슈는 "우리 딸을 누구와 결혼시킬 수 있을까?"와 "우리는 어디서 식사할 수 있을까?"이다. 이것이 큰 문제다. 인도어에 "로티(roti)와 베티(betee)"라는 단어들이 있다. 로티는 빵이고 베티는 딸이다. 이는 상위 카스트에게 두 가지 중요한 이슈이고 그들은 이 문제에서 타협하지 않을 것이다. 도시에서는 어느 정도 적응할 수 있지만 시골에서는 여전히 매우 심각한 문제다.

내 간증으로 믿게 된 첫 번째 사람은 당시 내 나이보다 훨씬 많은 70대의 부부였다. 남편은 다섯 마을의 촌장이었다. 하나님은 내가 그들과 이야기를 나눌 수 있도록 도우셨고 그들은 내게 이렇게 말했다. "당신은 이 지구상에서 가장 뛰어난 구루 중 하나예요. 당신이 우리를 구원에 이르도록 도왔어요." 그 후 얼마 지나지 않아 그들의 조카, 비제이(Vijay)가 신자가 됐다. 그는 여전히 그 지역에 사는데 많은 모임을 개척했고 심지어 죽은 자들이 살아나는 것도 목격했다. 거기서 많은 기적들이 일어나고 있고, 그는 그 지역에서 22세대까지 재생산된 예배공동체들을 이끌고 있다.

나는 지금껏 50-60쌍의 결혼식을 주관했다. 30번째 이후로 더 이상 세지 않았다. 일부 사람들이 물었다. "우리는 신부에게 (기독교 관습에 따라) 흰색 사리(sari)를 입히고 싶지 않아요. 신부가 (평범한 인도 관습처럼) 붉은색 사리를 입고 결혼할 수 있을까요?"

나는 말했다. "네, 물론이죠. 당신이 고른 색깔을 입고 결혼할 수 있어요. 결혼은 옷 색깔에 달려있는 것이 아닙니다." 성경은 우리가 지역 문화에서 어떤 관습을 따르거나 거절할지 선택하도록 안내한다.

나는 지역 관습에 민감하면서도 모든 카스트 출신 신자들이 함께 모여 예배드리도록 가르치는 것이 중요하다고 생각한다. 또한 브라민 같은 카스트 출신 사람에게 복음을 들을 수 있다면 매우 도움이 된다고 본다. 바로 얼마 전 부부 의사인 남편과 아내에게 복음을 나누고 있을 때 또 다른 브라민이 우연히 들어왔다. 나는 그에게도 복음을 전했고 그가 생각할 수 있도록 힌두교에 대해 몇 가지를 설명했다. 내가 말했다. "예수님은 새로운 종교를 만들기 위해 오신 것이 아니고 생명의 길을 가져오셨어요. 그분은 역사 가운데 단 한번 오셨어요. (환생하신 것이 아니에요) 그분은 당신을 혼란스럽게 할 만큼 많은 얼굴이 아닌 단 하나의 얼굴로 오셨어요."

내가 보기에 상위 카스트가 가진 문제는 "누가 힌두교 신앙을 지키고, 누가 이 나라를 보호할 것인가?"라는 그들의 생각에서 비롯된다. 그들은 다수에 대한 통제력을 잃을까 봐 두려워하고 기독교인들이 문화를 훼손한다고 주장한다. 나는 힌두교의 어떤 문화들은 과거의 세대들이 잘 이루어놓은 좋은 것들이라고 본다. 우리는 좋은 것을 이해하고 존중해야 한다. 물론 모든 문화에는 악한 것들이 있고 당연히 우리는 그것들을 지혜롭게 잘 분별해야 한다.

나는 우리가 믿는 것을 나누는 것과 동시에 가능한 한 좋은 친구들을 사귀어야 한다고 생각한다. 예를 들면 내 고향은 많은 기독교인들이 매우 심하게 구타당했던 지역이다. 최근 나는 거기서 작은 모임을 이끌고 있는 목사에게 전화를 받았다. 그가 말했다. "30년이 지났네요. 이제 당신이 고향에 돌아와 복음을 전해야 할 때입니다."

내가 대답했다. "맞아요. 때가 됐네요. 성금요일에서 부활절까지 3일동안 방문하러 갈게요."

그래서 나는 거기에 가서 3일간 설교했다. 그때 RSS[9] 멤버가 그 마을을 우연히 지나가고 있었다. 목사는 그의 좋은 친구였다. 그에게 들어와서 메시지를 들어보라고 초대했다. 그래서 그가 들어왔다. 그가 내게 물었다. "당신은 누구

---

9   RSS는 라시트리야 스와얌세박 상(Rashtriya Swayamsevak Sangh, "국민의용단")의 약칭으로 힌두교 우익 민족주의, 준군사조직이다. 그 회원들은 일반적으로 복음에 우호적으로 여겨지지 않는다.

세요?"

내가 대답했다. "나는 이 지역 출신이에요. 얼마 안 떨어진 곳에서 살았어요."

그가 물었다. "당신은 어느 가문에 속해 있나요?" 내가 할아버지의 이름을 말하자, 그가 말했다. "아, 알아요." 그는 내가 상위 카스트 힌두교 가족 출신이라는 것을 알게 됐다. 하지만 그와 목사 사이의 우정 때문에 모든 것이 받아들여졌다.

3일 동안 5백 명의 사람들이 교회에 왔다. 마지막 날(부활절)에 사람들이 뜨거운 햇볕이 내리쬐는 야외 우산 아래 앉아서 모임을 즐겼다. 모임 후 11명이 세례를 받고 싶어 했다. 교회 건물 뒤에 작은 물탱크가 있었고 내가 '이 탱크에 물을 채워주세요.'라고 말했다. 11명이 한 사람씩 예수님에 대한 신앙을 고백하고 세례를 받았다. 많은 기독교인들이 구타당했던 바로 그 장소에서 하나님은 우리에게 이런 복된 기회를 주셨다.

이것은 우정의 가치에 대한 한 가지 예다. 우리가 좋은 우정이 쌓일 때 모든 일이 순조로워질 수 있다고 생각한다. 물론 모든 곳에서 그런 것은 아닐 것이다. 항상 일부 사람들은 적이 될 수 있지만 우리는 가능한 한 친구가 되려고 노력한다.

또 다른 예는 바라나시 근처의 과부를 위한 집이다. 브라민들이 그 집을 위한 땅을 기부했고 여전히 가끔 기부금을 보내온다. 이 지역의 한 마을에서 작은 진료소를 운영하는 신참 의사가 있었다. 그가 말했다. "당신이 나를 위해 기도해 주셔서 진료소가 잘 운영되고 있어요. 과부의 집을 위해 십일조를 헌금하고 싶어요."

상위 카스트 공동체를 위한 아웃리치에서 많은 일을 할 수 있다. 상위 카스트 배경 신자들은 그들과 함께 먹을 수 있고, 하위 카스트 출신 신자들은 물과 음식을 대접할 수 있다. 그들은 상위 카스트 공동체에 허용되고 자신의 동료 그룹을 통해 그 공동체에 영향을 미칠 수 있다. 하지만 주님의 일은 어쨌든 원맨쇼가 되어서는 안 된다. 우리는 목표를 위해 함께 사역하는 (다양한 카스트의 구성원이 포함된) 팀이 필요하다. 팀이 증식할 가능성이 더 크기 때문에 우리는 보통 이렇게 사역한다.

결론

그리스도의 복음을 통해 인도의 모든 카스트 출신 사람들이 자유로워지고 있다. 개인뿐만 아니라 온 가족과 그룹들이 하나님의 영의 능력으로 하나 되는 길을 찾고 있다. 이 변화는 아직 완전하지 않지만 하나님나라의 전초기지가 조상에게 물려받은 것보다 더 나은 삶의 방식으로 가는 길을 밝혀준다. 하나님의 능력은 인간이 결코 이룰 수 없는 것을 할 수 있다. 예수 그리스도의 사랑으로 인해 사회적 적대감과 분열의 벽이 허물어지고 있다.

4장
커뮤니티 학습 센터를 통한 돌파

커뮤니티 학습 센터(Community Learning Centers, 이후 CLC)는 이 운동을 촉진하고 가속화하는데 가장 성공적이고 효과적인 전략 중 하나가 되었다. 이전에 어려움을 겪고 있던 많은 리더들은 CLC 접근방식을 배우고 실행한 후 짧은 시간 내에 매우 풍성한 열매와 영향력을 갖게 되었다. 이 접근방식은 우리 지역에서 가장 적대적인 선교 현장에서 우리가 사역을 할 수 있게 해 주었다.

2001년에 우리 리더들 중 한 명인 사벤더(Savender)는 자신이 어떤 지역에 개척한 교회가 조직적인 박해를 받았다고 했다. 그는 그 지역에서

쫓겨났고 돌아갈 수 없었다. 심각한 박해로 인해 그 지역에서의 사역은 중단되었다.

6년 후인 2007년에 사벤더는 CLC를 시작했다. 이것이 그에게 새로운 문을 열어주었다. 이전에 그를 괴롭혔던 사람들이 그가 그 지역에서 다시 일하기 위해 돌아오는 것을 환영했다. 사람들은 그의 봉사가 영적인 것만이 아니라 그들에게 실질적인 유익을 줄 것이라는 점을 깨닫게 되었다. 그들이 마을에 커뮤니티 센터를 지을 땅을 제공해 줄 만큼 변화는 아주 급진적이었다. 그렇게 그는 자신의 프로그램을 진행할 수 있었다. 그는 대나무와 간단한 자재를 사용해 커뮤니티 센터를 짓고 나서 마약 방지 계몽 프로그램을 시작했다. 이 프로그램은 센터 건물에 온 사람들뿐만 아니라 반경 2-3마일 안에 있는 사람들에게도 영향을 끼쳤다. 대부분의 CLC 활동들은 마을 주변, 거리, 건물의 안마당에서 이루어졌다.

CLC가 어느 정도 기능하게 되고 사벤더가 지역사회와 탄탄한 관계를 맺은 후 몇몇 사람이 신앙에 대해 더 마음을 열기 시작했다. 그들 중 일부는 그리스도를 따르기 시작했다. 새로운 사람들이 믿음을 갖기 시작했을 때 박해나 부정적인 반응은 없었다.

사벤더가 말했다. "제가 CLC를 시작한 후 우리는 그들의 완전히 달라진 태도를 보았어요. 모든 오해가 풀렸어요. 나는 이제 지역사회의 모든 지도자들과 잘 연결되어 있어요. 많은 정치 지도자들이 와서 말해요. '당신이 우리를 홍보해 줄 수 있나요? 우리를 추천해 주시겠어요?' 이렇게 CLC의 영향력이 관계의 공식을 바꾸어 버렸어요. 두려워할 필요가 없어졌고 오히려 제가 지역사회에서 존경을 받게 됐어요."

"또한 CLC는 제가 담대함과 힘을 얻도록 도와주었어요. 첫 박해가 왔을 때 저는 즉시 도망쳤어요. CLC를 운영한 후로는 견딜 수 있는 용기가 생겼고 긍정적인 평판도 얻었어요. 다음 선거에서 저는 촌장으로 출마할 수도 있답니다. 고립된 피해자였던 제가 승리자가 된 거예요. 주님이 요셉을 노예에서 총리로 만드셨던 것처럼 주님은 저를 비극에서 승리로 이끌어 주셨어요. 이제 300-400명이 예배를 드리기 위해 커뮤니티 건물에서 만나지만 아무도 그 일에 반대하지 않아요."

마약 계몽 프로그램 외에도 사벤더의 CLC는 여성의 역량을 강화하고, 다양한 교육 프로그램들을 제공한다. CLC를 이끌면서 그는 센터를 돕도록 다른 많은 사람들을 참여시킨다. 그는 모든 CLC가 지역 사람들의 현장 리더십 개발을 위해 이런 패턴을 취하고 있다고 말한다.

총체적인 영향

이전에 성전 사제였던 CLC 리더들 중 한 명이 신체적인 장애가 있는 거지에게 다가가서 제자를 삼았다. 정기적인 상담과 기도를 통해 그 남자는 예수님을 따르는 자가 되었고 구걸을 그만두었다. 그는 우리의 CLC 리더와 함께 12명 이상의 거지들에게 다가갔다. 그중 일부도 신체적인 장애가 있었다. 이 사람들의 삶에 엄청난 변화를 주신 하나님을 찬양한다. 그들은 구걸을 그만두고 자영업자가 되었다. 그들은 종이봉지, 장난감 및 유사한 품목들을 판매해 생계를 유지하기 시작했다. 모두 제자화되었고 그들 가운데 예배공동체가 시작되었다.

산지트(Sanjit)*는 하리아나(Haryana) 지역의 마피아 일원이었다. 그는 20대 중반까지 마약거래, 절도, 살인을 비롯한 12건 이상의 범죄로 기소되었다. 게다가 그는 귀신도 들렸는데 그로 인해 많은 신체적 질병에 시달렸다. 그의 어머니도 마찬가지로 귀신이 들려있었다. CLC 리더들 중에 한 명이 그의 집으로 가서 그를 위해 기도해달라고 부탁을 받았다. 그 리더가 산지트와 어머니를 위해 기도했을 때 두 사람 모두 즉시 치유받았다. 산지트는 이제 완전히 변화되었고 온 가족과 함께 그리스도를 영접했다.

커뮤니티 학습 센터의 비전

하나님은 지역사회 전체에 모임을 개척하는 개척자로 우리를 부르셨다. CLC는 이 목표를 성취하기 위한 수많은 기회들을 제공해 주고 있다. CLC는 리더들이 잃어버린 사람들에게 집중하고 효과적으로 그들과 연결되도록 도와준다. CLC를 통해 우리는 사람들에게 다가가서 그리스도의 사랑으로 성육신적 사역을 행한다. 그렇지 않으면 그들은 결코 복음을 들어보지 못하거나 그들의 맥락에서 복음이 구현되는 것을 보지 못했을 것이다.

우리의 첫 번째 CLC는 2008년에 문을 열었고 이 센터들이 리더십 개발의 현장을 변화시켰다. 우리는 지역 리더들이 (1) 변화의 주체로 행동하도록, (2) 모든 사람에게 선을 행하기 위해(갈 6:10) CLC 프로그램들을 이용하도록, (3) 지역사회에서 "평화의 사람"(눅 10:5, 마 10:11)을 찾아낼 수 있도록 훈련시킨다. 지역사회의 필요를 충족시키고 지역의 문제들을 해결함으로써 CLC의 리더들은 항상 하나님나라의 진전을 목적으로 지역사회에서 튼튼한 관계를 맺는다.

CLC는 섬김을 위해 총체적인 접근방식을 구현한다. 각각의 CLC는 지역사회에 진입할 수 있는 기회를 제공하고, 평화의 사람을 발견하고, 자원을 제공하고, 지역과 관련된 총체적 사역을 실행하고, 지역 사람들의 필요를 충족시키는 것을 목표로 한다. 필요가 충족될 때 하나님나라의 복음은 비옥한 토양을 발견하고, CLC 리더들은 제자 삼기와 증식 과정을 시작할 수 있게 된다. CLC의 이러한 접근방식을 사용하면 이전에 불모지였던 곳에 복음이 심긴다.

단순하고 재생산 가능한 패턴

1. CLC 리더와 조력자가 미전도 마을이나 다른 장소로 함께(보통 두 사람씩) 간다.

2. CLC팀은 지역사회 지도자들과 소통하며 충족되지 못하거나 미미하게 충족된 지역사회의 필요를 알아본다.

3. CLC팀은 임대나 임차할 장소를 찾는다. 이 장소가 CLC 베이스캠프가 된다.

4. CLC팀은 지역사회의 특정한 필요를 다루는 훈련, 교육, 그리고/혹은 다른 프로그램들을 개설하기 위해 지역사회 지도자들과 함께 일한다. 또한 이 프로그램들에 어떤 정부지원을 받을 수 있는지도 조사한다.

5. CLC팀과 지역사회가 이 프로그램들을 실행하기 시작하면 기회들이 열리고, 평화의 사람들이 CLC로 나아오게 된다.

6. 평화의 사람들이 발견되고 이후 그들과 관계를 맺고 제자화가 시작된다.

7. 평화의 사람과 그의 가족들은 재생산, 즉 더 많은 제자를 삼는 제자를 더 많이 삼기 위해 훈련받는다. 그 지역사회에 풀뿌리 증식 과정이 시작된다.

커뮤니티 학습 센터와 다른 사역과의 관계

CLC는 지역사회에서 우리와 사람들을 연결하고 좋은 관계를 맺을 수 있는 접촉점 역할을 한다. 사람들이 CLC에 와서 자신의 문제나 어려움을 이야기하면, CLC 리더들은 그들의 필요를 채워줄 수 있는 정부 자원들에 접근하는 방법을 안내해 준다. 도움 받은 사람들은 다른 사람들에게 CLC 리더를 추천한다.

이것은 하나님이 일하시는 전통적인 사역 패턴과는 차이가 있다. 지난 수년간 많은 사람들이 발견했듯이 전도자가 전도만 하기 위해 어떤 곳에 간다면, 문제가 발생하거나 누군가 전도자가 하는 일을 반대할 때 아무도 그를 돕고 싶어 하지 않는다. 그러나 CLC 접근방식은 지역사회의 사람들과 긍정적인 관계를 맺는다. 그래서 누군가 사역에 문제를 제기하면 도움 받은 사람들이 CLC 리더를 변호한다.

CLC 리더들은 영적인 사역부터 시작하지 않는다. 그들은 지역사회가 느끼는 필요를 충족시키는데 먼저 집중한다. CLC를 시작하려는 몇 달 동안 그들은 영적으로 열려있는 것처럼 보이는 사람에게 주목하지만 이 시기에 복음을 나누지는 않는다. CLC 리더는 6개월에서 1년 동안만 한 곳에 머물다가 다른 곳으로 이동한다. 리더가 현장에 있는 동안 일부 지역 사람들은 흔히 자기의 집에 오라고 하면서 다음과 같이 말하기도 한다. "나는 당신이 여기 있는 이유를 알고 싶어요. 나는 당신이 진실하다고 느꼈고 나에게 할 말이 더 있다는 것을 알아요." 어떤 경우에는 치유나 구원을 위한 기도가 개인이나 온 가족을 제자화할 기회를 제공하기도 한다. 어떤 사람이 관심을 보이면 CLC 리더는 복음을 나눈다. 주님이 성경을 통해 그 사람의 마음에서 역사하실 때 그는 신자가 된다. 리더는 새 신자들과 주님께 열려 있는 사람들과 함께 가정 모임을 시작하고 그 그룹을 목양할 지역 리더를 세운다.

CLC의 이러한 접근방식은 지역사회의 필요에 따라 수많은 방식으로 다양하게 적용될 수 있다. 또한 이 방식은 전통적인 훈련 양식과는 달리

많은 수의 사람들을 훈련하고, 권한을 부여하고, 멘토링할 수 있는 기회를 준다. 많은 단체들이 CLC의 전략을 배워서 자신들의 사역에 적용하고자 우리를 찾아온다. CLC는 원치 않는 여러 문제로부터 보호해 주고 억압적인 박해를 최소화하는 우산 같은 역할을 한다. CLC는 사역자 훈련, 새로운 제자 훈련, CPM 훈련, 리더십 훈련을 위한 비공식적인 환경을 제공한다.

커뮤니티 학습 센터의 시작과 연결 유지

우리가 마을이나 행정구역이나 주(state) 차원에서 새로운 리더십 훈련을 시작할 때 그곳의 리더들과 접촉해서 그들이 이 훈련에 보내고 싶은 새로운 리더가 있는지 묻는다. CLC 리더를 위한 훈련은 단 하루이고 CLC의 개념과 전략을 제시한다. 대부분의 CLC 리더들은 하나가 성공하면 계속 새로운 센터들을 연다. 적어도 6개월 동안 우리와 함께 사역한 대부분의 리더들은 최소 3개의 CLC를 열었다. 그들이 다른 지역으로 옮긴다면 떠나기 전에 전체 사역을 이어받을 수 있는 또 다른 리더를 훈련한다.

이 운동이 일어나는 모든 행정구역에 2-3개(때때로 4-5개)의 센터와 수백 명의 CLC 동역자들이 있다. 우리는 CLC 리더들과 주기적으로 연락을 취하고 있다. 어떤 사람에게는 3개월이나 6개월에 한 번, 다른 사람에게는 1년에 한 번 연락한다. 연락은 흔히 그들이 원할 때 이루어진다. 때때로 우리가 전화하거나 훈련이나 회의에서 만나기도 한다. 콘퍼런스도 많은 리더들과 관계를 유지하기 위한 좋은 도구 역할을 한다.

커뮤니티 학습 센터의 주요 결과

CLC 전략의 열매는 풍부하고 다양하다. 주요 결과는 다음과 같다.

- 접근이 제한된 지역에 쉽게 진입함
- 관계 맺는 간단한 방법
- 간단한 방식으로 지역사회에 그리스도를 '성육신화' 함
- 필요를 충족시켜 줌으로 얻는 영향력
- 박해 속에서도 성장함
- 제자, 모임, 리더, 가르침의 급속한 증식
- 교회개척 운동(CPM)의 기하급수적인 성장
- 다양한 리더십의 개발
- 사회적 개입과 변화
- 여러 단체에 긍정적인 유익을 줌
- 개종시킨다는 오해를 불식시킴
- 박해를 최소화함
- 지역사회 지도자들과 구성원들의 참여
- 지역사회 지도자와 정치 지도자로 관계 확장
- 사회적 악에 대한 태도의 변화
- 사회의 각계각층에 다가감
- 완전한 사회 변화를 가능하게 함

이상은 CLC를 통해 주님이 역사하신 몇 가지 예들이다.

열매 맺는 효과적인 훈련

CLC 리더 중 한 명인 AK는 작년에 12개의 지역에서 예배공동체를 시작했다. 그는 가족 사업을 하면서 예배공동체를 개척했고 아내는 그 공동체의 여성들을 섬겼다. 그는 정규직으로 계속 일하거나 학업을 계속하면서 사람들을 제자화하기 시작한 5명의 다른 사람을 훈련시켰다.

여성의 역량 강화

우리는 여성의 역량을 강화하기 위해 여러 훈련과 그룹을 진행했다. 이런 훈련에는 재봉과 재단, 미용 과정, 경제적 자립 그룹(self-help groups)이 포함된다. 결과적으로 여성들은 이제 재정적으로 가족을 부양하기 시작했다. 동시에 그들 중 많은 사람들이 제자화되고 있다.

160명 이상의 여고생들이 최근 우리 여성 리더들 중 한 명이 주최한 세미나에 참석했다. 이 세미나에서 두 명의 의사가 십 대 소년들에게 건강문제에 대한 인식을 갖도록 프레젠테이션했다.

청소년에게 다가가기

지난 6개월 동안 400명 이상의 청소년들이 CLC를 통해 상담받고 훈련받고 복음을 받아들였다. 그들은 우울증, 불안, 중독, 혼전 성관계, 결혼 문제, 어린 시절의 트라우마, 가족 갈등, 분노에 대한 해결책을 발견하고 해방되었다.

일례로 니틴(Nitin)*은 범법 행위로 붙잡혀 감옥에 갔다. 그를 걱정한 가족은 그를 위해 기도하던 CLC 리더들 중 한 명에게 찾아왔다. 니틴은 감옥에서 신약성경을 받고 읽기 시작했다. 우리는 그가 곧 감옥에서 풀려난 것을 하나님께 감사한다. 정기적인 상담과 기도를 통해 우리는 그를 제자화하고 나쁜 친구로부터 멀어지게 할 수 있었다.

전문직에게 다가가기

우리는 CLC를 통해 변호사, 간호사, 스포츠 지도자를 비롯한 각계각층의 다양한 배경을 가진 전문직을 가진 사람들에게 전도할 수 있었다. 이제 우리 리더들은 이 전문직 종사자들을 제자화하고 있다. 한 리더는 자신의 도시에서 15명의 간호사들 가운데 모임을 시작했다.

어린이들에게 다가가기

2016년 여름방학 동안 CLC 리더들은 다양한 지역에서 어린이를 위한 약 67개 프로그램을 진행했다. 이 프로그램들은 여름 캠프, 여름성경학교, 일일 수련회 등이었고 약 2000명의 어린이들에게 영향을 미쳤다.

기적적인 치유

바라나시 출신의 35세 남성은 1년 넘게 에이즈(HIV/AIDS)로 고통받고 있었다. 지난 6개월 동안 의사들은 그가 생존할 희망이 없다고 말했고 그는 절망에 빠졌다. 어느 날 그의 건강이 심각하게 악화되어 죽음을 앞두고 있었다. 그의 친척들은 그를 집으로 데려왔고, 힌두교의 죽기 전 마지막 의식에 따라 갠지스 강물 몇 스푼을 그의 입에 떨어뜨리기 시작했다.[10] 그 후 CLC 리더와 다른 두 사람이 와서 그를 위해 기도하기 시작했다. 그들은 그의 집에서 8일간 계속 기도했고 그는 치유됐다! 이웃 사람 12명이 믿었고 이 리더는 이 마을에서 새로운 예배공동체를 시작했다.

아침 산책

CLC 리더들 중 한 명이 매일 오전 5시에 일어나 45-60분 동안 아침 산책을 하는 습관이 있었다. 그의 모범은 이웃 사람들을 고무시켰고 마을에서 10명이 매일 그와 함께 산책하기 시작했다. 아침 산책을 하는 동안

---

10 이 의식에 대한 설명은 다음을 참조하라. "힌두교 장례 전통" https://www.everplans.com/articles/hindu-funeral-traditions과 "스리마탐(Srimatham)-죽음과 죽어가는 것에 대한 소개" http://www.srimatham.com/death-samskara.html는 2019년 3월 27일 접속.

그들은 종종 한 곳에 멈춰서 추가로 운동을 했고 점차 그들의 지역과 관련된 문제들, 즉 정치, 농업 등 다양한 여러 주제들에 대해 논의하기 시작했다.

토론 후 이 리더는 그들에게 이 문제들을 위해 기도하도록 격려했지만 그들은 무엇을 위해 기도해야 하고 어떻게 기도해야 할지를 몰랐다. 그래서 그는 그들이 기도할 수 있도록 가르쳐 주었다. 그 후 매일 성경 한 구절을 나누기 시작했고 그들을 위한 기도로 마무리했다. 이제 이것이 일상이 되었다. 매일 아침 20명 이상이 모여서 기도하고 하나님을 찬양한다. 이들 중 일부는 그리스도를 믿는 사람이 되었고 다른 사람들은 복음에 마음을 열고 신앙으로 제자화되고 있다.

재봉 센터
CLC 리더들 중 한 명인 다스(Das)는 델리의 SP지역[11]에서 재봉 센터를 운영한다. 다양한 종교적 배경을 가진 20명의 여성들이 거기서 직업훈련을 받는다. 다스는 이 여성들을 섬기기 위해 마음을 쏟아부었고, 이 관계를 통해 여성들은 점차 마음을 열고 고민들을 나누기 시작했다. 다스는 천천히, 그리고 꾸준히 복음을 나누면서 그들의 고통에 대해 함께 이야기하기 시작했다. 그는 예수님과 그분의 십자가 희생을 통해서만 사람이 구속받고 영생을 얻을 수 있다고 설명했다. 그는 말했다. "당신이 진심으로 믿으면 삶이 변할 것이다."

20명의 여성들 중에 7명이 믿게 되었다. 예수님을 영접한 후 그들의 삶은 완전히 변했다. 그들은 그 지역에서 두 개의 예배공동체를 시작했고 세 번째 공동체를 시작하는 중이다. 또한 여성들 중 한 명은 100명 이상

---

11   역자주: 보안상 지명을 밝힐 수 없음

의 어린이들을 대상으로 사역하고 있다. 이 모임들과 그들의 삶에서 계속 되는 하나님의 역사를 통해 점점 더 많은 사람들이 그리스도를 믿고 있 다. 여성들로 시작된 이 그룹을 통해 많은 남성들도 합류했고 이제 그들 은 온 가족을 전도하는데 집중하고 있다.

부채로부터의 자유

부채는 인도에서 끔찍한 경제 문제다. 고리대금업자들은 사람들이 쉽게 빠져나올 수 없도록 부채 안에 가둬둔다. 대출업자에게 6500루피(100달러)를 빌리면 먼저 10%를 떼어간다. 따라서 6500루피를 빌리면 5850루피(90달러)만 받지만 기록에는 6500루피를 빚졌다고 남는다. 그다음 달에도 빌린 사람은 대출업자에게 추가로 10%, 즉 650루피(10달러)를 더 지불해야 한다. 10%를 갚을 수 없으면 대출업자에게 훨씬 더 많이 빌리고 더 많이 빚지게 된다. 곧 그들은 부채에서 결코 벗어날 수 없는 지점에 도달한다. 사람이 부채에 깊이 빠지면 다음 세대로 이어지는 문제가 된다. 그들을 물고 놓지 않는 고리대금업자들의 배를 채워주고 만다.

한 지역사회에서 우리는 몇 년 전에 리서치를 했고 그 지역의 주요 문제를 발견했다. 그것은 그 지역사회의 모든 사람이 빚이 있다는 것이었다. CLC에서 우리는 이 문제에 대해 이야기하기 시작했다. 우리는 말했다. "지금은 (건강, 교육 등) 다른 가능한 프로그램들에 대해서 생각조차 하지 맙시다. 사람들이 빚의 수렁에서 벗어나도록 돕는 데만 집중합시다."

우리는 그 지역사회의 한 중산층 가족에게 사역하기 시작했다. 그들은 세 딸이 있었고 부채가 심했다. 우리는 그들에게 말했다. "당신의 재정문제를 다룹시다. 얼마나 저축할 수 있나요? 얼마를 갚을 수 있나요? 당신의 부채를 어떻게 없앨 수 있나요?" 우리는 그들을 상담해 주고 도왔다. 그 후 지역사회의 많은 사람들을 돕기 시작했다. 우리는 사람들이 재정적 어려움과 함께 다른 여러 문제들(가족 문제, 귀신 들림, 질병, 기타 다른 문제들)도 가지고 있다는 것을 발견했다. 그래서 우리는 이 가족들을 돕는데 총체적인 접근방식을 사용했다.

그 지역사회의 한 여성이 모든 저축 계획을 관장하는 리더가 되었다. 동시에 그녀도 그리스도를 믿는 사람이 되었다. 이보다 앞서 우리는 하나님나라와 그것이 삶의 모든 영역에 미치는 영향에 대해 그녀와 이야기를 나누었다. 그녀는 주님을 알게 된 후 많은 사람들을 그리스도께 인도했고 그 가운데 예배공동체가 탄생했다.

커뮤니티 학습 센터(CLC)의 사역들

- CLC 리더들 중 한 명이 마약 중독자들에게 다가가서 그들을 상담하고 제자화했다.
- 우리 리더들 중 한 명이 장례식을 스스로 치를 수 없는 사람들을 위해 장례를 준비하도록 도왔다.
- CLC 리더들은 (아드하르[Aadhaar] 카드라고도 불리고 사회보장번호이다) 주민등록증을 받는 과정 중에 있던 약 200명을 지원해줬다.
- 수백 명의 사람들이 귀신 들림에서 풀려났다. 많은 사람들이 주술과 흑마법에 관련되어 있었기 때문에 이것은 제자화의 필수적인 부분이다.
- CLC 리더들은 아주 다양한 프로젝트에서 많은 정부기관과 협력했다. 여기에는 도로 건설, 공중 화장실 제공, 마을의 전기 공급, 사람들이 일자리를 찾고 무상 의료혜택을 받도록 돕는 것이 포함된다. 또한 CLC는 수백 명의 어린이가 다양한 학교에 입학하도록 도왔는

데 이는 인도에서 매우 어려운 일이다.

이것은 CLC의 열매들 중에 단지 일부일 뿐이다.

결론

CLC는 잃어버린 사람들의 필요를 채워주고 복음을 위한 기회를 열고, 효과적인 리더십을 위한 기초를 마련하도록 주님이 우리에게 주신 유연한 도구로써의 역할을 한다. 우리는 CLC를 통해 사람들의 삶을 만지시고 교회개척 운동(CPM)을 더욱 활발히 일으켜 주셨으며, 이를 통해 놀라운 변화를 가져다주신 하나님께 모든 영광을 돌린다.

5장
지역사회 변화를 통한 돌파

2년 전 우리는 비하르 주의 파트나(Patna) 근처에 있는 야르푸르(Yarpur) 빈민가의 작은 지역을 섬기기 시작했다. 빈민들의 열악한 생활환경으로 인해 빈민가에 들어가는 것은 아주 불쾌한 일로 여겨졌다. 그곳은 아주 더러웠고 아이들은 늘 밖에서 알몸으로 놀았다. 그 지역사회의 청년들은 하는 일없이 하루 종일 둘러앉아 있었다. 일거리가 없었기 때문이다. 우리는 거기서 사역을 시작할 수 있는 가능성을 보았다. 초기 계획 이후 우리는 건강과 위생 프로그램을 시작했다. 우리는 빈민가에 사는 사람들의 역량을 강화시켜 주었고 그들에게 인간의 삶의 가치, 건강 관리의 중요성, 건강을 지켜나가는 방법을 가르쳤다. 또한 주거지, 즉 자신의 집과 마을을 청소하는 법도 가르쳤다.

얼마 지나지 않아 일부 청년들이 우리와 함께 앉아 대화하는 것에 흥미를 가지게 되었다. 우리는 처음부터 성경에 대해 직접 이야기하지 않았다. 그들 대부분은 문맹이었지만 아주 재능 있고 야무져 보였다. 우리는 그들의 기술을 개발하는데 집중하고 싶었다. 그들은 게임을 좋아했다. 그래서 그들을 위해 스포츠 사역을 시작했다. 이것이 이 지역에 돌파를 가져왔다. 우리가 그들의 존경을 받게 되자 젊은이들이 우리에게 와서 말했다. "선생님, 우리는 준비되었어요. 우리를 이끌어 주세요."

우리 팀 중에 한 사람이 스포츠 코치였다. 그래서 우리는 그에게 와서 축구 코치를 해달라고 요청했다. 일 년 만에 그들은 엄청난 팀으로 발전했고 다른 팀들도 그들을 알게 되었다. 우리가 다른 팀들과 시합을 준비했을 때 우리 팀은 아주 잘 해낼 수 있었다.

우리는 그들을 계속 격려하고 싶었다. 그래서 유니폼, 축구화, 축구공 구입을 위해 돈을 기부했다. 그들도 동참했다. 축구를 지도하는 것과 동시에 우리 코치는 청년들에게 도덕과 생활방식, 건강한 삶을 사는 법에 관해 가르치기 시작했다. 그는 건강과 위생의 중요성을 가르쳤고 청년들은 격려받았다. 그 후 이것을 확대해서 야르푸르 빈민가 전체의 청년들을 참여시켰다.

또한 우리는 여성과 어린이를 위한 많은 프로그램도 시작했다. 이 빈민가는 기차역 근처에 있었고 그 주변에는 엄청나게 많은 아이들이 있었다. 낮에는 모든 아이들이 구걸하고 병을 모으기 위해 철도 플랫폼에 가곤 했다. 우리가 야르푸르에서 문맹퇴치 프로그램을 시작했을 때 그 사역이 기차역에서 노는 아이들의 수를 감소시켰다. 그들은 배우는데 아주 큰 관심을 보였다. 또한 여성들도 수작업 기술을 배우는데 관심을 보였다. 그래서 우리는 거기서 재봉 프로그램을 시작했다.

2년 반 만에 우리는 야르푸르 사회 전체에 일어난 변화를 목도했다. 여성, 어린이, 청년뿐만 아니라 모든 사람이 변화되었다. 이제 누구든지 그곳에 가면 그 점을 바로 느낄 수 있었다. "오, 여기는 정말 거주하기 좋은 곳이 되었네요." 이제 사람들이 편하게 앉아서 다른 이와 대화할 수 있게 되었다. 하나님이 2년 반 만에 엄청난 변화를 일으키셨다. 이것은 지역사회 변화의 한 가지 예일뿐이다.

하나님은 지역사회 전체를 변화시키기 위해 전인적인 섬김을 사용하고 계신다. 사람들은 자신의 일상생활 속에서 그분의 사랑의 능력을 볼 수 있다. 하나님의 자녀들은 자기 주변의 지역사회를 축복하는 방식으로 살아가고 있다. 그들은 복음을 위해 문을 여는 자, 복음과 복음 사역의 증인들이다. 우리는 사회적인 일과 영적인 사역 사이의 긴장을 느끼지 않는다. 둘 다 모든 사람을 위한 하나님의 사랑 가운데 조화롭게 발현된다.

CPM은 지역사회 변혁 운동이 되었다. 교회는 동정심, 변화, 사람들을 돕는 분야에 영향을 끼쳤다. 경제적으로는 가난한 교회일지라도 지역에 사회정치적 변화를 가져오는 살아있고 활기찬 교회다. 우리가 장차 어떤 일이 일어날지 말할 수 없지만 현재까지 이 운동은 실질적이고 지속 가능한 사회적 변화를 가져오고 있다.

이 운동이 시작되기 전에도 인도의 기독교인들은 지역사회봉사를 했다. 하지만 과거에 이런 사역들은 항상 선교 기지에 기반을 두었다. 지역 주민들은 선교 기지를 둘러싼 담장에 압도 되어 들어가기를 주저했다. 이와 반대로 우리의 접근방식은 지역사회 기반이다. 그들을 우리에게로 초대하기보다 우리가 지역사회로 들어간다. 바울이 아덴(Athens)에서 했던 것처럼 우리는 각각의 상황을 평가하고 각 지역이 어떤 기회와 도전을 가지고 있는 지를 파악한다. 모든 상황이 독특하기 때문에 우리는 모든 지역에서 똑같은 접근방식을 사용하지 않는다.

많은 사회 영역에 미친 영향

많은 신자들이 배우기를 열망하지만 읽거나 쓸 수 없기에 때문에 구전 성경학교를 시작했다. 우리는 그림 성경, 드라마, 이야기 구연, 구전 학습 방법을 사용하는 6개월 코스를 만들었다. 이 훈련의 모든 참여자는 성경을 읽을 수 있도록 배웠다. 결국 이것은 그 사회에 엄청난 영향을 끼쳤다. 이제 그들이 성경 이야기와 자신의 간증을 나눌 수 있기 때문이다. 이 과정은 문맹률을 낮추고 복음도 전파시키는데 아주 효과적인 도구가 되었다. 우리가 이 사역을 시작했을 때 정부통계에 따르면 문해율은 30%에 불과했다. 하지만 우리의 구전 성경 경청 그룹에 참여한 사람들의 문해율은 곧 70%로 증가했다.

이 영향은 교육과 문해율에만 국한되지 않았다. 보즈푸리 운동은 사람들의 소득에도 영향을 미쳤다. 오늘날 보즈푸리 교회는 자립, 자생, 자전하는 교회이다. 그들은 우리나 다른 누구에게 의존하지 않는다. 우리가 내일 거기에 없더라도 이 운동은 멈추지 않을 것이다.

보즈푸리 운동을 통해 남성, 여성, 어린이가 문맹에서 벗어났고, 개인의 건강과 경제적 상황이 나아지는 변화를 경험했다. 이런 변화는 성경 말씀을 순종하는 것에 기반한다. 예수의 제자가 되는 것은 서로 사랑하고 돌봄으로써 그분의 가르침을 몸소 실천하는 것을 의미한다.

또한 보즈푸리 운동은 일상생활 가운데 존재하는 성평등에도 엄청난 영향을 미쳤다. 젠더 이슈는 북인도사회가 안고 있는 엄청난 문제다. 남성과 여성은 그리스도를 영접한 후 이전과 확연히 다르게 서로를 대한다. 그들은 이제 이전의 모든 관습과 전통을 거부하고 사랑과 돌봄을 보여준다. 남성과 여성은 복음을 나누고 확산시키는데 동등한 책임을 진다. 또한 그들은 제자, 리더, 교회를 증식하는데도 동등한 책임을 진다.

지역사회는 하루아침에 변하지 않는다. 그래서 우리는 보통 한 개인으로 시작한다. 누가복음 10장에 나오는 예수님의 모델을 따라 평화의 사람을 찾는 것으로 시작한다. 그 사람은 자신의 가정을 우리에게 개방해 준다. 이 일이 한 가정을 시작으로 지역사회 전체로 확산되어 모든 가정의 문들이 열린다. 한 사람으로 시작하는 것은 우리가 성공하든 실패하든, 최소한의 위험만 요구한다. 그래서 이 과정은 일반적으로 개인에서 가족으로, 그리고 지역사회로 이어진다.

CLC와 같은 진입 전략은 실제적으로 작용하고 지역사회에 다리를 놓는다. 또한 그것은 지역사회를 변화시키는 기초를 마련한다. 총체적 접근방법은 변화를 가져온다. 그것이 사람들의 몸, 혼, 영에 영향을 미치기 때문이다. 하나님이 이 세 가지 모두를 창조하셨기 때문에 우리는 계속 세 가지 모두에 집중한다. 우리는 하나님을 제한하고 싶지도 않고 그리고 삼대지 메시지를 설교할 때만이 사람들이 믿음으로 나아온다고만 말하지 않는다.

사람들에게 총체적으로 영향을 미치기 위해 우리는 그들의 관점에서 삶을 생각해야 한다. 이것이 효과적인 사역을 위한 실제적 열쇠가 된다. 모든 사람이 일요일 아침에 일어나 교회에 갈 생각을 하는 것은 아니다. 어떤 사람들은 아이들을 축구경기에 데려가거나 친척을 방문하거나 자신이 중요하다고 여기는 여러 가지 일들을 한다. 기독교인들이 흔히 이런 것들 중 많은 것을 무시하기 때문에 사람들은 기독교인들이 그들에게 중요한 것들에 관해 경청하지 않는다고 부정적으로 반응한다. 우리가 복음을 가지고 있다고 해도 그것이 복음이라는 인상을 주지 못한다. 골칫거리로 보일 뿐이다.

사람들의 필요에 민감할 때 변화는 시작된다. 그것이 앞장에서 설명했던 지역사회에서 일어난 일이다. 복음이 효과적으로 증거 되기 전에 그들은 부채로부터 자유로울 필요가 있었다. 복음은 이런 해방을 포함한다.

사람들을 자유롭게 해 준다. 복음은 그들의 관점에서 현실이 되고 살아난다. 이때 사람들이 변화되면서 그들이 변화의 매개체가 되고 다른 사람들을 돕기 시작한다.

사랑과 관계

지역사회에 변화를 가져오려면 진실한 사랑이 필요하다. 그것은 리더의 행동과 그가 사람들에게 투자하는 시간에서 나타난다. 전도를 위해 누군가를 파송하거나 미리 계획된 일정을 가지는 것만으로는 효과가 없다. 우리는 한 지역에 가서 거기서 연결된다. 사람들과 시간을 보내고 예수님처럼 그들을 이해하려고 노력한다. 매우 관계적이다.

우리는 사마리아 여인과 같은 평화의 사람을 찾을 때까지 어울린다. 그 사람은 사람들을 그리스도께로 이끄는 사람이 될 것이다. 사마리아 여인은 특별한 훈련을 받지 않았다. 그저 막 예수님을 만났을 뿐이다. 헌신이 새롭게 될 때 열정은 전염성을 갖게 된다. 우리가 "즉시 제자 삼는 제자"에 관해 언급하는 이유가 여기 있다.

신체장애자들

신체장애자들을 위한 사역은 사람들을 시설에 수용하기보다 지역사회에서의 재활에 집중하는 지역사회 기반에 초점을 두고있다. 우리는 신체장애자들을 위한 이동성, 사회적 연결, 소득 창출의 중요성을 증명했다. 우리 사역은 이 세 가지 요소를 잘 다루면 장애인들을 시설에 보내는 것보다 훨씬 더 나은 결과를 얻을 수 있다는 것을 보여주었다. 가족과 사회에 기여하는 구성원이 되어 모두에게 인정받기 위해서 장애인들은 이동성과 수입이 필요하다는 것을 발견했다. 이런 것들은 상황을 극적으로 변화시킨다. 사회와 관계를 맺어가는 것은 모든 인간에게 중요하다.

우리가 신체장애자들에게 사역하기 위한 정식 허가를 신청했을 때 정부 관리가 말했다. "우리는 당신이 건물을 짓고 그들을 수용하지 않는다면 허가해 줄 수 없어요." 그는 우리가 다른 기독교 그룹들이 하던 대로 센터를 지으라고 제안했다.

내가 대답했다. "안돼요. 당신이 모든 장애자들을 한 곳에 데려와 거기 두면 당신은 남은 평생 그들의 간병인이 되어야 할 거예요. 가족들은 그들과 관계를 끊을 것이고 그들을 돌보거나 다시 데려가려고 어떤 노력도 하지 않을 거예요. 그리고 장애인 자신도 시설에 익숙해져서 결코 정상적인 생활로 돌아갈 수 없을 거예요. 나는 장애인들에 대해 가진 사람들의 사고방식과 태도에 맞서 싸우고 있어요".

그는 나를 빤히 쳐다보며 말했다. "행운을 빌어요!"

그다음 질문은 "내가 현실적으로 무엇을 할 것인가?"였다. 나는 매우 유용하게 도움이 될 두 명의 남성을 찾았다. 그들을 고용했고 그들은 내 생각을 구현해 내기 위해 멋진 일을 해냈다. 우리는 소액대출 프로그램을 시작했고 대출상환율이 90%을 넘었다. 그리고 우리는 장애인들이 생산적인 삶을 살고 결혼하는 것을 보았고, 따라서 신체장애자들에게 새로운 가능성의 길을 열었다.

커뮤니티 학습 센터를 통한 변화

CLC는 다양한 장소들과 상황에서 사용되어 왔다. 리더가 새로운 지역으로 갈 때 목표는 제자 삼기 그 이상이다. 우리의 총체적 접근은 순수한 접근이지 단지 전도하기 위한 구실이 아니다. 사회적 변혁은 실제적이다. CLC 리더가 갔던 한 마을에서 마을의 촌장과 거의 모든 마을 사람들이 술에 중독되어 있었다. 사람들은 수입의 대부분을 술에 썼고 상황은 매우 악화되고 있었다. 이런 마을에서는 촌장이 유력한 역할을 한다. 그래서 CLC 리더는 마을 전체에서 중요한 역할을 하는 촌장에게 먼저 접근했다. 이 경우는 촌장이 실제로 모든 마을 사람들에게 술을 파는 사람이었다. 그래서 그 지도자가 변화되었을 때 술 판매가 중단되었고 그의 삶에 일어난 변화가 마을 전체에 변화를 가져왔다. 오늘날 이 마을에 술은 없다.

델리의 CLC 리더들 중 한 사람이 6,500 가정이 깨끗한 식수를 얻고 그들을 위한 화장실을 짓도록 도왔다. 그는 적절한 정부 관리의 지원으로 이 일을 해냈다. 그가 그 지역 국회의원에게 연락하자 그 국회의원은 관련 정부 부처에 연락해서 깨끗한 물을 공급하도록 권고했다. 그래서 정부는 수도관을 수리하고 화장실을 지었다. 이런 곳에는 이처럼 큰 필요가 있어서 기회가 있을 때마다 CLC 리더는 이용 가능한 정부 자원을 동원한다. 우리는 자체적으로 이런 프로젝트를 모두 실행할 형편이 안된다. 그래서 우리는 얻을 수 있는 정부 자원으로 시작하고 나서 우리가 할 수 있는 다른 모든 것을 제공한다. 깨끗한 식수와 화장실 같은 기반 시설을 통해 하나님은 이 지역과 다른 많은 지역에서 최대한의 변화를 가져오셨다.

2015년 12월에 델리의 두 젊은 리더(한 명은 16살이고 다른 한 명은 20살)가 말했다. "우리는 우리 동네에서 크리스마스 프로그램을 하고 싶어요. 기독교인만을 위한 것이 아니라 모든 사람을 위한 프로그램이 되길 바랍니다."

내가 대답했다. "좋아요. 그런데 여러분을 실망시키고 싶지 않지만 그것을 위한 돈은 없네요."

그들이 말했다. "아니요. 우리는 돈을 요청하는 것이 아니에요. 그것은 우리가 알아서 할게요." 그래서 그들은 지역사회와 협력해서 모든 것을 준비하고 실행했다.

그 지역의 한 여성이 말했다. "내가 천막 값을 낼게요."

또 다른 여성이 말했다. "나는 모든 사람을 위해 음식을 만들게요."

인근에 지역 사원이 있었다. 사원 지도자가 말했다. "우리는 방송 설비를 가져와서 여러분들을 위해 설치할게요."

90명이 참석했고 그들의 인생에서 처음 참석한 크리스마스 프로그램이었다. 이 젊은이들은 이전에 프로그램을 만들어본 적이 없었지만 지역 사람들과 협력해서 모든 것을 준비하고 실현시켰다. 우리는 지역사회가 프로그램의 주도권을 가졌던 이와 같은 간증들이 많다. 지역 주도권과 지역 자원은 이 운동의 재생산을 촉진하는 열쇠다.

이 행사에서 주님의 역사로 말미암아 다른 열매도 많이 맺었다. 크리스마스 프로그램을 도운 한 여성은 두 딸을 결혼시키는데 어려움을 겪고 있었다. 10일도 지나지 않아서 좋은 혼처가 나와서 딸 둘을 결혼시킬 수 있었다. 또한 천막 값을 지불했던 여인도 복을 받았다. 그녀는 30년간 재산 분쟁이 진행 중이었는데 한 달 만에 해결되었다. 이처럼 놀라운 일들이 일어나기 시작하자 그 결과로 프로그램을 만들었던 젊은이들이 지역사회에서 지도자가 되었다.

능력 사역

또 다른 지역에서 한 임산부가 많은 합병증을 앓고 있었는데 의사가 말했다. "그녀가 살 가능성이 아주 희박해 보이네요." 두 리더가 매일 가서 주님이 이끄시는 대로 그녀를 위해 기도했다.

둘째 날 그들이 기도하러 병원으로 가던 중에 스쿠터에서 떨어져서 온통 긁힌 상처와 멍이 생겼다. 그들은 서로 말했다. "안 좋은 일이 생겼지만 먼저 가서 기도합시다. 그런 다음 돌아가서 응급치료를 받아요." 그들이 기도를 마치고 떠날 때 타박상이 사라진 것을 발견했다. 완전히 치유를 받은 것이다!

그들은 나흘간 정기적으로 그녀를 위해 기도하러 간 후 말했다. "내일 아침 모든 것이 괜찮아질 것 같아요." 그리고 정확히 그 일이 일어났다. 그녀는 치유되었고 정상적으로 출산했는데 그것이 복음을 위한 문을 열어 주었다. 병원에서 이 여성 옆에 있던 환자가 일어난 모든 일을 보고 듣고 주님을 믿었다.

우리 리더들 중 한 명은 엄청난 재산을 가진 큰 부자 집에서 일하는 어린 소녀다. 그녀는 주님의 역사에 관한 이런 이야기를 나누어주었다. "집주인의 아들이 아주 아팠고 꽤 오랫동안 먹지 못했어요. 그래서 부모는 아들을 의사에게 데려갔어요. 그들이 병원에 있는 동안 나는 우연히 그들을 만났고 아들을 위해 기도하겠다고 말했어요. 내가 기도한 후 즉시 치유되었고 먹고 마시기 시작했고, 이것이 그 부모에게 깊은 인상을 남겼어요. 며칠 후에 집주인이 내게 전화를 걸어 말했어요. '아내가 너와 시간을 보내고 싶어 해. 너와 대화를 나눌 때 평안을 느끼기 때문이지. 그래서 너를 데리러 오려고 차를 보냈어.' 그래서 나는 제자 삼고 싶어서 갔고 그의 아내는 '정확히 이게 다 무슨 일이지?'라며 알고 싶어 했어요. 이것은 나에게 복음을 나눌 수 있는 기회를 주었어요."

"또한 나는 (직장의) 직속상관인 여인에게 복음을 나누고 그녀를 위해서 기도했어요. 하루는 그녀가 저에게 전화를 걸어 말했어요. '오늘 저녁 만나고 싶어.' 그래서 우리는 맥도널드에서 만났고 거기서 그녀가 말했어요. '나는 네가 나누어 주었던 것처럼 예수님을 영접하길 원해. 오늘 내가 예수님을 만날 때까지 넌 떠날 수 없어.' 그래서 우리는 기도했고 그녀는 평생 처음으로 기도했어요."

"우리가 기도하고 눈을 떴을 때 맥도널드 안에 있던 모든 사람들이 우리를 둘러싸고 있었어요. 그들이 말했어요. '뭘 한 거죠? 여기 온도가 변해버렸어요. 에어컨이 돌아가고 있는데도 덥네요. 다들 땀을 흘리고 있잖아요! 그건 도대체 어떤 기도이지요?'"

하나님의 능력 사역은 많은 사람들이 복음의 실재를 보고 들을 수 있도록 문을 열어준다. 이것은 우리가 사도행전에서 읽었던 것과 같은데 그 사람들은 엄청난 일들을 보았고 하나님을 놀라워하고 두려워했다. 많은 사람들이 하나님의 능력을 보았기 때문에 복음에 마음을 열었다.

이런 놀라운 일들이 일어나는 것을 보면서 가장 좋은 것은 우리가 사람들을 일일이 개별적으로 양육하지 않는다는 것이다. 그것은 하나님의 방식도 아니다. 이런 일들은 사람들이 능력을 받았을 때 자연스럽게 일어날 수 있다. 그들은 그분의 능력을 경험하고 하나님이 자신의 삶 속에서 그리고 삶을 통해서 하실 수 있는 일들이 무엇인지를 안다. 보통 기독교 사역에서 대부분의 사람들이 문제와 갈등을 나누기 위해서 리더를 부른다. 그러나 이런 능력을 경험한 리더들은 하나님께서 하시는 위대한 일들을 열정적으로 나누기 위해서 나에게 전화를 건다.

또한 축귀사역도 복음의 진전을 위해 문을 여는 역할을 한다. 예를 들면 2014년 보즈푸리 콘퍼런스에서 한 여성이 귀신 들린 징후를 드러내기 시작했다. 그녀는 예수를 믿기 원했지만 내적으로 싸우고 있었다. 고향에서 사람들은 그녀를 두려워했다. 그녀가 이리저리 뛰어다니며 칼로 사람들을 위협했기 때문이다. 그래서 콘퍼런스에서 그녀가 귀신 들린 징후를 드러내기 시작하자 모임을 방해하지 못하도록 몇 사람이 그녀를 기도텐

트로 데려가려고 했다. 하지만 그녀의 힘은 10명의 남자를 밀쳐버릴 만큼 너무도 강했다. 나는 그때 말씀을 전하고 있었고, 그녀가 나에게 싸우자고 도전해 왔다. 리더들은 그녀를 위해 기도하기 시작했고 간신히 그녀를 기도텐트로 데려가서 축귀를 위해 기도했다.

그녀가 집에 돌아갔을 때 그녀의 삶의 변화를 보고 마을 전체가 변화되었다. 일 년 후 그녀는 자신의 간증과 그녀가 그리스도의 제자가 된 것으로 인해 주님을 믿게 된 250명의 사람들을 보즈푸리 콘퍼런스에 데려왔다.

라이다르(Laydaar)는 CPM의 핵심 리더들 중 한 명이다. 그는 북인도에서 200개 이상의 마을에서 교회를 개척했고 많은 목회자와 리더들을 훈련시켰다. 그는 하나님나라를 위해 비범한 일을 행하는 평범한 사람이다. 매우 겸손하고 예수님의 명령에 순종하는데 헌신했다. 한 번은 어린 아이를 위해 기도하자 죽었던 아이가 살아났다. 그 아이는 몇 시간 동안 죽었었지만 라이다르가 손을 얹고 기도한 후 하나님이 그 아이를 다시 살리셨다. 이 기적을 통해 많은 사람들이 그리스도께 나아왔고 육체의 치유뿐만 아니라 영생도 얻게 되었다.

하나님나라는 라이다르와 같이 순종하고 헌신하는 남성과 여성을 통해서 날마다 확장되고 있다. 마을 사람들은 자기 주변에서 일어나는 모든 일을 관찰하고, 이와 같은 기적이 일어났을 때 그것을 보고 살아계신 하나님의 능력을 믿는다. 이것은 많은 비신자들이 복음을 듣고 받아들일 수 있도록 그들의 마음 문을 열고, 그리스도의 제자가 되어가는 사람들이 주님을 진정으로 따르는데 더 진지해지도록 만든다.

지역의 주도권

지역사회에서 일어나는 변화는 그들의 몸에 일어나는 변화뿐만 아니라 사람들의 마음과 태도에서 일어나는 변화이기도 하다. 야르푸르 빈민가 사역 초기에는 우리 스텝들이 독립기념일과 같은 특별한 날을 위한 프로그램을 준비했다. 하지만 약 2년 후 멘토링을 받아온 젊은이들이 직접 독립기념일 프로그램을 준비하기 위한 주도권을 잡았다. 그들이 모든 것을 마련하고 사전 준비를 했다. 주요 손님을 초대했고 의자들과 음향 설비를 마련했고 댄스 프로그램을 준비했다. 그들은 비용을 감당하기 위해 돈을 모으며 말했다. "우리가 모든 것을 준비했어요. 당신은 그냥 오셔서 행사의 호스트가 되어주세요."

지역사회 전체가 참여했고 우리는 지역사회 전체의 변화를 보며 하나님을 찬양했다. 모든 것이 너무 잘 준비되었다. 참으로 놀라웠다. 빈민가는 일반적으로 이런 지역 주도권, 상위 리더십, 지역사회의 참여가 자발적으로 일어나지 않는다. 하나님이 야르푸르에 엄청난 변화를 가져오셨다.

우리는 프로그램에 대해 이야기할 때 사람들에게 영향을 미치는 것에 주의를 집중한다. 우리는 사회의 모든 계층에 다가가는 것이 목표다. 우리가 어떤 마을이나 공공기관에서 프로그램을 시작하고 싶을 때 우리가 첫 번째로 하는 가장 중요한 일은 누가복음 10장(5-7절)에서 설명한 것처럼 평화의 사람을 찾는 것이다. 우리는 그 사람과 교제하면서 그가 지역사회에 속한 사람들의 필요를 발견하도록 격려한다. 그들에게는 우선 더 나은 진입로나 도로, 식수 시설, 불결한 환경을 청소하거나 지역주민 간의 협력을 개발하도록 돕는 것 등이 필요할지도 모른다.

프로그램 리더가 자신이 도울 수 있는 일을 발견하고 프로그램을 준비한다. 예를 들어 지역사회 청결을 강화하기 위해 그들은 모임을 준비하고 교사나 의사를 초청해서 강의를 요청한다. 그들이 프로그램을 준비하면서 사람들을 알게 되고 작은 필요들을 파악하게 된다.

이때 프로그램 리더가 우리에게 돌아와서 이렇게 말할지도 모른다. "우리가 어린이들이 학교에 가도록 준비시키기 위해 문맹퇴치 프로그램을 하면 좋을 것 같아요." 우리가 돈이 있다면 어린이들을 가르치기 위해 지역 사람(잘 훈련되지 않더라도 지역 사람이어야 한다)을 고용하도록 소액을 제공한다. 그런 다음 우리는 그들에게 취학 전 교육을 제공한다. 우리는 지역 사역자들에게 이 프로그램은 어린이들을 교육시키기 위한 것이 아니라 그들이 좋은 학교에 입학할 수 있도록 돕기 위한 것이라고 일러준다. 우리는 부모들이 수업료와 필기 용지 값을 지불하도록 권한다.

총체적인 접근방식으로 우리는 계몽 프로그램들과 청결(환경미화) 등과 같은 프로그램으로 성인과 가정에 집중한다. 동시에 어린이들의 필요에도 집중한다. 때때로 추가적으로 무언가를 만드는 방법을 가르치기 위해 여성을 위한 직업훈련 센터도 준비한다. 여성의 역량 강화에 집중한다. 젊은이들을 위해 스포츠 사역도 한다. 며칠간 코치를 보내 마을에 팀을 조직하고 게임을 하는 법과 게임을 위한 올바른 윤리(스포츠맨십)를 가르친다.

우리는 개인과 다양한 사회 계층에 집중하지만 지역사회를 전체적으로 다룬다. 그래서 지역사회가 CLC 리더를 그 지역사회에 대한 책임감을 가진 좋은 사람이라고 본다. 이런 식으로 리더는 그곳에서 인정받는다. 예를 들어 지역사회 다수의 사람들이 그를 지지하게 될 때, 다섯 명 혹은 여섯 명쯤 데리고 지역[12] 사무소나 가장 가까운 광역행정사무소를 찾아가서 공동체가 갖고 있는 정부지원을 요청할 수 있다. 이러한 요청행위

---

12 인도에서 한 지역은 인구에 따라 5-10개의 마을로 구성된다.

는 지역 사람들이 빈민가를 위한 정부 지원과 자신의 권리를 주장할 수 있다는 것을 깨닫게 했다. 이는 그들의 사고방식을 완전히 바꿔놓았다.

이런 식으로 지역사회 전체가 변화된다. 전체 지역사회는 함께 일하면서 얻은 유익을 통해 연합한다. 대여섯 명이 함께 관공서나 병원에 가면 이 기관들은 훨씬 더 나은 방법으로 지역사회의 필요를 돌보기 시작한다. 공공 분배 시스템이 이미 존재하고 실행 담당자가 지역사회에 정당한 몫을 정직하게 주기 시작한다. 이것은 사람들이 지역사회를 개선시키기 위해 연합하고 함께 일하는 것의 유익을 보여준다.

일반적으로 2년 이내에 모든 사람이 지역사회 전체에서 일어난 극적인 변화를 볼 수 있다. 개개인이 변화할 뿐만 아니라 전체 지역사회가 변화된다. 스포츠는 청년들의 행동을 변화시키고 아이들은 학교에 가기 시작한다. 여성의 역량은 강화된다. 정부는 필요한 혜택을 제공한다. 이것을 통해서 CLC 리더는 더 유명해지고 그 지역의 사업가나 정치지도자의 관심을 끈다. 그 후 그는 그 지역에서 더 많은 사람들을 고용하기 시작한다. 이것이 흔히 일어나는 일에 대한 일반적인 설명이다. 다음은 일부 구체적인 사례들이다.

어린이 문맹퇴치센터

4년 전 제나(Gena) D와 남편과 여섯 명의 자녀들은 더 나은 삶을 찾아 델리로 이사했다. 제나와 가족들은 델리에서 많은 어려움을 겪었다. 남편은 숙련된 노동자가 아니어서 이 대도시에서 직장을 구하기가 어려웠다. 그는 가족을 위해 약간의 수입이 생기는 잡일을 찾았지만, 그것만으로는 부족했다. 가족의 재정은 딸들 중 한 명이 만성적 병에 걸렸을 때 훨씬 더 궁핍해져 가기만 했다. 그들은 대부분의 수입을 딸의 의료비로 지출했다.

또한 제나와 남편은 자녀들의 교육적 미래에 대한 염려도 가지고 있었다.

이 무렵에 우리는 제나와 가족이 사는 델리의 빈민가에 문맹퇴치센터를 열었다. 제나는 센터에 보조직원으로 합류했다. 그녀는 부지런히 일했고 빈민가의 많은 가족들이 좋아했다. 그녀의 상황은 크게 나아졌다. 그녀가 간증했다. "우리 가족의 상황이 변했어요. 내가 여러분 팀의 문맹퇴치 프로젝트에 참여한 후 나는 항상 따뜻한 가족 분위기를 느꼈어요. 리더들이 딸을 위해서 기도해 주었고 딸이 완전히 치유되었어요. 큰 아들과 딸은 고등학교를 졸업해서 이제 문맹퇴치센터에서 자원봉사하고 있어요. 이제 더 이상 그들의 미래에 대해 염려하지 않아요. 여러분의 조언으로 그들이 더 나은 교육을 받았어요. 우리 가족은 이제 평안과 행복 속에서 살고 있어요. 무엇보다도 우리는 전능하신 하나님의 은혜(favor)를 발견했어요. 이제 가족이 함께 앉아 기도하고 성경을 읽고 교제하고 있어요."

제나의 친구들도 그녀의 변화를 알아차렸다. 그들은 기도나 조언을 구하기 위해 그녀를 찾아온다. 그녀는 문맹퇴치센터를 통해 주님의 일에 동참하게 된 것을 영광으로 여긴다.

빈민가에서 의과대학으로

하시나(Hasina)는 바라나시 기차역 근처 빈민가 출신이다. 부모는 넝마주이로 생계를 유지해 간다. 그들은 언젠가 딸이 학교에 다니는 것을 보게 될 것이라고는 꿈에도 생각해본 적이 없었다. 우리 사역을 통해 하시나는 학교에 다녔고 그녀의 상황은 근본적으로 개선되었다. 이제 그녀는 대학에 다니고 모든 교수들이 가장 총명한 학생이라고 소개한다. 그녀는 간호사나 의사가 되기를 바란다.

학교 교육을 통한 변혁

우리가 몇몇 마을에서 사역을 시작했을 때 교육의 기회는 거의 전무했다. 델리내의 철길을 따라 자리 잡은 빈민촌 가운데 학교에 다니는 어린이는 아무도 없었다.

넝마주이 하는 부모들은 불행한 삶을 살고 있었지만 자녀에게는 더 나은 삶이 있기를 바랐다. 그러나 그들은 더 나은 삶을 위해 희망을 주는 영감과 분명한 계획이 필요했다. 우리가 그들이 교육의 가치를 이해하도록 도운 후 아이들이 학교에 갈 준비를 하도록 여러 개의 센터를 세웠다. 그들 중 일부는 8살이나 10살이었고 학교에 가본 적이 없었다. 그래서 우리는 먼저 그들이 학교에서 배울 수 있도록 준비시켰다.

오늘날 수백 명의 이런 어린이들이 학교에 다닌다. 이것은 하나님께서 지난 6-7년간 행하신 일의 일부다. 우리는 아이들을 교육했고 인간의 가치를 강조했고 부모에게 자녀를 학교에 보내는 것의 중요성을 가르쳤다. 부모들은 자녀들이 교육받는 것을 보면서 자신의 일을 더 열심히 하기 시작했다. 학교 교육은 그 지역에 엄청난 변화를 가져왔다.

획기적인 변혁

우리는 지역사회에서 기본적인 위생 훈련을 한다. 정기적인 목욕의 중요성, 깨끗한 옷 입기 등을 가르친다. 삶의 모든 영역에서 사람들은 변화를 목격한다. 이것은 단지 한 분야뿐만 아니라 사람들의 삶과 지역사회의 수많은 곳에 영향을 끼친다.

우리는 어린이 문맹퇴치 프로그램, 재봉 프로그램, 건강 계몽 프로그램에 참여한 지역사회에서 인정받은 한 문맹 여성과 함께 사역했다. 그녀는 이런 일들을 하며 주인의식을 갖게 되었고 다음과 같이 말했다. "나는 이전에 보잘것없는 사람이었지만 이 일 때문에 중요한 사람이 되었어요." 그녀는 이제 자존감을 갖게 되었다. 그녀가 그 지역을 걸을 때 사람들은 그녀에게 인사한다. "좋은 아침입니다, 부인." 우리는 그 지역사회에서 모임을 시작했다.

약 6개월 전에 여성 스텝들 중 두 명이 철길 근처의 빈민가에서 소녀들을 위한 프로그램을 실시했다. 이 프로그램은 야외에서 개최되었는데, 그곳에 있는 공공장소에서 열렸다. 약 20명의 소녀들이 참여했고 그 모임 중에 초자연적인 일이 일어났다. 모든 소녀들이 하나님의 임재로 인해 비통하게 울고 자신의 죄를 고백하기 시작했다. 옆에 서 있던 다른 여성들도 눈물을 흘리기 시작했다. 하나님의 영이 역사하셨고 많은 사람들이 신앙을 가졌고 그곳에 모임이 생겨나게 되었다. 이제 거기서 스텝들의 주된 임무는 모임을 위한 현지 리더들을 양성하는 것이다. 그들은 모임을 인도하기 위해 한 달에 두 번 정도 방문하지만 현지 그룹은 그들 없이도 서로 자주 만난다.

아눕(Anoop)의 이야기

내(아눕)가 이 단체와 연결되기 전에도 사역하고 있었지만 지역사회에서 사역이 그리 성공적이지 못했다. 나는 사람들과 건강하게 연결되는 방법을 몰랐다. 그때 나는 그들에게서 지역사회와 그 지도자들과 건강하게 연결되는 법을 배웠다. 그들은 우리 지역에서 학교를 시작했고 어린이들을 교육하도록 나를 훈련시켰다. 나는 아이들의 부모와 만나서 자녀를 양육하는 방법과 자녀가 잘 자라도록 돕는 가족의 역할에 대해 조언을 주기 시작했다. 나는 서서히 지역사회에서 잘 알려진 인물이 되었다. 자녀 교육에 있어서 내 역할 때문에 부모들은 나를 존경한다.

또한 나는 상담 센터, 문맹퇴치센터, 저축 프로그램 및 다른 프로그램들을 시작했고 그 결과로 이제 지역사회에서 큰 사랑과 존경을 받게 되었다. 사람들은 내가 지역사회를 위해 하고 있는 일 때문에 나를 그들의 지도자로 인정한다.

필수 요소

변화는 하나님께 속한 것이지만 우리는 항상 성령님과 지역사회에 귀를 기울이고 준비되어 있어야 한다. 지역의 상황과 필요에 대한 민감성이 필수적인 기반이 된다. 각 지역과 사람은 고유하기 때문에 사역은 각 지역의 상황에 적합해야 한다.

성령님에 대한 민감성은 우리에게 그 지역에 대한 하나님의 관점이라는 독특한 통찰력을 준다. 우리는 항상 이 사역의 주인과 영웅이 누구인지를 기억해야 한다. 그것은 주 예수 그리스도이시다. 사역자가 모든 일을 올바로 했을지라도 결과는 장담할 수 없다. 결과는 우리의 일이 아니라 하나님의 일이기 때문이다. 결과는 우리가 아닌 하나님께 달렸다. 동시에 사역은 하나님과의 동역관계이고 이 동역관계에서 하나님은 결코 틀리지 않으신다. 그래서 우리가 열매를 보지 못한다면 기꺼이 평가해 보고 주님께 물어야 한다. "무엇이 잘못된 것일까요? 우리가 여기서 더 나은 일을 할 수 있을까요?"

지속 가능한 교회개척의 주도권

우리는 성경의 명령과 하나님나라의 가치를 따라 변화하는 것이 목표다. 우리는 사람들을 가족에게서 빼내오거나 외국 문화 양식에 맞게 자신의 생활방식을 바꾸게 하고 싶지 않다. 우리는 사람들의 문화를 바꾸려고 하지 않는다. 그것이 복음 선포에 도움이 되지 않기 때문이다. 오히려 그것을 방해할 뿐이다. 성경적 변혁은 복음 전파를 진전시키지만, 그저 외국 양식을 단순히 들여오기만 하는 것은 복음 전파를 방해한다.

2010년에 우리는 지속 가능한 교회개척에 대한 토론을 주최했고 토의할 리더들을 초대했다. "지속가능성"(sustainability)이란 말을 사용한 우리의 의도는 재정적인 이슈가 아니라 자신의 맥락에 맞는 교회개척의 주도권을 유지하자는 것이었다. 하지만 참석한 사람들은 재정적인 이슈에 더 많은 관심을 보였다. 수많은 풀뿌리 리더들과 단체의 리더들이 와서 지속가능성의 다양한 이슈들에 대해 토의했고, 우리는 그 주제에 관한 후속 컨설테이션을 세 번에 걸쳐 열었다. 그 결과 큰 단체들의 일부 리더들은 유용한 아이디어를 얻을 수 있었다. 그들 중 많은 사람들이 교회를 개척하면서 소액 금융 프로그램을 시작했다. 그것이 리더들에게 상점이나 학교를 시작할 수 있도록 도움을 주었다. 한 단체에서 이제 어떤 리더는 사역자들이 사업을 시작하고 그것으로 생계를 유지해서 미래에 자립할 수 있도록 돕고 있다.

소규모 사업, 이중직 리더 양성, 총체적 접근방식에 대한 확신, 지역사회가 자기 문제에 대한 주인의식을 갖도록 돕기와 같은 많은 좋은 아이디어들이 지속 가능한 교회개척의 주도권에서 비롯되었다. 이 주도권은 깨달음과 더 효과적인 참여를 만들어냈다.

또한 우리의 논의에는 문화적 상황에 맞는 지속가능성에 대한 이슈도 포함됐다. 많은 사역자들이 전통 교회 출신이었다. 그들은 전통 교회 패턴으로 훈련받고 멘토링을 받았다. 그들이 복음을 나누고 누군가 믿었을 때 그 사람을 자신의 문화적 맥락에서 빼내오는 경향이 있었다. 이와 같은 지속가능성의 문제를 해결하기 위해 많은 리더들이 "우리는 리더들을 위해 해야 할 것과 하지 말아야 할 것의 목록과 이 분야와 관련해 사역하는 단체가 필요하다"라고 생각했다. 그러나 우리는 목록을 갖는 것만으로 목표를 이룰 수 없다는 것을 분명히 했다. 사역자들은 자신의 문화적 배경보다 성경을 기준으로 사용해서 사람들과 연결하는 방법과 그들과 그들의 맥락에 민감해지는 방법을 알아야 한다.

예를 들면 많은 교인들이 남인도 출신이고 아주 보수적이다. 누군가 신자가 되었을 때 그들은 그에게 팔찌, 색깔 있는 사리, 빈디(bindi, 힌두교와 자이나교 여성이 이마 중앙에 붙이거나 찍는 붉은 점)[13]등을 하지 말라고 말한다. 북인도에서 이런 금지는 문화적으로 매우 무지한 것이다. 예를 들어 비하르에서는 여성이 이런 것들 없이 마을을 돌아다니면 사람들이 그녀를 아주 못마땅하게 쳐다본다. 때때로 이같이 예민한 이슈에 대한 무감각은 불필요한 핍박을 초래한다.

빈디를 붙인 인도 여성

지속 가능한 교회개척은 복음이 외국 종교처럼 보이거나 그렇게 느껴

---

13 빈디는 "제3의 눈"의 상징으로 물질세계 너머를 볼 수 있는 눈이다. 이 통찰력 있는 상징은 물질세계가 우리에게 제시하는 것과 아주 다른 영적 세계가 있다고 하는 기독교 세계관에 매우 부합한다.

지지 않을 만큼 충분히 그 문화에 연결되는 것을 포함한다. 지속 가능한 교회개척의 주도권은 많은 사역자들과 단체들이 지역 상황에 더 적합한 방식으로 사역을 시작하도록 도와주었다. 우리는 단지 논의를 시작했을 뿐, 그 이후 하나님께서는 많은 그룹들이 더 효과적인 사역으로 나아가도록 이것을 사용하셨다.

축복 기도를 통한 변화

비풀(Vipul)*은 자신의 지역에서 CLC를 시작하기 전에, 많은 악기들을 사용해서 찬양 예배를 인도해 왔다. 처음에 주민들은 그를 반대했다. 그때 그는 CLC 훈련을 받고 CLC 접근방식을 사용해서 문맹퇴치 훈련, 재봉 센터, 자조 그룹(self-help group), 상담 센터를 시작했다. 그는 그 마을 촌장과 다른 지역사회 지도자들을 만났고 그들 모두를 이 프로그램들에 초대했다. 모든 사람이 그가 기독교인이고 예배센터를 운영한다는 것을 알았음에도 불구하고, 이 접근방식을 통해 그는 지역사회에서 큰 인기를 얻었다. 선거운동 기간에 후보들 중 한 명이 비풀과 만나자고 하면서 그에게 자신을 위해 기도해 주고, 다가오는 선거에서 하나님의 축복을 받기를 간구해 줄 수 있는지 물었다.

비풀은 그를 위해 기도했고, 하나님의 은혜로 그가 선거에서 이겼다. 사람들이 말하기 시작했다. "비풀의 기도 때문에 그 사람이 선거에서 이겼어요." 이 때문에 마을 전체가 그를 좋아했다. 선거에서 이긴 사람은 그를 돕기 시작했고 그는 지역 전체에서 아주 유명해졌다.

다음 선거가 다가왔을 때 공직에 출마하는 많은 사람들이 "나도 비풀에게 축복 기도를 요청해야지"라고 생각했다. 기도를 요청했던 사람들 대부분이 선거에서 이겼고 그래서 그 지역 전체는 비풀의 기도에 능력이 있다고 믿기 시작했다. 그의 기도는 그 지역에 엄청난 변화를 가져왔다. 많은 예배공동체가 시작되었고 많은 사람들이 주님을 영접했다.

하리아나주의 변화

하리아나는 인두에서 가장 복음화되지 않은 주들 중 하나다. 사람들 가운데 강력한 카스트 제도와 중세적 사고방식이 자리 잡은 영적으로 적대적인 땅이다. 인도의 명예 살인의 대부분은 하리아나에서 발생한다. 달리트는 거기서 아주 나쁜 대우를 받는다. 얼마 전(2015년)에 몇몇 달리트 남성들이 작은 트럭을 몰고 한 마을을 지나가는데 주민들은 그들이 소를 운반한다고 의심해서 그들을 산채로 불태웠다.[14] 달리트가 상위 카스트의 물탱크에서 물을 마셨다고 그의 얼굴에 염산을 던졌다. 특히 달리트와 하위 카스트 출신의 많은 소녀들이 강간당하고 산채로 불태워진다.[15]

　역설적으로 하리아나는 아주 험하지만 인도에서 풍부한 자원과 부를 가진 가장 발전된 주들 중 하나다. 농업과 산업으로 아주 부요하고 많은 다국적 IT기업들이 거기에 콜센터 본부를 두고 있다.

　델리가 확장되면서 구르가온(Gurgaon, 뉴델리에서 남서쪽으로 20마일 떨어진 하리아나의 주요 도시)은 많은 IT기업들과 다국적 기업의 허브가 되었다. 델리와 하리아나 주변의 많은 농부들은 아주 비싼 가격에 땅을 팔고 벼락부자가 되었다. 이로 인해 자녀들은 불법적인 사고방식을 부추기는 돈

14　"소를 '죽인다'고 살해한 5명의 달리트" http://www.milligazette.com/Archives/01112002/0111200292. htm와 '하리아나의 잔인한 소떼자경단…은 법 위에 있는 것처럼 보인다." http://www. ndtv.com/india-news/haryanas-brutal-cattle-vigilantes-notorious-for-youtube- videos-appear-to-be-above-the-law-748444(2019년 3월 26일에 접속)를 참조하라.

15　최근 (하리아나에서 많이 발생한) 카스트 관련 잔혹행위에 대한 사례들 수백 건이 기록되어 게시되어 있다. http://www.annihilatecaste.in/atrocity-all-case-studies 구글에서 "하리아나", "카스트", "잔혹행위"라는 세 단어를 사용해 검색하면 10만 건 이상을 찾을 수 있다(2016년 12월 14일 기준).

과 권력을 가지고 교만하고 게으르게 자랐다. 그 결과로 많은 범죄가 그 지역에서 델리로 유입됐다. 델리는 많은 잔인한 사건들과 관련된 범죄들과 함께, 인도의 강간 본산지로 낙인 찍혔다.

우리가 하리아나에서 사역하기 시작했을 때 그곳은 매우 거칠었고, 대부분의 다른 지역보다 훨씬 더 거칠었다. 때때로 나는 하리아나에서 돌파가 일어날지 의심스러웠다. 하지만 믿음으로 우리 속에 있는 두려움을 극복했고 CLC 접근방식이 내게 돌파를 가져다주었다. CLC를 통해 거기서 두 사람과 함께 사역을 시작했고 이제는 하리아나에 150-160개의 예배공동체가 있다. 보즈푸리에서 150개의 예배공동체를 말한다면, 그것은 별 일이 아니다. 하지만 하리아나에서 그것은 엄청난 일이다. CPM을 본 적도 없고 이런 일에 대해서 전혀 모르는 지역에서 0에서 100이 되는 것은 정말 엄청난 일이다.

하리아나에서 문을 열다

하리아나에서 CLC를 처음 시작한 후 기독교 배경의 남성이 찾아와서 마을 사람들에게 말했다. "이 자들을 조심하세요. CLC는 우리들을 개종시키려는 수단이에요." 그래서 그 CLC는 문을 닫아야 했다.

우리는 실패했을 때 무엇을 해야 하는가? 포기해야 하는가? 아니면 다른 방법을 생각해야 하는가? 리더십은 선제적으로 대처해야 하는 자리라고 본다. 그래서 우리는 결코 물러서지 않는 것이 목표다. 우리는 다른 방법을 생각하려고 애쓴다. 이것이 우리의 총체적 접근방식이 필요와 기회라는 상황에 따라 여러 가지 양상들로 나타나는 이유다. CLC가 문을 닫은 후 그 리더가 내게 말했다. "사람들과 이야기하다 보니 이곳은 레슬링이 아주 인기 있다는 것을 알았어요."

내가 말했다. "왜 그것과 관련해서 뭔가 해보지 않나요?" 그래서 그는 레슬링 대회를 준비했다. 주 장관이 레슬링 훈련과 관련된 모든 비용을 기부했고 그 대회에 참석했다. 그것은 큰 행사였고 26명의 레슬러가 그 지역 전역에서 왔다. 그것을 준비했던 형제는 즉시 지도자가 됐다. 그는 CLC를 사용하는 대신에 레슬링을 활용했다. 오늘날 26명의 레슬러는 모두 교회개척자가 되었다.

지역 레슬러 모임에 속한 한 레슬러가 갑자기 안면마비가 와서, 대회에 참여할 수 없었다. 그는 더 이상 레슬링을 할 수 없어 좌절했다. 또한 그 장애로 인해 마을에서 낙인찍혔다. 아무도 그와 어울리려 하지 않았다. 그는 수면제를 많이 복용하고도 밤에 잠을 잘 수 없었다. 그때 두 명의 신자가 그에게 예수님이 그를 치료할 수 있다고 했다. 그들이 그를 위해 기도했지만 아무 일도 일어나지 않았다. 잠 못 이루던 그날 밤 그는 기도했다. "주 예수님, 당신이 누구신지 모릅니다. 하지만 당신이 정말 주님이시라면 저를 고쳐주세요. 그러면 당신을 섬기겠습니다." 아침에 일어나자 그는 걸을 수 있었다! 현재 그는 사진업을 하고 있고 세 개의 예배공동체를 시작했다.

또 다른 형제는 결혼 직후 새신부가 죽는 바람에 어려움을 겪고 있었다. 지참금[16]과 가족의 명예 이슈 때문에 신부의 죽음은 두 마을 사이에

---

16 "인도의 지참금 제도는 신부 가족이 신랑, 부모, 친척에게 결혼 조건으로 주는 내구재, 현금, 동산이나 부동산을 말한다. 경제 호황을 누리고 있는 현재 인도의 추세는 모든 사회 경제적 계층에서 신부지참금이 훨씬 더 높이 상승하고 있다. 그러나 지참금 상승은 여성에 대한 폭력의 증가를 가져왔다. 지참금 폭력은 보통 신부 가족에게서 더 많은 지참금을 받아내려고 신랑이나 시댁에 의해 자행된다. 결혼 당시 내는 지참금이 상당하지만 결혼 후 남편과 시댁의 탐욕이 커질 수 있다. 이것은 흔히 신부에 대한 신체적, 정신적 혹은 성적 폭력으로 바뀐다…1961년 이래 인도에서 지참금을 요구하는 것은 불법이지만 이 금지법은 시행하기 어려운 과제였다. 1986년에 개정된 법은 결혼 후 첫 7년 내 일어난 어떤 죽음이나 폭력이든 지참금과 관련된 것으로 간주하고 재판을 받도록 규정했다." 출처: 위키피디아와 "인도의 지참금 제도: 그 추세는 변화하고 있는가?" https://pulitzercenter. org/projects/asia-india-dowry-marriage-violence-against-women-bride-culture- husband-physical-mental-sexual-suicide는 2018년 12월 15일 접속.

커다란 문제를 가져왔다. 이 사건을 해결하기 위해 10개 마을[17]로 구성된 큰 협의회가 모였다. 그 사이에 한 지역 리더는 신부의 아버지에게 가서 물었다. "지금 딸이 죽었는데 원하시는 것이 무엇인가요?"

그가 말했다. "신랑의 아버지에게 2만 루피를 주었어요. 돈을 돌려받고 싶어요. 그들은 딸이 낫도록 치료해 주지 않았잖아요."

그 후 리더는 신랑 아버지에게 가서 대화하며 말했다. "이 문제를 해결하기 위해 뭘 해야 할까요?"

그가 말했다. "나는 뭐든 할 준비가 되어 있지만 그 사람이 듣지 않고 있어요."

그 리더가 신부와 신랑의 아버지를 화해시켰고 그들이 사건을 해결했다. 이때 그들은 10개 마을 협의회에 가서 알렸다. "우리는 아무런 문제가 없어요. 문제를 이미 해결했어요."

그 협의회의 일부 사람들은 협상과정에서 돈을 벌고 싶었지만 사건이 이미 해결되었기 때문에 분노했다. 그 결과로 그 리더는 10개 마을에서 큰 영향력을 갖게 됐다. 인도에서는 당신이 누군가의 한 가지 일을 도우면, 그는 당신이 모든 일을 도울 수 있다고 생각한다. 이것은 사람들이 당신에게 자신의 문제를 가져오도록 문을 연다. 이 일은 이 형제가 많은 예배공동체를 시작하도록 도왔다.

총체적 접근을 통해 우리는 이와 같은 많은 돌파를 보았다. 이제 하리아나의 거의 모든 행정구역에 예배공동체가 있다.

새로운 신앙

대부분의 경우 변화의 주체는 단체 스텝들이 아니라 지역 사람들이다.

---

17   마하판차야트(mahapanchayat)로 알려진 사회적 단위이다.

사람들은 지역사회에서 자신이 아는 사람의 삶이 변하는 것을 볼 때 그들의 삶도 영향을 받고 변화된다. 우리가 예배공동체를 시작했던 지역들 중 한 곳에서 일부 청소년들이 상담을 받고 신앙을 갖게 되었다. 다른 부모들이 이들의 삶이 변하는 것을 봤을 때, 그들 중 많은 부모가 리더들을 찾아오기 시작했고 이렇게 말했다. "무슨 일이 있더라도 내 아들도 그렇게 되기를 바랍니다. 또한 내 딸도 그렇게 되어야 해요."

이제 그 지역의 젊은이들 중 누구도 시간을 낭비하지 않는다. 그들은 모두 직업을 얻었고 지역사회는 완전히 달라졌다. 모든 사람들이 무위도식하며 유해한 활동에 삶을 허비하는 대신, 성실하게 일하고 있다. 단지 몇몇 사람의 삶에서 일어난 변화가 지역사회의 다른 가정들에게 광범위한 변화를 위해 하나님과 하나님의 백성을 바라보도록 영감을 주었다.

일상에서 신자들의 역할

CLC는 진입 전략을 제공하는 것 외에도 신자들이 간증을 나눌 수 있도록 역량을 강화시킨다. 때때로 CLC 리더들의 간증은 사람들을 변화로 이끈다. 하지만 신자들이 있는 곳이라면, 사람들을 신앙으로 이끄는 초기 작업은 대부분 지인들의 간증을 통해서 이루어진다.

지난 5년 동안 신앙을 갖게 된 사람들 중 80%는 자신이 아는 지역 신자들의 간증을 통해 생겨났다. 나머지 20%만이 리더의 주도적 활동 때문에 신앙을 갖게 됐다. 목사나 리더가 어디 가서 간증을 하면 사람들이 이렇게 생각할지 모른다. "그가 우리를 개종시키기 위해 저 이야기를 하려고 여기 왔구나." 그러나 지역 신자라면 누구나 일상적인 대화의 일부로 자신의 간증을 나눌 수 있다. 사람들은 이러한 얘기를 더 경청하고 싶어 한다. 매일 나눌 수 있는 간증은 복음을 전파하는데 아주 중요한 역할을 한다.

목사의 역할

CLC 접근방식은 일방적으로 접근했다가 박해와 저항을 경험했던 목사들에게 큰 도움이 됐다. 그들이 어디를 가든, 사람들은 이렇게 생각한다. "그는 사람들을 개종시키려고 왔어." 그런 연유로 그들은 사역을 진전시키기 어렵다. 하지만 그들이 총체적인 CLC 접근방식을 사용하면, 사람들은 더 수용적이 된다. 이 사역이 사람들을 더 좋게 변화시킬 때, 그들은 영적 교제도 마다하지 않는다.

어떤 곳에 새로운 신자들이 생기면, 새신자의 간증으로 말미암아 사람들이 신앙을 갖게 된다. 완전 초보 신자들은 종종 간증을 나누는 것의 중요성을 알지 못하기 때문에 리더가 그들이 간증하도록 준비시키고 권한다. 그들의 간증은 단순하다. 그리스도를 만나기 전의 삶, 어떻게 그리스도를 만났는지, 그리스도를 만난 후 그들의 삶이 어떤 모습인지 등으로 구성된다. 그들이 간증을 나누는 방법을 배운 후 그들의 증언은 흔히 다른 사람들에게 신앙을 가져오는 가장 중요한 역할을 한다. 양 떼를 생각해보라. 목자는 양 떼를 돌보지만 재생산은 목자가 아니라 양이 한다.

한 사람이 CLC를 시작하려고 한 지역에 들어갈 때 우리는 그를 "리더"로만 부른다. 일부 사람들은 "지역사회 리더"로 알려지기보다 "목사"로 불리는 것을 선호할 것이다. 그래서 사역을 시작하고 조금 지나면 어떤 사람들은 "목사"라는 호칭을 얻는다. 아마 그것이 더 큰 존경을 받기 때문일 것이다. 이것이 인간의 심리다. 하지만 우리는 그들이 목사가 아니라 지역사회 지도자로 알려지기를 바란다.

다양한 기술들

다른 나라에서 자원봉사자가 온다면, 우리는 그가 가진 기술이 무엇이든 지 다 활용할 수 있다. 그는 변화를 지향하는 방식으로 비신자들과 직접적으로 교류할 수 있다. 그들은 여기서 관계를 쌓고 CPM의 일부인 섬기는 사역을 경험한다.

어떤 사람들은 단기 자원봉사자로 와서 사역을 도우면서 스스로 더 많은 것을 배운다. 예를 들면 텍사스에서 온 한 간호사는 제자 삼는 방법을 발견하고 그 후 미국으로 돌아가 제자 삼는 사역을 매우 효과적으로 감당했다. 그녀는 직장을 그만두고 제자 삼는 역할을 하는 교회 스텝이 되었다.

많은 사람들이 미국으로 돌아가서 말한다. "아, 이제야 신앙을 나누고 제자 삼는 방법을 알겠어요." 그리고 그들은 그 일을 시작했다. 우리는 전 세계 그리스도의 몸에 이런 기회를 제공하고 다음과 같이 알려주고 싶다. '와서 복이 되고 복을 받으라.' 전도지를 나눠주는 대신에, 비디오촬영기술처럼 자신이 가진 기술을 가르쳐 주는 것이 더 낫다. 이것은 지역 사회에 접근하는 프로젝트의 일부나 신자들을 준비시키는 방법으로 쓰일 수 있다.

변화 vs 전통

아니루드(Anirudh)는 CLC 리더이고 아주 단순한 사람이다. 교육을 거의 받지 못했고 달리트(불가촉천민) 출신이기 때문에 영향력이 거의 없었다. 그가 처음 사역을 시작했을 때 아무도 그와 말하고 싶어 하지 않았다. 그가 말했다. "2009년에 나는 CLC 훈련에 참여해서 계몽 프로그램, 역량강화 프로그램과 같은 진입 전략에 대해 배웠어요. 나는 이것을 적용해 보고 싶어서 CLC를 운영했고 여러 마을에서 계몽 프로그램을 준비하기 시작했어요."

아니루드의 지역은 문해율이 아주 낮았다. 모든 여성과 대부분의 남성은 문맹자였다. 정부는 빈곤층 이하 사람들을 위한 많은 프로그램들을 발표했다. 하지만 사람들은 읽을 수 없었기 때문에 정부 프로그램에 관해 알지 못했다. 그래서 아니루드는 마을 사람들에게 그들이 받을 수 있는 정부 프로그램들을 말해 주기 시작했다. 또한 그는 그들에게 신청서를 작성하고 그 프로그램을 이용하는 방법도 가르쳐주었다. 이것을 통해 그는 좋은 관계를 쌓았고 사람들의 신뢰를 얻었다. 그는 아주 효과적인 지역사회 지도자가 되었고, 모든 사람이 "그가 우리를 위해 좋은 일을 하고 있다"는 것을 알게 되었다.

그는 달리트(불가촉천민)였지만 상위 카스트 사람들을 비롯해서 지역사회의 모든 사람에게 존경을 받았다. 이 지역사회 전체는 주목할만한 변화를 경험했다. 지역의 모든 사람이 그의 사역 때문에 혜택을 보았다. 몇 달 만에 그는 3개의 예배공동체를 시작했다.

그는 주 선거운동 기간에 정치지도자들이 그를 초청해 집회에서 강연하게 할 만큼 아주 유명해졌다. 그들은 심지어 집회에 와서 자기 대신 강연하도록 그에게 차량까지 제공했다. 그는 그들에게 말했다. "내가 가면 기도로 그 집회를 시작하고 싶어요. 나는 예수 그리스도를 믿는 사람이고 우리 지역사회에서 일어나는 일은 하나님의 은혜로 일어났어요. 그래서 우리는 무엇을 하든지 항상 예수님께 기도하는 것으로 시작해요."

그들이 말했다. "좋아요. 문제없어요." 그래서 그는 그들의 모든 집회에서 기도하고 대중연설을 시작했다.

한번은 그가 아팠고 상위 카스트 출신 의사가 그를 알아보고 무료로 치료해 주었다. 의사가 말했다. "당신은 내 형제와 같아요. 그래서 무료로 치료해 드리죠. 비용은 내가 댈게요." 이것은 아니루드가 받고 있는 존경의 깊이를 보여준다.

2년 후 우리는 그가 독립적으로 사역할 수 있다고 봤다. 그는 그 지역의 모든 사람들에게 존경받고 있었기 때문이다. 우리는 말했다. "그렇게 계속하세요. 연락하고 지내요. 훈련이 있을 때 초대할게요."

하지만 그 후 그는 다른 선교단체 스텝으로 고용됐다. 그들은 그에게 상당한 돈과 자녀 교육을 제공했다. 그가 생각했다. "내가 그들과 몇 년간 일하면 가족을 부양할 돈을 일부 벌 수 있을 거야." 그래서 그는 우리 동역자로 사역하는 대신에, 그들의 스텝이 되어 그들의 사역 방식을 사용하기 시작했다. 직접 설교하고 전도지와 성경을 배포했다. 그가 언급했다. "그들이 내게 돈을 주었고 나는 마음이 흔들렸어요. 그래서 그 단체에 들어갔지만 그 사역이 행복하지 않았어요."

한 번은 그와 몇몇 동료들이 공립학교에 가서, 허락받지 않고 모든 어린이들에게 성경을 배포하고 사진을 찍기 시작했다. 그들은 "성경을 들어 볼래."라고 하면서 사진을 찍었다. 이것은 18세 이하 모든 아동에게 종교를 강요하는 것을 금지하는 인도의 헌법을 위반한 것이다.

지역사회 전체가 아니루드에게 아주 화가 났다. 이전에 그를 사랑했더라도 이번에는 그들이 그를 너무 심하게 폭행한 결과 병원신세를 질 수밖에 없었다. 그는 감옥에 갈 뻔했지만 그의 이전 사역 덕분에 몇몇 사람들이 찾아와 그를 구해주었다.

몇 달 후에 그는 우리에게 돌아와서 그 이야기를 해 주었다. "내가 병원에 있을 때, 여러분과 여러분이 내 멘토였다는 사실이 기억났어요." 그는 우리가 자신에게 사역해 주고 자신을 위해 기도해 주기를 바랐다. 그는 이전에 자신이 더 나은 상황에 있었다는 것을 깨달았기 때문에 이렇게 말했다. "나를 용서해 주시고 다시 받아주시길 부탁드려요. 여러분에게 배운 접근방식과 그 효과를 잃고 싶지 않아요. 돌아가서 그 접근방식을 사용해서 예배공동체를 시작하고 싶어요."

그는 이제 총체적 접근방식과 일방적 전도방식의 차이를 안다. 그는 두 접근법의 다른 열매를 직접 경험했고 그 지역사회도 그 차이를 봤다. 사용된 접근방식이 지역사회에 결정적인 영향을 미친다. 우리의 사역자 훈련은 지역사회에서 사역하는 방식에 대한 통찰력도 제공해 준다. 때때로 우리는 사람들과 연결하는 가장 좋은 방법과 사회적 기술도 가르쳐야 한다.

또한 우리는 리더들에게 교회와 사회적 개입 사이의 차이점도 가르친다. 복음은 말로만이 아니라 행동과 인격을 통해서도 전해져야 한다. 우리는 이 모두를 하나의 패키지로 결합했다.

아니루드가 간증을 이어나갔다. "2년 전 나는 그 단체를 떠났고 사람들과 다시 관계를 쌓기 시작했어요. 내가 처음 했던 것은 기차역으로 가는 것이었어요. 왜냐하면 이 단체가 나에게 거기서 발견한 사람들을 섬길 수 있는 좋은 기반을 제공해 주었기 때문이에요. 나는 가야(Gaya) 기차역에서 많은 사람들이 본드 흡입에 중독되어 있는 것을 보았어요. 14-15세 가량 되는 많은 소년들이 본드를 흡입하고 헤로인을 투여하고 헤로인과 다른 마약들을 팔고 있었어요. 그들은 마약을 지속하기 위해 도둑질도 하고 있었어요."

"그래서 나는 기차역에 가서 이 아이들에게 음식을 나누어주기 시작했어요. 기차역 근처에 방을 하나 빌려 노래와 이야기를 사용해서 그들을 가르쳤어요. 그런 다음 우리는 그들에게 식사를 제공했어요. 청소년들은 우리에게 매우 사랑받는다고 느끼면서 말했어요. '선생님, 우리는 선생님과 함께 떠나고 싶어요. 이런 식으로 역에 머물고 싶지 않아요.' 나는 하나님께 아이들을 위한 집을 시작할 수 있는 자원을 달라고 기도하기 시작했어요. 그리고 하나님께서는 내가 2015년 10월에 어린이집을 시작할 수 있도록 도와주셨어요."

"아이들을 위한 사역과 함께 우리는 리더를 훈련하고 예배공동체를 개척할 수 있는 모임들을 세웠어요. 이제 마을에 들어가서 예배공동체를 개척한 리더들이 41명입니다. 2016년에 (나만이 아니라) 우리 그룹이 개척한 83개의 모임 장소를 표시한 지도를 만들었어요. 이 83개는 모두 새로운(첫 세대) 모임들이에요. 어떤 모임에는 2세대 신자들도 있어요."

결론

하나님께서는 전체 지역사회를 변화시키기 위해 총체적 사역을 사용하신다. 하나님의 사랑이 일상생활에서 가시화될 때, 복음의 능력이 실재가 된다. 하나님의 자녀들이 자기 주변의 지역사회를 축복하는 방식으로 살아갈 때, 그 생활방식은 복음을 위한 문을 열고 복음을 선포하고 드러낸다. 하나님은 총체적 사역이 사람들에게 영향을 미치고 지역사회 전체를 변화시키면서 영광을 받으신다.

6장

박해로 인한 돌파

2005년 성탄절 직전 반기독교적인 세력들의 항의 후 경찰은 교회 모임에 와서 교회에 있던 모든 사람들을 경찰서로 데리고 갔다. 경찰관은 그들에게 질문하기 시작했다. "당신들은 교회에서 무엇을 합니까?"

그들이 대답했다. "우리는 노래를 부릅니다." 그가 말했다. "좋아요. 노래를 몇 곡 불러 봐요. 그러면 무슨 내용인지 내가 알 수 있겠죠." 그래서 그들은 찬양을 몇 곡 불렀다. 그러고 나서 그가 말했다. "그 외에 무엇을 하나요?"

"기도합니다." 그러자 경찰관이 말했다. "좋아요. 기도해 보세요." 리더는 손을 들고 경찰관을 위해 기도하기 시작했다. 경찰관은 곧 소리쳤다. "그만! 그만! 지금 뭘 하고 있는 거요? 이건 무슨 기도요? 너무 놀랐잖아요. 우리도 기도하지만 이렇게 하지는 않아요!" 그러고 나서 그가 물었다. "우리 집에 올 수 있어요?"

그래서 모든 사람들이 풀려났고 리더와 몇 사람이 경찰관의 집으로 가게 됐다. 경찰관이 말했다. "아내가 계속 아파서 온갖 무당들에게 돈을 쓰고 있는데 아무도 고칠 수가 없어요." 신자들은 그녀가 귀신 들렸다는 것을 알아차렸고 그들이 기도하자 귀신 들림에서 풀려났다. 현재 경찰관과 그의 아내는 교회의 일원으로 살고있다.

박해에 대한 반응

성경은 그리스도 예수 안에서 경건한 삶을 살고자 하는 모든 사람은 박해를 받을 것이라고 말한다. 박해는 누군가가 단순히 그리스도를 믿었다고 오는 것이 아니라 그리스도가 말씀하신 것을 실천할 때 온다. 즉, 그분의 가르침에 순종하고 그것을 적용할 때 온다. 그분의 가르침은 시류에 역행하는 사람을 만들어 낸다.

우리가 있는 곳에서는 박해가 영속적이지 않다. 그래서 나는 사람들을 박해에서 벗어나게 하는 것을 선호하지 않는다. 생사의 상황에서 우리는 사람들을 한 장소에서 일시적이더라도 빼내 와야 할 때가 가끔 있다. 우리는 특히 무슬림 사역을 위해 안전 가옥을 가지고 있다. 그러나 대부분의 경우 박해는 그리스도 안에서 사람들이 갖게 된 새로운 삶에 대한 반응이다. 그것은 신생아가 한 가정에 태어났을 때와 같다. 즉, 어떤 사람들은 신생아가 만드는 소음과 이전 생활패턴의 붕괴로 방해받는다. 그래서 나는 박해를 드라마틱하게 만들고 그것이 얼마나 나쁜지 말하고 싶지 않다. 동시에 그것을 가볍게 만들고 도전이 아닌 것처럼 말하고 싶지도 않다.

사탄은 하나님의 사역을 파괴하고 싶어 하고, 그가 선호하는 방법들 중 하나는 하나님의 백성을 좌절시켜서 그들이 낙담하고 포기하게 하는 것이다. 박해는 흔히 좌절을 가져오게 하기 위한 사탄의 전략이고 매우 다양한 모습들로 다가온다.

우리 중에 아무도 죽임을 당하지 않았지만 일부는 구타를 당하고 감옥에 갇혔다. 다른 사람들은 재산상의 손해를 보았다. 예를 들면 수확 직전 20-30명의 사람들이 와서 신자들의 밭을 짓밟아서 밀이나 쌀을 수확할 수 없었다. 아침에 일어나서 아주 열심히 농사 지어온 밭 전체가 망가진 것을 발견했을 때 큰 충격이었다. 그들이 할 수 있는 일은 건질 수 있는 것을 손으로 모으는 것 뿐이었다. 힘든 상황이지만 이 운동의 신자 대부분은 박해로 인해 당혹해하지 않는다. 베드로는 그리스도를 위해 고난을 받으면 복이라고 말했다(벧전 3:14-17).

우리 중 많은 사람들이 박해를 받아왔다. 즉, 감옥에 갇히고, 구타를 당하고, 재산의 손해를 보았다. 보통 이런 일들은 단지 며칠 동안 지속된 후 사라진다. 그러나 그 사람이 도망친다면 박해는 영원한 것이 되고 만다. 사탄은 그의 부재를 이용해 그와 지역사회 사이에 벽을 만든다. 그가 다시 돌아오려고 해도 자신의 지역사회로 돌아갈 수 없다. 나는 이런 일이 일어나는 것을 너무 자주 보아왔다. 그래서 보통 나는 사람들에게 박해가 지나갈 때까지 그냥 엎드려서 버티라고 권한다.

외부자가 개입해서 구조하려 하면 더 큰 문제가 발생한다. 누군가를 정말 구출해야 할 때를 알려면 상황을 잘 파악하고 있어야 한다. 모든 사람이 다 구조가 필요한 것이 아니고, 우리의 선하고 고운 마음이 더 큰 문제를 일으키는 경우도 많다. 그가 이미 문제에 봉착해 있기에, 우리가 중재자로 개입하는 것이 도움이 되지 못한다. 단지 정신적이고 영적인 지원이 필요할 뿐이다.

우리가 가능할 때 정신적 격려를 하지만, 즉시 하지는 않는다. 너무 빠른 반응은 의존성을 만든다. 그러면 그들은 작은 문제가 생길 때마다 매번 우리에게 도움을 청할 것이다. 그것은 우리가 결코 벗어날 수 없는 악

순환을 만들 것이다. 그 사람에게 어떤 일이 생길 때마다 누군가가 자신에게 돈을 주거나 그밖에 도움 되는 일을 해서 자신을 구해 줄 것이라고 기대할 것이다. 외부 돈이나 다른 지원에 의존하는 것은 어느 쪽이든 좋지 않다.

이 운동이 번성하는 것을 보기 위해서는 지혜와 절제가 요구된다. 의존성을 만들지 않는 것이 중요하다. 우리는 ("기도할게."라고 말만 하지 않고) 그들을 위해 실제로 기도하는 것과 같은 영적인 지지를 해 줄 수 있다. 예수님이 말씀하신 것처럼 "너희 중에 두세 사람이 어떤 것에 동의하면 그것이 이미 이루어진 것으로 여기라."(마 18:19의 의역).

인도의 법이 종교의 자유를 허용하기 때문에 경찰에 가서 박해를 신고하는 것이 맞다. 그렇게 하면 박해자가 그것이 그냥 넘어갈 수 없는 문제라는 것을 알게 된다. 이 나라의 시민으로서 우리는 동등한 종교의 자유와 권리를 가진다.

동시에 우리는 끊임없이 우리의 권리만 반복해서 주장하면 안 된다. 우리가 인권에만 초점을 맞춘다면, 성경적으로 적절한 고난의 역할을 간과할 수 있다. 일부 국제단체는 인권에 관한 훌륭한 자료를 가지고 있지만 지역 리더들은 혼란스러워하고 그것으로 무엇을 해야 할지 모른다. 외부자가 떠나면 남는 것은 경찰도 이해하지 못하는 매뉴얼뿐이다. 대부분의 인도인들은 구전 문화를 가진 사람들이고, 구전 문화에서 매뉴얼만 건네주는 것은 효과가 없다. 그들은 멘토링을 받아야 한다.

나는 우리 사람들에게 박해에 반대하는 거리시위에 참여하라고 하지 않는다. 우리가 얼마나 많은 박해를 받고 있는지 고려해 볼 때 매번 헌법상 권리를 위해 싸운다면 상황을 더 악화시킬 것이다. 우리는 언제, 어떤 접근방식을 적용해야 하는지를 아시는 하나님의 지혜가 필요하다.

박해를 통해 생겨난 힘

박해가 일어났을 때 우리는 즉시 개입해 도움을 주지 않는다. 하나님의 백성은 박해에서 살아남고 직면하는 법을 배워야 한다. 가능하다면 사람들은 남아있어야 하고 박해에서 도망치면 안 된다. 우리의 경험에 따르면, 결국 그 지역사회는 사람들의 새로운 신앙을 수용한다.

나는 몇 년 전에 큰 교훈을 얻었다. 낮은 카스트 출신 새신자 그룹이 있는 마을에서 일부 상위 카스트 사람들이 예수님을 따르는 이 사람들을 좋아하지 않았다. 이 마을의 모든 집은 초가지붕이었고 더운 계절에는 덥고 건조한 바람이 서쪽에서 불어왔다. 모두 쉬고 있는 한낮에 상위 카스트 사람들이 미친 사람에게 불을 지르게 했다. 그들은 이렇게 생각했다. "이런 놈을 누가 어떻게 하겠어? 모두 미쳤다는 것을 알잖아. 경찰도 그를 체포해서 감옥에 집어넣고 싶지 않을 거야. 지금도 감옥에 골칫거리들로 가득하잖아!"

그 미친 남자가 가서 신자의 집을 불태웠다. 초가지붕이 아주 빠르게 타버렸다. 내부에 있는 모든 것이 불타기 시작했다. 모든 음식, 모든 옷, 소유한 모든 것이 불에 탔다. 너무 빨리 타서 아무것도 꺼낼 시간이 없었다.

그 당시 나는 그 마을 근처에서 여행하고 있었기 때문에, 다음날 다른 리더 몇 명과 그곳에 갔다. 나는 무슨 말을 하고 무엇을 해야 할지 몰랐다. 나는 슬픈 표정으로 그곳에 도착해서 말했다. "너무 안타깝네요." 그들이 돈을 요청할 것이라는 생각이 들었지만 나는 돈이 전혀 없었다. 나는 궁금했다. "이들의 집을 재건하도록 돕기 위해 내가 누구에게 돈을 요청할 수 있지?" 나는 그 상황을 보고 눈물을 흘렸다. 쌀과 밀 등 모든 음식과 모든 소유가 잿더미로 변했기 때문이다. 내가 말했다. "이런 일이 일어나서 정말 유감입니다. 어떻게 도와드려야 할지 모르겠네요."

그 집의 아버지가 말했다. "도움이라니요? 우리는 당신 때문에 고통당하는 게 아닙니다. 그리스도 때문에 고통당하고 있는 거예요."

누군가 망치로 내 머리를 내리치는 것 같았다. 나는 이런 생각을 했다. "아, 나는 이 분과 같은 믿음이 없네! 우리 집이 타버렸다면, 나는 방금 그가 한 말을 할 수 없을 거야. 이분은 새신자이고, 나는 성숙한 기독교인이어야 하는데, 이분이 나보다 더 큰 믿음을 가지고 있네!"

이 운동에 속한 사람들은 짧은 시간 내에 이런 식의 성숙과 믿음을 얻는 경우가 많다. 그것은 매우 강력하다. 나는 성령님이 이 형제에게 말씀하셨고 나의 온갖 부담에서 구해 주셨다고 믿는다. 사람들은 자신의 문제를 해결할 방법을 찾는다. 그들이 문제에 직면했을 때, 다른 사람이 그들을 건져주는 것보다 하나님의 도움으로 스스로 빠져나오는 것이 더 낫다. 일단 박해에서 살아남으면 그 사람은 예전과 같지 않다. 그들은 당혹감과 두려움과 염려를 털어버린다. 그들은 매우 담대해진다.

우리는 체포되고 구타당한 일부 신자들에게 강력한 간증을 듣는다. 누군가가 "다음에 일어날 일이 두렵지 않나요?"라고 물으면 그들은 대답한다. "그들이 나에게 무엇을 할 수 있겠어요? 나를 다시 체포할까요? 나를 다시 때릴까요? 나는 준비되어 있어요."

나는 생각했다. "이것은 분명히 성령님이 하신 일이야. 만약에 내가 그들에게 그런 고통을 당하라고 말했다면 그들은 경찰서에서 나온 후 날 폭행했을 거야." 하지만 그들은 예수님을 위해 그렇게 했고 그래서 더 담대해진 것이다. 그들이 말했다. "그들이 할 수 있는 마지막은 나를 죽이는 것입니다. 그래서 뭐 어쩌겠어요?"

내 마음속에선 이미 그들에게 이렇게 말하고 있다. '당신은 올바른 길을 가고 있다. 계속 가라!'

하나님은 우리를 동역자로 부르셨다. 그것이 그분의 계획이다. 우리는 우리의 역할을 하고 하나님은 당신 자신의 역할을 하신다. 박해를 해결하는 것은 무엇보다도 하나님의 손에 달려있다. 우리는 하나님의 역할을 할 수 없다. 우리가 "네 하나님, 제가 알아서 할게요."라는 마음가짐을 갖게 되면, 우리 자신과 제자들은 더 큰 어려움에 처하게 된다.

나는 교회를 그리스도의 신부라고 생각한다. 내가 당신의 가장 친한 친구일 수 있지만, 일단 당신이 신랑을 만나면 나는 그 관계를 방해하지 말아야 한다. 내가 당신의 모든 필요를 채우려고 한다면 나는 신부와 신랑 사이에 갈등과 오해를 일으킬 것이다. 일단 사람들이 그리스도와 연결되면, 그들은 집이 불타버렸던 사람처럼 먼저 그리스도에게 달려간다. 그는 심하게 맞았지만 내게 달려오지 않았다. 자신이 구원자로 따르기로 선택한 그리스도께 달려갔다.

박해를 예방하고 거기서 구조하는 일에만 집중하는 것은 신자 개개인과 운동의 성장을 방해한다. 우리는 박해를 견디고 그것을 통해 증식하도록 하나님의 백성에게 힘을 달라고 하나님께 기도해야 한다.

다른 한편으로 나는 사람들이 이렇게 말하는 것을 듣는다. "박해가 없기 때문에 많이 성장하지 못하는 것일 수도 있어요. 박해가 더 필요할지도 몰라요." 내가 대답했다. "아니요! 현재 박해가 없다면 자유를 누리세요. 감사하고 기회를 최대한 활용하세요. 박해를 견뎌야만 한다면 당신이 어떻게 될지 알 수 없어요." 그것은 제자들이 예수님께 말했던 것과 같다. "당신이 마시는 잔을 저도 마실 수 있습니다." 예수님이 그들에게 말씀하셨다. "너희가 무슨 말을 하고 있는지 너희는 모른다."(마 20:22의 의역).

하나님이 이 운동의 성장을 위해 박해를 허용하시고 사용하신 몇 가지 예들이 아래에 나온다.

난헤랄(Nanhelal)의 행진

"한 번은 70명이 나(난헤랄)를 박해하러 왔지만 서로 싸우기 시작했어요. 그들은 나를 당나귀에 앉히고, 내 얼굴을 검은색으로 칠하고, 내 목에 신발로 만든 화환[18]을 걸고, 마을을 돌게 해서 수치스럽게 만들고 싶어 했어요. 나는 계속 기도만 했어요. 그러자 그들끼리 서로 싸우기 시작하는 거예요.."

"어떤 사람이 말했어요. '그는 얼굴에 검은색을 칠해야 할 만큼 나쁜 놈은 아니야.'"

"그러자 다른 사람이 말했어요. '그는 당나귀에 앉혀야 할 만큼 나쁜 놈은 아니야. 하지만 사람들이 그를 경계해야 한다는 것을 알도록 마을을 행진시켜야만 해.'"

"그들은 마침내 동의했어요. '좋아, 자 이제 그를 마을 전역으로 끌고 다니자.' 그래서 나는 종교 지도자처럼 손을 모아 합장했고 그들 70명은 나를 따라서 마을 전역을 행진했어요. 마을 사람들은 오히려 나를 존경받는 종교 지도자로 생각했어요! 때때로 하나님은 자신의 유익을 위해 박해를 사용하세요. 그날 나를 모욕하기 위해 신발로 만든 화환을 가져왔던 그 남자가 이제 주님을 사랑하고 우리 교회에서 드럼을 친다고 말할 수 있는 것이 내겐 축복입니다."

라비(Ravi)의 간증

나(라비)는 리더가 되기도 전에 교회를 개척했다. 내가 훈련가가 된 후 어느 날 교회개척에 대해서 가르치고 있는데, 한 훈련생이 질문했다. "가르치는 것은

---

18 인도 문화에서 신발로 만든 화환은 가장 심한 모욕으로 여겨지고 매우 수치스럽다. 누군가를 존경하는데 사용하는 화환과 반대되는 의미이다.

쉽지만 그렇게 해본 적이 있나요?"

내가 대답했다. "예, 실제로 해봤지요." 하지만 나는 더 이상 직접 교회개척에 관여하지 않았다. 나는 훈련과 리더십과 다른 일들에 집중하느라 계속 바빴다. 하지만 그 형제의 도전이 내 마음을 움직였다. 나는 하던 일을 계속하는 동시에 새로운 교회를 개척하기로 결정했다. 나는 즉시 사람들을 멘토링하기 시작했지만 처음에는 그것이 매우 어렵다는 것을 발견했다.

내가 멘토링한 사람 중 한 명은 과부였고 그 지역 리더였고 교회개척 원리들에 열려 있었다. 그녀를 준비시키는데 약 3개월이 걸렸고 그 후 그녀가 두세 명 이상을 멘토링하기 시작했다. 나는 처음 몇 달 동안 그녀의 집에서 소수의 사람들과 모임을 시작했다. 그 후 몇 달 동안 그녀의 집에 있는 모임은 18-20명으로 늘어났고 그 후 성장이 멈추었다.

그 기간 동안 쌍둥이 남자아이를 둔 부부가 모임에 왔는데 한 아이는 벙어리였다. 그는 세 살 때까지 정상이었다. 그러나 그 후 아이는 악한 영이 들려서 말할 수 없게 되었다. 그는 종종 이상하게 머리를 흔들고 발작했다.

나와 몇 사람이 아이를 위해 기도하기 시작했다. 축사를 위해 약 두 달간의 기도가 필요했다. 아이에게 많은 악령이 들려있었다. 매주 새로운 악령이 소년에게서 나오고 다른 쌍둥이 형제도 악령에게서 해방되었다. 예배 모임 중에 우리는 자주 "할렐루야"라고 외쳤는데 벙어리 아이가 처음 말하기 시작했을 때 그 첫 소리가 바로 어눌한 "할렐루야"였다. 그 후 그는 단어 전체를 말할 수 있었고 이후 정상적으로 말하기 시작했다. 그는 완전히 치유되었다! 그의 치유 소식이 들불처럼 퍼져나갔고 사람들이 기도와 치유를 위해 그 과부의 집으로 오기 시작했다. 모임은 생기가 넘치기 시작했고 두 달 만에 두 배가 되었다. 나는 그 지역에서 매우 영향력이 커졌고 많은 기적이 일어났다.

하지만 새로운 문제가 생겼다. 내가 마을을 떠나 있을 때마다 마을의 상위 카스트 사람들은 그 과부를 위협했다. 마침내 (무력감을 느낀) 그녀는 우리에게 말했다. "미안하지만 제발 더 이상 우리 집에서 모임을 갖지 말아 주세요." 그래서 우리는 모임을 다른 남자의 집으로 옮겼다.

그러자 상위 카스트 사람들은 우리가 사람들을 기독교로 개종시키기 위한 큰 계획을 갖고 있다고 경찰에 신고했다. 그래서 경찰이 나를 체포하고 기도모임을 폐쇄시킬 계획으로 우리가 모이는 곳에 들이닥쳤다. 그가 물었다. "당신은 이 마을에서 뭘 하고 있어요? 왜 여기서 모임을 하고 있나요?" 그러나 나를 체포하기 전에 경찰은 모임에 앉아서 내가 나누고 있는 것을 경청했다. 그가 매우 감명을 받고서 말했다. "당신은 좋은 일을 하고 있는 것 같네요. 당신이 잘못된 일을 하고 있다고 보이지 않아요. 하지만 당신이 이 마을에 살지 않고 정치적 상황이 아주 민감하기 때문에 나는 당신에게 이 일을 하지 말라고 요구해야만 해요. 당신이 여기 다시 오면 나는 당신을 체포하고 개종 금지법 위반으로 기소해야 합니다."

지역 사람들, 특히 쌍둥이 부모가 경찰에게 항의하며 말했다. "당신은 우리 아이들을 지금껏 봐왔잖아요. 그들이 얼마나 안 좋은 상태였는지 알잖아요. 이 형제의 기도를 통해 아이들이 이제 건강하고 행복해졌어요. 이 형제는 우리를 너무 많이 도와줬어요! 그런데 왜 당신들은 그를 박해하는 거죠?" 그러나 경찰관은 경고했다. "여기에 다시 오지 말아요. 그렇지 않으면 체포할 겁니다."

지역 사람들 중 일부는 모임을 지속하길 원했고 다른 사람들은 멈추길 바랐다. 나는 다시 돌아오지 말라는 경고를 받았다. 박해하던 이들이 나를 위협하기 위해 이 문제를 신문에 실었다. 그 기사는 아래와 같다. "바라나시 출신 목사가 사람들을 개종시키기 위해 왔다. 우리는 그를 때리고 바라나시로 돌려보냈다"(사실 이런 일이 일어나지 않았다). 나는 모임에 참석한 사람들에게 말했다. "몇 달 동안 모임을 쉬고 상황을 진정시킵시다. 그러면 모임을 다시 시작할 수 있을 겁니다." 하지만 그들이 말했다. "아니요! 우리는 멈추고 싶지 않아요. 계속하고 싶어요."

나는 2주 동안 마을에 가지 않고 주님께 나아갔다. 그 후 주님이 돌아가서 지역 사람들이 정부로부터 예배 모임 허가를 직접 받게 하라고 말씀하시는 것을 느꼈다. 그래서 지역 형제들 중 한 명이 경찰에 가서 허락을 구했다.

경찰이 말했다. "우리는 허락할 권한이 없어요." 그래서 그 형제는 지방법원에 가서 지방 치안판사에게 모임을 갖도록 허가해 달라고 신청했다. 그는 약 20일 만에 허가를 받았다. 그동안 모임은 계속해서 조용히 모였다.

모임 허가를 받은 이후부터는 공식 허가이기 때문에 아무도 항의할 방법이 없었다. 경찰은 여전히 주저했지만 만나는 것을 허용하면서 아무도 개종시키지 말라고 경고했다. 사람들이 우리가 공식 허가를 받았다는 소식을 들었을 때 교회는 모임을 정기적으로 다시 시작했고 나도 다시 합류할 수 있었다.

몇 달 후 모임에서 여성들 중 한 명이 말했다. "내게 다른 마을에 사는 매우 아픈 사촌이 있어요. 당신이 가서 그녀를 위해 기도해 줄 수 있나요?" 그래서 나는 가서 기도했고 한주 후에 다시 방문했다. 그녀는 치유되었고 네 명이 더 기도받기 위해 그녀의 집에 왔다. 새로운 모임이 이렇게 그 지역에서 시작되었다. 그래서 지금 그 지역에는 두 개의 모임이 있다. 나는 두 모임에서 4-5명을 선택했고 교회를 이끄는 법을 멘토링했다. 그 후 나는 그들에게 모임을 이끄는 책임을 위임했다. 이제 지역 사람들이 이 두 그룹을 이끌고 있다.

그 후 2년 동안 그 지역에서 23개의 예배 모임이 시작되었다. 이제 이 그룹들을 운영하는 13명의 훌륭한 리더가 있다. 대담하게 모임을 위한 공식 허가를 신청한 형제는 이제 그 지역 전체 사역에 대한 책임을 맡았다.

이 2년 동안 우리는 그 지역에서 지역 사람들의 지원을 받아 두 번의 큰 집회를 열었다. 그중 한 집회에서는 23개 모임에서 900명이 참석했다. 나는 그 지역 사람들을 계속 멘토링하고 있고 올해는 거기서 우리가 5,000명이 모이는 집회를 열 수 있길 소망한다.

하나님나라의 친절

1998년에 엄청난 홍수가 동부 우타르 프라데시와 서부 비하르를 강타하여 막대한 피해를 입혔다. 우리는 두 지역에서 구호 활동을 해야 하는 필요에 즉각적으로 반응했다. 이것은 우리에게 지역사회 지도자들과 정부 관계자들과 연결될 수 있는 기회를 제공해 주었다. 그들은 모두 잘 협력했고 우리가 고통받는 지역사회를 축복할 수 있는 길을 열어 주었다.

우리가 방문한 한 마을에서 한 무리의 신자들이 마을 지도자들에게 괴롭힘을 당하고 있었다. 우리가 도착했을 때 신자들은 보즈푸리 콘퍼런스, 오디오 성경, 찬양집 때문에 우리가 누구인지 알았고 그들은 큰 기쁨으로 우리를 환영했다. 신자들과 우리의 관계, 그들이 우리와 어떻게 관계 맺고 있는지를 알게 되자 마을 촌장이 와서 자신과 신자들 사이의 "오해"에 대해 사과했다. 그런 다음 신자들의 자유로운 예배를 허용하겠다고 약속했다. 우리는 마을의 모든 사람들에게 구호물자를 나누어 주었고, 신자들도 자신들을 핍박하고 이들에게 구호품을 나눠주는 일에 동참했다.

계속 나아감

2014년에 비노드(Vinod)는 사람들을 그리스도의 제자로 삼는 일 때문에 박해받고 투옥되었지만 낙담하지 않았다. 그는 계속해서 복음을 전했다. 이듬해에 그는 같은 지역에서 13개의 새로운 가정 교회를 시작했고, 11명의 헌신적이고 자립적인 새로운 리더들을 세웠다.

사벤더(Savender)의 간증

2001년에 나(사벤더)는 가정 모임들을 한두 해 인도하고 있었다. 그때 바라나시 근처에서 조직적인 박해가 시작됐다. 거기에는 부처께서 첫 설법을 했던 큰 불교 사원이 있었다. 박해자들은 그 지역에서 모이는 모든 교회의 위치를 찾아내기 시작했다. 나는 거기서 멀지 않은 마을에서 사역했다. 거기 신자들 중 일부가 내 모임에 친척들이 있기 때문에 박해자들은 나와 내 사역을 알게 되었다.

가정 모임들 중 하나는 매일 만났다. 힌두교 민족주의당에서 온 신문기자는 이 모임을 감시하러 왔다. 그는 몇 사람이 찬양하는 것을 듣고 우리 모임에 들어와서 말했다. "두려워하지 마세요. 나는 여러분의 음악을 듣는 것을 정말 좋아해서 여러분의 노래를 들으러 왔어요." 그는 사람들이 부르는 노래를 모두 녹음했다. 우리는 매일매일 다른 집에서 만났고, 그는 그 지역에 얼마나 많은 예배 장소가 있는지 알아냈고 매일 더 많은 정보를 모았다. 그는 신자들과 대화하며 그 지역의 다른 모임들에 대해 더 자세한 정보를 계속 물었다.

그 후 그는 신문에 기사를 냈다. "이 도시 전체가 돈과 다른 유혹들에 의해 기독교로 개종되고 있다!" 그래서 공격하는 사람들이 돌아다니며 모든 교회를 박해하기 시작했다. 그것은 잘 조직된 박해였고 심지어 나는 직접적으로 공격받았다. 사람들이 나를 괴롭혔고 나는 그 지역에서 쫓겨나 돌아가지 못했다. 심한 박해로 그 지역에서 사역이 중단됐다. 나는 다른 곳에서 사역하는데 집중했다.

6년 후 나는 (4장에 설명한 것처럼) CLC를 시작하여 그 지역에서 다시 사역할 수 있었다. 흥미롭게도 새로운 교회는 거의 완전히 새로운 사람들로 구성됐다. 이전에 가정 모임에 참여했던 사람들 중 10-12명만이 다시 돌아왔다. 박해당한 나머지 사람들은 우리를 반대하지 않았지만 어느 쪽에도 참여하지 않았다. 그들은 "갈게요, 갈게요."라고 말했지만 그 후 결코 나타나지 않았다.

그 이후로 그 마을에서 수백 명이 신앙을 갖게 된 것으로 인해 하나님을 찬양한다. 이제 300명 이상이 지역사회 건물에서 공개적으로 예배드린다. 박해는 끔찍한 영향을 미쳤지만 주님의 능력은 훨씬 더 크다.

박해가 축하행사가 되다

2001년 박해 때 한 무리의 신자들이 가르 왑시(Ghar Wapsi)[19]라는 의식에서 힌두교로 다시 개종하라는 위협을 받았다. 신자들을 위협하는 사람들이 말했다. "우리가 정한 날에 와서 여러분을 힌두교로 다시 개종시킬 겁니다." 그리고 그날 다섯 명의 힌두교 사제들이 바라나시에서 왔다. 그 팀은 천막을 치고 음식을 준비하고 기독교인들의 힌두교 재개종을 위한 정화를 위해 암소 소변을 준비했다. 그들은 모든 것을 정리하고 모든 사람에게 집에서 나와 모임에 참석하라고 강요했다.

의식이 시작되자, 사제들이 마을 방송 장비를 이용해 기독교인에 대한 모욕적인 발언을 했다. 갑자기 군중 가운데 다섯 명의 여성에게 귀신이 들렸다. 그들은 매우 난폭했다. 사제들은 귀신들을 제거하려고 그들에게 물을 뿌렸다. 그러나 그 여성들은 훨씬 더 난폭해졌다. 다섯 명의 사제들은 겁에 질렸다. 그들은 짐을 싸서 차를 타고 바라나시로 돌아가버렸다.

---

19 위키피디아에 따르면 "가르 왑시(힌디어, "귀향"의 의미)는 비힌두교인을 힌두교로 개종시키기 위한 … 일련의 종교적 개종활동이다." "인도: 가르 왑시(귀향)와 너무 드러난 상(Sangh, 협회)의 위험"이라는 기사는 이렇게 보도한다. "나는 오리사(Orissa)의 여러 마을에서 일어난 가르 왑시 사건들을 기록할 기회가 있었다…그 과정은 남성들과 여성들의 머리를 밀고, 암소의 똥과 소변을 섞어 정화하고, 불 주위에서 만트라(mantra)를 외치고, 가능하면 성경과 같은 '외래' 책들은 불사르는 행위가 포함되었다 … 현장조사 후 내 의견은 가르 왑시가 새로운 기독교인들을 힌두교로 개종시키기 위해 무력과 폭력, 특히 폭력의 위협을 사용하는 운동이라는 것이다." http://www.sacw.net/article4747.html은 2016년 12월 14일 접속.

무대는 설치되었고 사람들은 모였고, 천막과 마을 방송 장비와 음식이 준비되었다. 모든 것이 축하행사를 위한 준비였다. 그래서 신자들은 귀신을 쫓아냈고 그 여성들은 해방되었다. 그런 다음 신자들은 무대에 올라서 마을 방송 장비를 사용해 복음을 전하고 간증을 나눴다. 그들이 말했다. "우리는 자신의 자유로운 선택으로 예수님을 따랐습니다. 어떤 유인책이나 다른 이유 때문이 아닙니다." 이 일을 통해 많은 사람들이 믿음을 갖게 되었고 다른 많은 사람들이 복음에 공감하게 되었다. 그러는 동안 신문들은 천막 사진을 게재하며 200명이 힌두교로 다시 개종했다고 거짓 보도를 했다!

거짓 신자들

바라나시 근처 한 마을에 어떤 남성들이 두 손으로 성경을 치켜든 채로 나타났다. 그리고 그들은 마을에서 만난 모든 사람들에게 말했다. "자이 마시 키(Jai Masih Ki, 주를 찬양하라)" 이것은 여기 기독교인들의 평범한 인사다.

잠시 후 신자들이 이런 생각을 하며 밖으로 나왔다. "이 소리는 신자들 같은데, 그들을 만나러 나가야겠어."

그때 갑자기 그 남성들이 기독교인들에게 온갖 위협을 하고 예수님을 모욕하는 말을 하기 시작했다. 그들이 말했다. "일주일 안에 힌두교로 다시 개종하지 않으면, 우리가 너희를 죽일 거야." 그들이 가장 먼저 알고 싶은 것을 물었다. "누가 리더야?" 신자들이 대답했다. "우리는 모두 리더예요! 때로는 이 남자가 인도하고, 때로는 저 남자가 하고, 때로는 저 여자도 인도해요. 우리 모두가 리더예요."

그러자 그들은 알고 싶어 했다. "배후에 있는 외부자가 누구야?" 하지만 거기에 외부자는 아무도 없었다. 결국 그들은 매우 화를 냈고 떠나면서 말했다. "너희가 힌두교로 다시 개종하지 않으면 우리가 돌아와서 너희를 죽일 거야."

듀르가 쿤드(Durga Kund) 사원

어느 축제날 신자들에 대한 음모를 꾸미는 그룹이 바라나시의 ('원숭이 사원'으로도 알려진) 유명한 18세기 듀르가 쿤드 사원 근처에 모였다. 그들은 신자들에게 무엇을 할 것인지 계획하기 위해 모였다. 그러나 모임 중에 이상한 일들이 일어나기 시작했다. 먼저 서로 싸우기 시작했다. 그러고 나서 갑자기 짙은 먹구름이 일어나 사원 바로 위로 몰려왔다. 사원 지붕 꼭대기에 삼지창이 있었고 먹구름 속에서 번개가 쳐서 삼지창을 때리자 두 동강이 났다. 그러자 그 지역 사람들은 매우 두려워했다. 그 후 그들은 기독교인들을 결코 위협하지 않았다.

간증으로 박해를 극복하다

우리 리더들 중 한 명이 자신의 마을에서 성탄절 축하행사를 계획하고 있었는데 그가 그것을 준비하기 전에 누군가가 고발했고 경찰이 와서 그를 체포해 감옥에 가두었다. 경찰이 그를 심문하기 시작했을 때 그는 경찰에게 자신의 간증을 나누고, 사람들에게 왜 복음을 전하는지 설명했다. 그가 경찰과 이야기하는 동안 교회의 다른 신자들이 도착했다. 그들도 경찰과 간증을 나누기 시작했다. 이것은 오랜 시간 계속되었다. 경찰은 하루 종일 그를 경찰서에 잡아 두었는데, 어쩌다 보니 그 대부분의 시간 이야기하는 꼴이 되고 말았다.

마침내 경찰은 그의 간증과 사역에 대한 설명에 설득되었다. 그래서 그를 석방했을 뿐만 아니라 다음날 아침 마을로 돌아가 고발했던 지역 지도자에게 전화했다. 그 경찰은 그에게 조언하며 이 신자의 간증을 들어보니 그가 잘못한 것이 없다고 말했다. 비록 이 리더가 예정된 날에 성탄절 축하를 할 수는 없었지만 나중에 마을 축제를 조직했고 현재 지역 경찰의 지원을 받고 있다.

박해가 전략적 변화를 가져오다

(위의 간증에 나온 마을에서 약 28마일 떨어진) 같은 행정구역의 다른 마을에서 람 다스(Ram Das)는 예배를 위해 약 300명이 모이는 큰 모임을 이끌고 있었다. 어느 날 50-60명의 폭도가 몽둥이를 들고 와서 모든 신자들과 리더들을 심하게 때렸다. 리더들은 사람들을 보호하고 항의하려고 했지만 큰 폭도였기 때문에 막을 수 없었다. 우리가 경찰에 고발했지만 이런 사건은 계속되었다. 그래서 우리는 여전히 모이지만, 더 이상 300명이 한꺼번에 큰 그룹으로 만나지 않는다. 우리는 이제 그 행정구역의 작은 가정 모임에서 만난다.

거의 죽음 직전에서 증식으로

프렘(Prem)이라는 이름의 아유르베다(Ayurvedic, 인도전통의술) 의사가 바라나시에 살았다. 2004년에 그는 예수를 영접한 후 전임 사역을 위해 의사 일을 중단했다. 3년 만에 그는 28개 마을에서 사역했다. 그의 교회에 대한 조직적인 박해가 일어났고 모든 교회가 동시에 공격받았다. 프렘과 다른 리더는 신자들 앞에서 모욕을 당하고 구타를 당했다. 그들은 너무 심하게 맞아서 의식을 잃고 거의 죽게 되었다. 이런 폭력 때문에 그곳의 모든 제자들이 매우 두려워했다. 한동안 이 마을들의 사역은 끝날 것 같아 보였다.

프렘은 매우 심각한 부상을 입었다. 그는 다리와 손이 부러지고 두개 골이 깨졌다. 많은 의사들은 그가 생존할 것으로 보이지 않는다고 말했다. 하지만 그는 포기하지 않았다. 육체적으로 회복하는데 6-7개월이 걸렸지만 결국 해냈다. 그가 가족의 생계를 책임지고 있었는데, 그를 재정적으로 도울 사람이 없었다. 우리는 그의 곁에 있었고 그를 조금이나마 도왔다. 치료 기간 동안 많은 비용이 들었기 때문이다. 그러나 구할 수 있는 자원보다 필요한 것이 훨씬 많았다.

사람이 박해당할 때 문제는 흔히 육체적 고통이나 상실만이 아니다. 프렘은 폭력으로 인한 정서적 트라우마도 경험했다. 그리고 때때로 이런 경우에 다른 리더들은 자신의 사역이 영향받는 것을 원하지 않기 때문에 그와 어울리려고 하지 않았다. 프렘의 경우처럼 박해의 여파로 종종 고립, 거부, 고통, 재정적 손실이 초래된다.

프렘은 회복된 후 다시 진료를 시작했고 그것을 통해 복음을 나눴다. 그는 항상 환자들에게 말했다. "이 약을 드실 때 예수님의 이름으로 드세요." 그리고 그에게 약을 받은 사람들은 모두 치유되었다. 그 후 그는 CLC 훈련에 참석했고 그 개념도 적용하기 시작했다. 오늘날 그는 여러 세대에 걸친 25명 이상의 리더를 멘토링한다.

프렘과 함께 구타당했던 다른 리더는 몇 가지 이유로 실족했다. 그는 "왜 하나님이 이것을 허용하셨을까?"와 같은 많은 질문과 의심으로 몸부림쳤다. 그의 초점은 잘못되었고 그는 실족하여 죄에 빠졌다. 그는 결코 박해의 영향에서 회복되지 못했다.

그러나 프렘은 올바르게 초점을 맞추었고 하나님은 그의 영적 삶, 재정, 사역을 포함해서 그가 완전히 회복하도록 도우셨다. 그가 멘토링하는 25명의 리더는 그가 이끌던 가정교회의 이전 회원들이었다. 그 당시 그들은 교회의 일반 회원이었지만 이제 그들은 모두 이중직 사역자로서 예배공동체를 이끌고 증식시키고 있다. 몇 사람은 박사과정을 밟고 있는 사람과 함께 대학원 수준의 공부를 하고 있다.

박해와 민족주의

민족주의는 흔히 파시즘, 공산주의, 종교적 광신주의와 연결된다. 일부 정부는 언론의 자유를 박탈하고 민족주의의 이름으로 인권 침해, 투옥, 심지어 살해까지 정당화한다.

교회는 종종 이런 상황에 가장 먼저 공격당한다. 여기에는 사회적인 이유뿐만 아니라 영적인 이유도 있다. 교회가 정의와 평등의 편에 서 있고 가난하고 억압받는 사람들을 돌보기 때문이다. 교회는 몇몇 다른 이데올로기에 직접 맞서서 사회악을 제거하는 것을 목표로 삼는다. 교회가 시작될 때마다 개인, 가족, 지역사회를 변화시키는 과정이 시작된다. 이 과정은 지역사회에 존재해 온 모든 악과의 직접적인 충돌이고 그것은 곧 영적 전쟁으로 이어진다.

히틀러의 독일, 소련, 중국에서 대규모로 일어났던 일을 생각해 보라. 또는 베트남이나 자국민의 25%를 죽인 크메르 루즈의 캄보디아에서 좀 더 작은 규모로 일어났던 일을 생각해 보라.

많은 사람들이 순식간에 그와 같은 일들이 일어날 수 있다는 사실을 이해하지 못한다. 교회도 필요할 경우 수면 아래로 숨을 수 있도록 준비를 갖추지만 그럼에도 불구하고 계속 역동성을 유지하고 재생산할 능력을 갖춘다. 이 공산주의 시절 중국에서 일어난 일이 여기서 일어나지 않을 수도 있지만 우리는 최악의 상황에 대비해야 한다.

감소하는 박해

기독교인들은 다른 사람들의 종교 행위를 공격하고 그들의 신들과 여신들을 비판하는 말을 하기 때문에 자주 박해받는다. 어떤 사람들은 복음을 전파하는 것보다 문화를 비판하는데 더 많은 시간을 쓴다. 우리는 신자들에게 문화를 파괴하는 것이 아니라 존중하도록 가르친다. 우리는 사람들이 이웃과 함께 행사와 휴일을 축하하고 서로의 관심사를 나누라고 격려한다. 이웃이 채식주의자라면 우리는 신자들이 그것을 존중하라고 권장한다.

일부 기독교 그룹은 큰 건물과 시설을 가졌다. 이것은 시기심을 일으키고 더 쉽게 박해의 대상이 되게 한다. 박해는 특히 그들이 지역 사람들과의 유대관계가 많지 않거나 그 관계가 주로 비즈니스 문제에 집중될 때 발생한다. 우리는 지역사회에서 기존 (일반) 건물을 사용하고 우리가 소유한 어떤 시설이든 지역사회의 자원으로 활용되는 것을 선호한다.

어떤 기독교 그룹은 특별한 종교적 유니폼을 입는다. 어떤 문제가 발생하면 다른 사람들이 그들을 쉽게 식별하고 공격할 수 있다. 보즈푸리 운동과 그와 관련된 운동들에 참여하는 그룹은 다른 사람들과 거의 비슷하게 사는 경향이 있다. 그들이 입는 일상적인 옷을 입고 평소 그들이 먹는 음식을 먹는다. 외부에서 보는 사람은 그 차이를 쉽게 알 수 없다. 그 차이점은 외부의 표식이 아니라 마음의 태도와 경건에 있다. 이것은 신자들이 불필요한 박해를 피하는데 도움이 된다. 복음에 순종하기 때문에 일어나는 박해로 충분하다. 우리는 박해가 더 쉽게 일어나게 만드는 일을 하고 싶지 않다.

결론

이 운동에 속한 대부분의 신자들은 형태에 상관없이 다양한 박해를 경험하고 있다. 하지만 그것은 대개 영원히 지속되지 않는다. 그리고 주님은 박해를 통해 하나님의 백성을 강하게 만드신다. 우리는 신자들이 그리스도를 나누고 문화적으로 적합한 방식으로 그분을 위해 살도록 격려한다. 그리고 우리는 모든 지역사회의 모든 사람들에게 복이 되는 것이 목표다. 이것은 불필요한 박해를 감소시키고 정말로 박해가 올 때 우리 가운데서 그리스도의 영광이 드러나게 한다.

7장
철길 아이들 가운데 일어난 돌파

인도 전역에 있는 수백 개의 철도역에는 집에서 쫓겨나고 버려지고 심지어 가족이 기차에서 내던진 수십만 명의 아이들이 살고 있다. 심지어는 세 살짜리 아이들을 포함해서 일부 버려진 아이들은 매일의 생존을 위해 몸부림치고 있다. 그들은 이미 인도 철도역 풍경의 일부가 되어버렸다. 그들은 세상에서 잊혀지고 버려진 상태다.

철도역 아이들

하나님은 이 아이들에게 계획을 갖고 계신다. 우리는 이 잊혀지고 버

려진 아이들에게 사역하기 위해 하늘에 계신 우리 아버지의 "손과 발"이
되길 원한다. 우리는 그들을 파괴적인 노숙생활에서 구출하고 그들에게
희망과 미래를 주고 싶다.

2004년에 우리는 고락푸르(Gorakhpur)에서부터 철도역 아이들을 섬기
기 시작했다. 우리가 이 사역을 처음 시작했을 때, 아이들이 겁먹고 유약
해서 학대를 당해 왔기 때문에 접근하기 매우 어렵다는 것을 발견했다.
사역자 몇 명과 나는 일부 아이들과 관계 맺기 시작했지만 얼마 지나지
않아 사라져버렸다. "아이들이 어디로 간 거지?" 나는 궁금했다. 철도역을
잠시 뒤져본 후 그들이 갈 수 있는 곳을 알아냈다. 그래서 우리는 다른 역
으로 갔고 그들을 찾으려고 또 다른 역으로 갔다. 우리는 한 아이를 뒤쫓
아서 560마일 이상 떨어진 서벵골(West Bengal)주의 캘커타(Kolkata)까지
갔다.[20]

서벵골의 배경

나는 서벵골을 위해 40년 동안 기도해 왔다. 이 지역은 매우 높은 수준
의 문화를 가졌지만 기독교는 거의 진전을 이루지 못했다. 벵골 종족은
강한 자부심과 종교성을 갖고 있고 지적인 경향이 있다. 벵골인들(Ben-
galis) 가운데 사역하는 대부분의 사람들은 벵골 출신이 아니다. 그들은
다른 주에서 왔다. 나는 이런 생각을 했다. "왜 우리는 벵골 출신 지역 리
더를 세울 수 없을까?"

또한 나는 벵골인들 가운데 사역하는 대부분의 사람들이 소외되고

---

20 우리는 사루 브리얼리(Saroo Brierly)의 책인 『집으로(A Long Way Home)』를 기반으로
    2016년에 호주 웨인스타인(Weinstein) 영화사가 배급해서 오스카상에 노미네이트 된 영화
    〈라이언(Lion)〉을 적극 추천한다.

큰 도움이 필요한 방글라데시 난민들을 대상으로 사역하고 있다는 점에 주목했다. 이 난민들은 자신의 취약한 처지 때문에 무엇이든 받아들이려고 했을 것이다. 사람들이 말했다. "우리는 서벵골에서 사역하고 있어요. 벵골인 교회를 하고 있어요.' 그러나 현실은 극소수의 벵골인들만이 신앙을 갖고 있었다.

나는 벵골인들이 하나님을 경험하고 리더십 훈련을 받고 리더십을 갖는 일을 위해 서벵골에서 무슨 일이든 일어나길 바랐다. 그래서 우리가 서벵골에서 철도역 아이들에게 사역하기 시작했을 때, 예배공동체도 세우길 원했다. 우리는 목사들과 리더들을 위한 세미나를 통해 커뮤니티 학습 센터(CLC)와 CPM 개념을 소개했다. 이것을 통해 우리는 서벵골과 캘커타의 많고 많은 지역에 접근할 수 있었다.

우리는 자기 종족과 문화를 이해하는 벵골 출신의 사람을 발견하기 위한 도전을 지속했다. 우리가 훈련하고 함께 사역할 수 있는 사람을 원했다. 우리는 그런 사람을 발견했다. 그는 거기서 사역을 잘 해냈고 이제 서벵골의 한 지역에 약 20개의 예배공동체가 있다.

철도역에서의 삶

캘커타에서 우리는 주로 철도역 아이들과 실종 아동들(대부분 가출)을 중심으로 사역을 시작했다. 인도의 철도역 대부분에서 아이들은 본드를 흡입하거나 흡연, 알코올 남용, 성적 학대 등 다른 나쁜 습관에 빠져있었다. 우리가 직면한 첫 도전은 아이들이 누구와도 대화하길 원치 않는다는 것이었다. 그들은 자신의 세계에 갇혀 본드를 흡입하며 그것에 중독된 채 살고 있었다. 우리는 5분만이라도 그들과 소통하려고 애썼다.

그들은 생존하기 위해 빈 물병을 모아서 팔았고 때때로 훔치기도 했다. 그렇게 모은 돈으로 본드를 산다. 때때로 돈이 있어도 음식을 사지 않고 대신 본드를 샀다. 때론 갖고 있던 돈을 지나가던 사람에게 빼앗기곤 한다.

철도역에서 나이가 많은 아이들이 자기보다 어린아이들에게 자기를 위해서 일하도록 강요했다. 그들은 돈을 빼앗고 대신 본드를 준다. 음식이나 의복이나 유용한 것들을 준 것이 아니다. 어린아이들에게 돈을 구하는 방법을 가르쳐 주고 나서 그들에게 본드를 제공한다.

역에는 불건전한 활동을 하는 위계 구조가 있는데 나이 든 아이들이 자칭, 보스(boss) 노릇을 하고 있었다. 보스들은 새로 온 아이들을 즉시 알아보고 자기를 위해 일하도록 끌어들이려고 애쓴다. 연약하고 두려워하는 아이들일수록 더 쉽게 보스에게 지배받는다. 아주 똑똑한 아이들은 보스 없이 스스로 생존한다. 흔히 그런 아이들은 결국 자신이 보스가 된다.

지금까지도 우리가 섬기려고 가면 일반적으로 보스들이 우리와 직접 대면하지는 않는다. 하지만 간접적으로 우리를 위협하기 때문에 우리는 주의를 기울인다. 우리가 그들을 만나면 경고한다. "이 아이들을 학대하는 것은 불법이야." 그러면 그들은 조심스럽게 행동한다. 동시에 아이들에게도 보스는 위협하면서 말한다. "내가 너희 보스라는 것을 아무에게도 말하지 마. 그렇지 않으면 내가 너희 손이나 눈을 상하게 하거나 너희 신장을 떼서 팔아버릴 거야".

이런 어려운 상황에서 우리는 매우 조심스럽게 사역해야 한다. 경험을 통해서 우리는 이런 보스들이 어디서, 어떻게 일하는지를 알게 되었다. 그들은 플랫폼 밖에 머물지만 우리는 거기에 가지 않는다. 우리는 플랫폼 밖에서 일어나는 일을 변화시키려고 하지 않는다. 우리가 모든 사람들과 모든 도시들을 한 번에 변화시킬 수 없다. 우리는 철도 플랫폼에서 일어나는 일을 다루는 것으로 시작했고 우선 그 일을 잘 해결하려고 한다.

철도역에서의 섬김

우리가 철도 플랫폼의 아이들에게 다가가기 시작했을 때 처음에는 그냥 방문해서 우정을 쌓았다. 우정을 쌓는 방법 중 하나가 음식을 주는 것이었다. 때때로 아이들이 하루 이상 먹지 못하기 때문이다. 우리는 그들과 앉아서 그들의 문제에 대해서 묻고 들어주었다. 보통 아무도 그들에게 관심이 없었다. 그래서 우리는 경청하는데 시간을 썼고 그러자 그들은 자신의 문제를 나누기 시작했다. 그들은 경찰들이 어떻게 그들을 매질하는지, 사람들이 어떻게 그들의 돈을 빼앗는지, 그밖에 다른 어려움에 대해서도 말했다. 우리는 그들에게 본드 흡입의 위험에 대해서 말하기 시작했고, 우리가 방문하는 날마다 그들에게 점심을 제공했다.

아이들은 점차 우리를 신뢰하기 시작했다. 그리고 "이 사람들은 좋은 분들이야"라고 생각하게 되었다. 우리가 방문했을 때마다 아이들이 우리 주위에 몰려들곤 했다. 우리는 철도 플랫폼에서 그들에게 글자와 숫자를 가르치기 시작했다. 우리가 신분증을 달고 있었기 때문에 경찰과 다른 사람들이 우리가 누구인지를 알았고 플랫폼에서 아이들과 소통하는 것이 허락되었다. 지금 우리는 여러 정부기관들, 지역 정치인들, 지역 병원들과 좋은 관계를 유지하고 있다.

뒷받침하는 원리들

수년 동안 나는 대부분의 고아원이 물건을 쌓아두는 적재창고처럼 기능하는 것으로 생각해왔다. 비난하는 대신에, 이 일을 더 잘할 수 있는 방법을 찾고 싶었다. 맨 처음부터 가장 중요한 원칙은 이것이었다. "고아든, 고아 같은 상황이든, 거리의 아이든, 아이들을 다룰 때 우리는 그들을 방치한 채 가두어 두는 창고를 만들고 싶지 않았다." 둘째로, 나는 모든 아이들 속에서 미래의 성인을 보고 가족을 본다. 이렇게 자문한다. "우리는 어떻게 이 아름다운 인생을 양육해서 내가 보는 것이 실재가 되게 할 수 있을까? 이 아이들은 언젠가 아름다운 가정을 가진 멋진 청년[21]이 될 거야." 이런 일이 일어나는 것을 보는 것이 우리의 목표다.

아이들에게 하는 사역은 우리가 경찰과 정부 관리들과 함께 일하고 적절한 허가를 받았기 때문에 정부에서 좋은 평판을 얻고 있다. 캘커타에서 사역을 시작했을 때, 우리는 초보자가 아니었다. 우타르 프라데시에 있는 본부에서 전문지식을 가져왔다. 이전 장에서 언급한 것처럼, 우리는 우리의 총체적 접근방식을 더 발전시켰다.

철도역 아이들 사역에서, 우리는 주로 가정으로 돌려보내는 일에 집중한다. 그들이 어디서 왔는지, 그들이 누구인지, 어떻게 여기까지 왔는지를 알아내기 위해 그들과 어울린다. 그런 다음 정부와 경찰과 함께 일하면서 그들을 가정으로 돌려보내기 위해 최선을 다한다. 우리가 철도역 아이들과 시작한 사역은 어린이집, 빈민가 사역, 교육, 모임 개척 등 다른 많은 분야로 확장되었다.

하나님은 우리가 섬기는 아이들을 분명히 축복하셨다. 우리의 사역으로 정부관리들이 이렇게 말하게 되었다. "여러분은 다른 많은 사람들보다 이 아이들을 더 잘 돌보네요." 이제 많은 정부기관들이 우리가 하는 어린이집을 사람들에게 견학 가서 배울 수 있는 곳으로 소개한다. 누군가 어린이집을 시작하기 원하면 정부는 그들에게 이렇게 말한다. '가서

---

21   우리는 더 많은 이슈를 갖고 있는 여자 아이들에게 사역할 수 있는 허가는 받지 못했다.

이 그룹이 하는 집을 방문해 보세요.' 우리는 이런 간증으로 인해 하나님께 감사드린다. 우리는 무엇을 하든지 칭송받을 만하게 하려고 애쓴다. 그러면 사람들은 하나님께 돌아와 이렇게 말할 것이다. "하나님을 찬양합니다. 당신은 엄청난 일을 하셨습니다."

어린이집

우리는 어린이집에 24시간 365일 최소한 성인 한 명을 항상 배치시키고 그가 필요할 때를 대비해서 다른 사람들도 대기시킨다. 우리 스텝은 아이들에게 사역하는 것을 좋아하고 그 일을 아주 잘한다. 아이들 중 일부는 가정으로 돌아갈 때까지 거기에 머문다. 다른 아이들은 부모를 찾을 수 없어서 오래 머문다.

아이들이 처음 어린이집에 왔을 때 우리는 대개 힌디어로 초기 상담 과정과 서류 작업을 하는데, 글을 읽고 쓸 줄 안다면 그것은 대개 힌디어이기 때문이다. 그러나 때때로 아이들이 다른 언어 종족 출신일 경우 가능하다면 그들의 모국어로 말할 수 있는 상담가를 활용한다. 그것은 아이들이 마음을 더 열도록 도와주고 그들의 배경과 출신 등 그들에 대해 알게 해 준다.

어린이집의 모든 스텝은 아이들의 초기 등록과정에 대한 훈련을 받는다. 이 스텝들 말고도 아이들에게 후속조치를 해 줄 석사학위를 가진 상담가들이 있다. 상담은 아이들을 파악하고 그들이 자신의 경험을 소화하도록 돕는데 중요한 역할을 한다. 아이들은 상담가에게서 안전함을 느끼고 상담가가 형이나 친구처럼 진심으로 자신에게 가장 큰 관심을 갖고 있다는 것을 알아야 한다.

한 아이가 전혀 학교에 다닌 적이 없다면 기초를 가르치고 학교에 입학할 준비를 시키기 위해 3-4개월가량 교육한다. 가정에서 도망친 아동이라면 즉시 정규학교에 보내지 않는다. 학교에서 다시 도망칠 수 있기 때문이다. 그래서 우리는 먼저 아이들을 어린이집에서 3-6개월 정도 가르쳐본다.

가능하면 항상 우리는 아이들을 가정으로 돌려보내는 것이 목표다. 이번 달 파트나에서만 네 명의 아이들이 가정으로 돌아갔고 지난달에도 세 명이 돌아갔다. 어린이집은 주기적인 증감률을 가지고 있다. 아이들의 수는 끊임없이 늘었다가 줄어든다.

때때로 아이들이 가족과 재회하기 전에 3-4일만 머무는 경우도 있지만, 대개 보름에서 몇 달 정도 머문다. 그들은 어린이집에서 배운 것을 가정으로 돌아가서 전한다.

우리는 아이들이 가정으로 돌아가는 것뿐만 아니라, 그들을 상담해서 가정의 가치와 그리스도에 대한 가르침을 주는 것이 목표다. 몇몇 CLC 리더들은 아이들이 집으로 돌아간 후에도 그 가정에 후속조치를 취한다. 그 결과 많은 가정이 그리스도께 돌아왔다. 아이들이 어린이집에서 3-4일만 머물렀을지라도 후속조치는 장기적으로 진행된다.

도전과 기회

우리는 항상 아이들이 가정으로 돌아가도록 돕고자 애쓴다. 그러나 아이들이 처음 우리에게 왔을 때 간혹 자신에 대해서 정직하게 말하지 않기도 한다. 우리가 경찰에게 데려가거나 나쁜 환경으로 되돌아가게 할까 봐 두려워할 수 있다. 그들은 잔인한 양부모나 부모의 학대 때문에 집에서 도망쳤을지도 모른다. 어떤 아이들은 아동 노동에 이용된다. 8세나 10세나 12세인 그들은 가정집이나 병원에 보내져 일하는데 그 일들은 아이들이 감당하기엔 무척 힘든 일이다.[22] 그래서 도망쳐서 다시 기차역으로 온다.

때로는 3-6개월이 지나야 아이들이 우리를 충분히 신뢰하고 자신이 어디서 왔는지를 정직하게 말해 준다. 우리는 그들이 어린이집에 사는 이 기간을 복음을 나눌 기회로 삼는다. 우리는 그들을 위해 기도하고, 그들은 기도와 성경구절들을 배우고 경건의 시간을 갖기 시작한다. 우리는 그들에게 영적 활동을 강요하지 않지만 우리가 신자이고, 스텝들은 주님께 헌신되어 있다는 것을 전혀 숨기지 않는다. 그래서 우리는 경건의 시간을 가지는데 그들이 원하면 참여할 수 있다. 우리는 복음을 나누고 그들을 위해 기도하는 것을 엄청난 특권으로 여긴다.

우리는 많은 아이들이 자기 집에서 경험했던 것과는 상당히 다른 가족 분위기를 어린이집에서 경험할 수 있도록 노력한다. 우리는 때리거나 가혹하게 징계하지 않는다. 우리는 그들에게 문제가 있다는 것을 알고 있고 어린이집을 연 이유도 거기에 있다. 그들을 섬기고 더 나은 삶을 살도록 돕기 위해서다.

간혹 정부는 우리에게 연락해서 우리가 감당할 수 있는 것보다 더 많은 아이들을 돌봐달라고 부탁한다. 한 번은 벵갈로르(Bangalore, 남인도) 출신 아이들 80명이 고향에서 1300마일 이상 떨어진 비하르주 유리 공장에서 일하다가 구출되었다. 사회복지부에서 어린이집의 스텝에게 전화해서 말했다. "우리가 80명의 아이들을 구출했어요. 몇 명이나 받아주실 수 있나요?" 우리 스텝이 말했다. "우리는 5명을 받을 수 있어요." 그러자 공무원이 말했다. "아니요, 안 돼요. 5명으론 부족해요. 왜 20명을 못 받

---

22 아동 노동의 가장 흔한 형태는 집이나 호텔에서 가사도우미로 청소, 걸레질, 물 운반 등을 하는 것이다. 인도는 모든 곳에 수도가 있는 것이 아니기 때문에 때때로 멀리서 물을 운반해야 한다. 다른 일은 병원에서 화장실 청소하기나 그밖의 열악한 일들이다.

지요?" 스텝이 대답했다. "우리 기금은 기부금에서 나오기 때문에 수용 인원에 한계가 있어요. 더 큰 장소를 위해 정부 기금을 우리에게 주신다면 20-50명을 받을 수 있어요. 하지만 현재 우리 기금으로는 5명 밖에 받을 수 없네요." 우리는 시설의 제약으로 인한 현실적 한계를 부인할 수 없다.

이야기꾼

어떤 아이들은 집에서 도망쳐 나온 다음 몇 달 후 집이 그리워서 돌아가길 원한다. 그렇지만 때로는 그들이 정직하게 이야기할 만큼 우리를 신뢰하기까지 몇 개월이 걸린다.

몇 년 전 아동복지위원회에서 어린이집에 8살 된 소년을 보냈다. 소년이 우리에게 말했다. "저의 아버지는 경찰관이었고 테러리스트가 와서 아버지와 어머니를 살해했어요. 저도 죽이려고 했지만 도망쳤어요. 이제 저는 고아예요." 우리는 그 아이의 이야기를 있는 그대로 받아들였고, 그 아이를 위로하고 그 아이와 함께 모두 기도했다.

그 아이와 어린이집에서 함께 3개월을 지낸 후에 우리는 그를 학교에 입학을 시켰다. 6개월 후에 나에게 와서 "삼촌, 제 인생에서 큰 실수를 저지른 것 같아요. 학교에서 자신의 잘못을 시인하는 사람이 가장 용감한 사람이라고 배웠어요." 그래서 내가 그 아이에게 물었다. "마음에 걸리는 게 뭐니?" 그 아이가 말했다. "저는 삼촌에게 거짓말을 했어요. 제 부모에 관해 한 이야기는 사실이 아니에요. 아버지는 사실 기차역에서 과자를 파는 행상이고 어머니는 가정주부예요." 내가 말했다. "이 이야기를 해 준 너는 참 용감한 아이야. 근데 왜 전에는 다른 이야기를 했니?" 그가 말했다. "내가 가출했다고 말하면 다시 돌려보낼까 봐 두려웠어요. 학교에 가기 싫어서 도망쳤거든요. 하지만 이제 집에 가고 싶어요."

우리는 이런 변화에 기뻤고 그와 함께 그의 마을로 갔다. 가족은 그를 보고 어쩔 줄 몰라했다. 영원히 잃어버렸거나 살해당했거나 장기매매 당했다고 생각했기 때문이다. 그들은 눈앞의 현실이 믿기지 않았고 우리가 천사처럼 보였다. 우리는 그들에게 아들이 돌아온 것에 대한 정부 승인을 받기 위해 적절한 서류들을 모두 준비해야 한다고 설명해 주었다. 이틀 동안 그들은 모든 필요한 서류들을 준비할 수 있었다. 이후 우리는 가족이 재회하는 놀라운 순간을 함께 즐길 수 있었다. 어머니도 울고 소년도 울고 우리는 주님의 친절하심에 기뻤다.

잃어버린 소년

약 8개월 전쯤 6세 아이가 엄마와 아주 큰 시장에 갔다. 엄마가 물건을 사느라 바쁜 사이에 아들이 군중 속에서 길을 잃었다. 아이가 울기 시작했고 엄마를 잃어버렸다고 말했지만 사람들은 그를 도와줄 수가 없었다.[23]

우여곡절 끝에 아이는 기차역까지 갔고 구걸하기 시작했다. 일부 사람들이 약간의 돈을 주어서 기차를 타고 바라나시까지 갔다. 바라나시에서 헬프 라인(Help Line)[24] 사람들이 그를 발견해서 아동복지위원회에 보냈고 거기서 바라나시의 어린이집으로 보냈다. 그들이 상담했을 때 아이가 (다른 주인) 비하르에서 왔다는 것을 알아냈기 때문에 우리는 주 사이의 특

---

23 일반인들은 경찰들의 질문을 받아야 하고, 문제가 생기면 아동 매매로 기소될 수 있기 때문에 길을 잃은 아이를 돕는 것을 흔히 불안하게 느낀다. NGO는 보호자 없는 아이를 도울 수 있지만 일반대중이 도우려면 큰 위험을 감수해야 한다.

24 헬프 라인은 기차역 아이들을 돕는 정부 프로그램이다. 기차역에서 우리의 사역 시간은 제한(한 번에 5-6시간, 주 3일)이 있지만 헬프 라인은 24시간 연중무휴 직원이 있다. 그들은 사람들이 전화했을 때나 아이들이 길을 잃거나 문제가 생기면 종종 그 사례를 우리에게 넘겨준다.

별한 협정을 따라야만 했다. 잃어버린 아이를 가정으로 돌려보내는 것은 쉽지 않다. 바라나시 아동복지위원회는 파트나 아동복지위원회와 함께 일해야 했고, 파트나 아동복지위원회는 파트나 어린이집에 연락해서 아이를 보냈다. 아이가 우리에게 고향과 부모 이름을 말했는데 그것이 알고 있는 전부였다.

우리는 그가 살던 마을에 관해 들어본 적이 없어서 인터넷 검색을 통해 찾았다. 파트나 어린이집에서 꼬박 하루 걸리는 거리였다. 하지만 그 마을 근처에 경찰서가 있었다. 우리는 그 경찰서에 연락을 해서 주정부의 아동복지위원회를 통해서 온 실종 아동을 데리고 있는데 도움이 필요한 상황이라고 설명했다. 아이의 이름과 마을을 알려주었다.

경찰은 '맞아요. 그 이름을 가진 아들을 잃어버렸어요.'라고 말하는 가족에게 연락했다. 그러나 이 아이가 그들의 아들이 아닌 것으로 밝혀졌다! 그 마을에서 잃어버렸고 같은 이름을 가졌지만 다른 아이였다. 우리는 아이와 좀 더 대화했고 그의 누나가 다녔던 학교 이름을 알게 되었다. 경찰에 그 정보를 전달했고 그들은 그 학교에 갔다가 아이의 실제 부모를 찾았다. 그런 다음 그들은 우리가 전화로 부모와 대화할 수 있게 해주었다.

우리는 부모에게 아들을 찾기 위해 따라야 할 절차를 설명했다. 신분 증명서와 촌장과 지역 경찰의 추천서를 가지고 오라고 했다. 그들은 파트나 아동복지위원회에 모든 서류를 제출했다. 우리는 아이를 데리고 갔고, 아이는 가정으로 돌아갔다.

감사하게도 우리는 다양한 곳에서 경찰과 CLC 리더들과 동역자들과 네트워크를 잘 연결할 수 있었다. 이를 통해 더 많은 아이들을 도울 수 있었다. 직접 가서 모든 가정들을 조사하고 모든 관계를 맺으려면 엄청난 비용과 시간의 투자가 필요하다.

구타로 인해 가출

초등학교 6학년 아이가 교사의 구타 때문에 학교에서 도망쳤다. 그는 집에 가서 부모에게 맞은 사실을 말하고 싶지 않았다. 부모가 자신이 잘못한 것을 야단칠까 봐 두려웠기 때문이다. 그는 다르방가(Darbhanga)에서 기차를 타고 100마일이나 떨어진 파트나역까지 왔다. 얼마 후 그는 집에 돌아가는 것이 더 낫다는 것을 깨달았다. 헬프 라인은 그에 관해 연락을 받고 그를 파트나 아동복지위원회로 보냈다. 거기서 어린이집으로 그를 보냈다. 우리는 아이와 상담하면서 가족 전화번호와 다른 중요한 정보를 얻었다. 우리는 아이의 형에게 전화를 했고 가족은 교사의 구타와 관련해서 학교와 교사를 상대로 소송을 제기했다.

학교 당국과 아이의 가족은 그를 찾으려고 애를 썼기 때문에 우리가 전화했을 때 매우 안심했다. 우리는 그들에게 그가 우리와 안전하게 있고 필요한 서류를 모두 가져오면 그를 집으로 데려갈 수 있다고 알려주었다. 교육부 책임자가 직접 어린이집으로 와서 아이와 인터뷰를 했다. 그는 교사가 학생을 때리는 것을 금지하는 규정을 설명하고 다시는 그런 일이 일어나지 않을 것이라고 약속했다. 우리는 이 소년이 가족과 재회할 수 있게 되어 하나님을 찬양한다.

원하지 않는 아이

부모가 아이를 다시 찾고 싶어 하지 않는 사례들이 일부 있었다. 2011년에 우리는 기차역에서 9살쯤 되는 소년을 구해냈다. 어린이집으로 데려와서 시의 경찰과 아동복지위원회에 알렸다. 우리는 그에게 일반적인 건강검진[25]을 다 했고 심각한 질병은 발견하지 못했지만 한쪽 눈이 손상되어서 제대로 볼 수 없었다. 그와 3달 동안 상담한 후에 우리는 그의 집주소를 알 수 있었다.

우리는 아버지가 가족을 떠나버린 후 어머니가 다른 남자와 결혼했다는 것을 알아냈다. 계부는 그 아이를 좋아하지 않는다는 이유만으로 구타하곤 했다. 그래서 아이는 자주 기차역[26]으로 달아났다. 우리는 그의 마을이 불과 6마일 떨어져 있다는 것을 알고 그를 집으로 데려갔다. 어머니는 그를 보고 무척 기뻐했다. 우리는 이렇게 생각했다. '이제 우리 일이 끝났구나.'

그런데 이때 어머니가 울기 시작했고 이렇게 말했다. '선생님, 제 아들을 다시 데려가 주시기를 정중히 부탁드려요. 여러분이 떠나면 내일이나 모레 다시 아이가 기차역으로 달아날 거예요. 이렇게 도망한 것이 19번째예요. 그러니 제발 아이를 다시 데려가 주세요." 우리가 말했다. "아이는 어머니와 함께 있을 권리가 있어요. 왜 아이를 데리고 있지 않나요?" 그녀가 말했다. "지금 남편이 집에 없어요. 그는 제 아들을 싫어하고 다시 구타할 거예요. 그것을 차마 볼 수가 없어요."

그래서 우리는 아동복지위원회에 그 상황을 알렸고 거기서 이렇게 말했다. "좋아요. 아이를 데리고 있어도 좋습니다."

그 후 (4년이 좀 더 지난) 작년에 계부가 죽었다. 어머니가 우리에게 와서 이렇게 말했다. "이제 아무 문제 없어요. 아들을 다시 데려가고 싶어요."

---

25   의사가 한 달에 한번 어린이집에 와서 모든 아이들에게 일반적인 검진을 하고 그들이 건강한지, 질병은 없는지 확인한다. 또한 우리는 새로운 아이들이 HIV/AIDS, 결핵, B형 간염과 같은 전염병은 없는지 확인하기 위해 검사할 때까지 5-6일 정도 머물 수 있는 특별한 방을 어린이집에 가지고 있다.

26   외딴 마을에 사는 가난한 문맹 아이에게 기차역은 희망처럼 보인다. 비록 알지는 못하지만 분명히 더 나은 색다른 장소이자 색다른 미래다.

그래서 그는 마침내 어머니와 재회했다.

최근의 가출

고빈다(Govinda)가 13살이었을 때 헬프 라인은 파트나 기차역에서 그를 발견했다. 그들은 아동복지위원회에 그를 넘겼고 거기서 어린이집으로 보냈다. 나는 상담을 시작하면서 그와 시간을 보냈고 몇 가지 질문을 했다. 그는 가출했지만 부모나 가족과의 문제는 아니라고 말했다. 자전거를 타다가 그는 우연히 나이 든 여성을 쳐서 다치게 했다. 겁이 났고 무엇을 해야 할지 몰랐다. 그는 이렇게 생각했다. "내가 집에 가면 부모님이 구타당하고 우리 마을에 큰 문제가 생길 거야." 그래서 자전거를 내버려 두고 도망쳤고, 결국 집에서 멀리 떨어진 기차역까지 오게 되었다.

나는 전화번호나 가족에게 연락할 방법이 있는지 물었다. 그는 문맹이었고 학교에 다닌 적도 없었고 어떤 전화번호도 몰랐다. 하지만 그는 파트나에서 약 60마일 떨어진 가야 근처의 고향 이름을 알고 있었다. 마침 우리에게 가야에서 일하는 동역자가 있었다. 그래서 나는 그에게 연락했고 아이와 마을 이름을 포함한 그의 이야기를 해 주었다.

내가 마을 이름을 말했을 때 그는 그 마을을 알고 있었고 이렇게 말했다. '내가 그 마을을 아주 잘 알아요. 곧 그곳을 방문하는데 한번 알아볼게요." 바로 다음날 그는 고빈다의 가족을 방문해서 부모와 이야기를 나눴다. 그가 그들에게 말했다. "당신 아들은 파트나에 안전하고 건강하게 있어요. 그는 우리 단체에서 운영하는 어린이집에 있어요."

우리는 전화로 부모와 이야기했고 상황을 설명하며 말했다. "고빈다는 여기 있고 우리는 집으로 돌려보내고 싶어요. 부모님이 적절한 서류들을 가져오셔야만 아들을 데려갈 수 있도록 우리가 아동복지위원회와 절차를 밝을 수 있어요." 또 한 명의 실종 아동이 기뻐하는 부모와 재회했다.

회복을 위한 동역관계

아이가 실종될 때마다 부모는 경찰에 신고하고 자녀에 대한 기본 정보를 제공해야 한다. 우리가 아이를 발견하면 그 아이의 모습과 일치하는 실종 아동에 관한 정보가 있는지 경찰에 확인한다. 또한 우리는 어린이집에서 아이의 이름과 사진들을 웹사이트에 게시한다. 누군가 아이를 잃어버렸다면 우리가 자기 아이를 찾았는지 알기 위해 웹사이트에서 확인할 수 있다. 우리는 이 과정에서 경찰, 아동복지위원회, 정부기관들과 함께 일한다. 우리는 그들과 좋은 관계를 갖고 있다. 그들은 우리가 아이들의 복지에 관심을 갖고 있는 그리스도를 따르는 자들이라는 것을 안다. 이것이 문화 안에서 복음을 증거 하는 방식의 일부다.

우리가 너무 멀지 않은 곳에 사는 아이의 가족과 연락이 닿으면 그 부모를 직접 만난다. 고빈다의 경우에 가야 지역에 있는 우리 동역자가 그의 부모를 만났다. 우리는 비하르와 동부 우타르 프라데시의 거의 모든 행정구역에 동역자들이 있다. 우리는 그들에게 돈을 주지 않는다. 그들을 훈련하고 준비시키고 교제한다. 그들은 이것을 돈보다 더 가치 있다고 생각한다.

아이가 가족에게 돌아가면 우리는 그 지역의 동역자와 그 가족을 연결시켜 준다. 그 지역에 동역자가 없다면 가장 가까이 있는 리더가 그들을 방문해서 기도해 준다. 그래서 두 가지 상호작용이 계속된다. 첫째, 아이에게 후속조치를 하기 위해 그 가족과 애정 어린 접촉을 한다. 이를 통해 우리는 아이가 어떻게 대우받고 있는지 알 수 있고 그가 다시 가출할 가능성을 줄일 수 있다. 둘째, 아동과 동역자 혹은 CLC 리더가 모두 그 가족에게 복음을 전한다. 이 방식으로 많은 가정이 그리스도를 영접했다. 고빈다의 경우 온 가족이 우리 동역자가 목회하는 교회에 출석하기 시작했다.

기차역 사역에서 빈민가 사역으로

파트나 기차역에는 200-250명의 아이들이 살고 있다. 매일 3-5명의 새로운 아이들이 플랫폼에 온다. 우리가 이 기찻길 아이들이 어디서 왔는지를 알기 위해 데이터를 분석했을 때 높은 비율의 아이들이 빈민가에서 왔다는 것을 발견했다.

한 번은 우리가 한 소년을 파트나 기차역 근처의 빈민가에 사는 가족에게 돌려보냈는데 일주일 후에 그가 플랫폼에서 다시 구걸하는 것을 보았다. 그것은 정말 우리를 낙담시키는 일이었다. 그때 생각했다. "우리가 플랫폼에서만 아이들에게 사역한다면 이 노력은 성공하지 못할 거야." 그래서 우리는 근처 빈민가에서 사역하고 부모들을 상담하기 시작했다. 우리는 그들에게 말했다. "당신의 자녀가 매우 위험한 지역인 기차역으로 가서 몸에 해로운 나쁜 습관에 중독될지도 몰라요."

간혹 문제는 단순한 방치일 수 있지만 어떤 부모는 하찮은 물건을 팔아오라고 아이들을 기차역으로 보낸다. 우리는 아동노동법[27]과 길거리에서 일하도록 자녀를 내보내는 부모에 대한 처벌에 관해서 부모에게 교육한다. 그렇게 하면 감옥에 갈 수 있다. 우리는 사랑으로 교육하고 가족의 유익을 위해 조언하려고 한다. 또한 빈민가에서 지속적으로 많은 계몽 프로그램을 진행하고 있다. 그 결과 이제 빈민가에서 기차역으로 오는 아이들이 줄고 있다.

---

27 1986년 아동노동(금지와 규제)법은 아이들이 어디서, 어떻게 일할 수 있고 어디에서 일할 수 없는지 규정하고 있다.

우리는 계몽 프로그램을 할 때 보통은 한 시간 만에 마친다. 확성기를 설치하고 사람들을 초대한다. 보통 100-200명이 모인다. 우리는 포스터를 사용하고 위생 문제, 흡연이 몸에 미치는 영향, 술의 위험성에 대한 인식, 본드 흡입, 아동 노동의 문제를 다룬다. 사람들이 강의 듣는 것을 싫어해서 우리는 드라마와 사진을 사용해서 정보를 전달한다. 또한 아동 권리와 교육의 가치에 관한 단막극도 사용한다.

빈민가에서의 섬김

우리가 빈민가에 가면 먼저 아이들을 만나고 그들을 함께 모은다. 우리는 그들의 얘기를 경청하고 그들의 필요와 원하는 바를 파악한다. 그런 다음 우리가 도울 수 있는 방법이 있는지 알아본다. 그들이 공부를 원한다면 우리는 문맹퇴치센터를 열어 그들을 가르친다. 그들은 항상 게임을 좋아하기 때문에, 우리는 게임을 할 수 있도록 도와준다. 게임을 하면서 좋은 가치와 관련된 교훈도 가르친다. 또한 청결 문제도 다루고 위생에 대해서도 가르친다.

빈민가의 부모는 대부분 문맹이고, 강제 결혼이거나 아동기 결혼이 많다. 간혹 부모들은 우리가 아이들을 잘못 지도할까 봐 두려워한다. 그래서 우리는 부모들이 우리가 하는 일을 이해하고 두려움을 줄일 수 있도록 그들과 소통하고 있다. 우리는 아이들을 오도하기 위해 온 것이 아니라 좋은 길로 인도하기 위해 왔다는 것을 분명히 한다. 그들에게 아동 권리와 교육에 대해서도 말해 준다. 자신들이 문맹이기 때문에 부모들은 교육의 필요성을 못 느끼고 종종 아이들에게 노동을 시킬 때도 있다. 우리는 그들에게 아동노동법에 관해 말해 주는 것 외에도 아이들이 건강하게 자라기 위해서는 공부와 놀이와 스포츠를 위한 시간이 필요하다고 설명한다.

최근에 우리는 빈민가 아이들을 위해 미술 프로그램을 진행했고, 아이들이 그린 창조적인 그림을 와서 보라고 경찰과 정부관리들을 초대했다. 정부관리들은 아이들이 거리에서 범죄를 저지르는 대신 그림을 그리는 것을 보고 아주 기뻐했다. 우리는 빈민가 출신의 6-16세 아이들 15명으로 구성된 드라마팀도 시작했다. 그들은 거리에서 드라마를 공연했고 간혹 정부기관에서 공연하기도 했다. 이것은 매우 잘 받아들여졌다.

우리는 기차역 근처 빈민가에서 십 대들로 구성된 축구클럽도 조직했다. 이제 좋은 평판을 가진 인정받는 축구클럽이다. 일부 선수는 아직 학교에 다니고 일부는 일을 하고 있지만 저녁이 되면 운동장에 모여 축구를 함께 한다. 우리는 축구를 하면서 도덕적 가르침도 준다. 모든 축구선수들은 흡연과 마약복용 등 나쁜 습관에서 벗어났다. 누구라도 흡연이나 마약복용이 적발되면 팀에서 나가야 한다. 그들이 사과하고 다시 하지 않겠다고 약속하면 팀은 그들을 다시 받아준다. 이것으로 하나님의 은혜를 보여준다. 다른 도시에서 온 코치가 우리를 도와준다. 그가 없을 때는 지역 스텝이 코치한다.

또한 우리는 빈민가 아이들과 기도하고 찬송하지만 어떤 영적 활동에도 참여하라는 압박은 주지 않는다. 전적으로 선택사항이다. 우리는 어떤 어린이도 기도시간에 참여하고 싶지 않다고 말하는 것을 들어본 적이 없다.

우리는 종교가 다르기 때문에 빈민가 사역에서 문제를 겪은 적이 없다. 일부 스텝은 다른 종교적 배경을 가지고 있다. 법적으로 아무도 인도에서 아이들에게 어떤 종교를 강요하거나 그들을 개종시키려고 할 수 없다. 하지만 우리는 자신의 종교를 실천하고 복음을 살아낼 자유가 있다.

아동의 권리와 교육

빈민가에서 실시하는 계몽 프로그램에서 우리는 사람들에게 아동의 권리[28]에 관해서 말해 준다. 우리는 기본적인 음식과 의복이 아동의 기본적 인권이라는 것을 그들이 이해하도록 도우려고 한다. 제공자는 부모, 정부기관, 어린이집일 수 있다. 아동의 4가지 기본권은 다음과 같다.

1. 생존의 권리
2. 보호받을 권리
3. 개발될 권리
4. 참여할 권리

교육은 개발될 권리의 부분집합으로 간주된다. 이 기본권 이외에도, 우리는 아동의 권리와 관련된 유엔아동권리협약의 특정 조항들도 알고 있다. 이것은 우리가 특정 사건에서 경찰과 대화할 때 도움이 된다. 경찰에게 아이들을 위한 적절한 조치를 취하도록 요구할 때 관련 조항들을 참고할 수 있다.

많은 아이들은 부모가 문맹이기 때문에 학교를 그만둔다. 부모는 숙제를 도와줄 수 없고 숙제를 못하면 교사가 처벌한다. 이런 일이 계속 일어나면 결국 아이들은 매일 처벌받으니 차라리 학교를 가지 않기로 결정한다. 문맹인 부모는 흔히 교육의 가치를 잘 모른다. 그들은 이렇게 생각한다. "아이를 집에 두면 어린 동생들을 돌봐줄 수 있을 거야. 그러면 내가 일하러 가서 생계를 유지할 수 있어." 또한 간혹 부모는 나이 든 아이들이 자신의 일을 돕도록 만든다.

빈민가의 문맹퇴치센터는 대략 6–10살까지의 아이들에게 기본 교육

---

28   1992년 인도는 유엔 아동권리협약(UNCRC)를 인준했다.

을 제공한다. 센터는 그들이 학교에 갈 준비를 시키기 위해 3-6개월 동안 교육한다. 우리 교사들은 친절한 방식으로 게임과 노래를 사용해 가르친다. 아이들이 준비되면 교사들은 근처 학교에 가서 교장에게 말한다. "학교에 입학하고 싶은 아이들이 있어요. 우리 단체의 추천서가 필요하다면 만들어 드릴 수 있어요."

2015년에는 우리가 어린이 사역을 하는 도시마다 평균 50명의 아이들을 준비시켜 정규학교로 보냈다. 이와 함께 우리는 부모들에게 아동의 권리에 대해 계속해서 교육했다. 그들에게 이렇게 가르쳤다. "지금 당장 아이들에게 일을 시킬 수는 없지만 그들이 공부하면 미래에 훨씬 더 나은 직업을 갖고 더 나은 삶을 살 수 있어요."

십 대의 경우 우리는 학교수업 후에 소녀들을 위한 상담 및 위생교육을 실시한다. 빈민가의 많은 사람들은 매우 비위생적이어서 감염과 질병으로 자주 이어진다. 상담 및 위생교육에 참여한 후 소녀들은 자신의 개인 생활공간을 청소하고 주변 사람들도 똑같이 하도록 가르치고 권한다. 이것이 각종 질병 발생률을 감소시켰다. 이제 우리에게는 이 빈민가를 네트워크화한 소녀팀이 있다. 그들은 계몽 프로그램을 실시하기 위해 다음 빈민가로 이동했다. 우리가 이런 프로그램을 실시한 빈민가들에는 각각 약 1200개의 가정이 있다.

교회개척에 미친 영향

빈민가 사역은 예배공동체를 개척하는데 긍정적인 영향을 미쳤다. 처음 빈민가 사역을 시작했을 때 우리는 어린이와 청소년에게 집중했다. 그런 다음 CLC를 시작했는데 이제 더 큰 영향을 미치고 있다.

6개월 후 빈민가에서 CLC를 통해 곧바로 예배공동체가 시작되었다.

한 여성이 병을 치유받고 자기 집에서 기도모임을 열고 싶어 했다. 우리는 그 집의 정원에서 기도모임을 시작했다. 사람들은 무슨 일이 일어나고 있는지 궁금해했고 점점 그곳으로 오기 시작했다. 참석한 많은 사람들이 치유와 다른 복을 받았다. 그 후 이 그룹은 10-15명이 모이는 주간 모임을 가지기 시작했다.

모임이 25명으로 성장했을 때 더 많은 사람들이 모일 공간이 없어서, 그들은 다른 집에서 또 다른 모임을 시작했다. (빈민가 사람들은 집이 크지 않다). 또한 그 빈민가에 청소년 예배센터와 3개의 예배공동체가 생겼다. 우리는 거기에 더 많은 예배공동체를 세울 계획이기 때문에 앞으로 더 많은 사람들이 그리스도를 알게 될 것이다.

구출 사역

인도에는 취약한 아이들이 너무 많아서 인신매매가 늘 엄청난 이슈다. 우리 사역은 학대와 인신매매에서 구출한 아이들을 돌려보내는 일을 포함한다. 많은 아이들이 네팔에서 비하르로 인신매매 당한다. 고락푸르는 카트만두에서 바라나시로 가는 도로가 통과하기 때문에 인신매매의 교차로가 되었다.

고락푸르

우리는 구출된 아이들과 깊이 소통하지만 그들을 직접 구출하지는 않는다. 인신매매 구출은 우리가 감당할 수 없는 독특한 고위험 업무다. 우리는 어느 한 사건이 인신매매와 관련 있다는 것을 발견하면 경찰에 신고한다. 또한 우리에게는 고락푸르의 정부위원회에서 근무하는 직원도 있다. 이 위원회는 정책 문제를 다루고 인신매매와 관련된 협력을 증진하는데 도움을 준다.

결론

우리는 하나님이 다음 세대에게 선물과 복으로서 자녀를 주신다고 믿는다. 우리는 가능한 한 많은 아이들이 하나님이 주신 잠재력에 도달할 수 있는 기회를 얻기를 열망한다. 여기에는 영양 공급, 교육, 중독에서의 자유, 건강한 가족생활, 하늘 아버지와의 구원받은 관계를 위한 기회가 포함된다. 우리가 모든 사람을 구원할 수 없지만 하나님나라가 심기고, 가장 도움이 필요한 사람들이 변화하는 것을 보기 위해 우리는 가진 자원으로 우리가 할 수 있는 일을 할 것이다. 하나님은 섬김을 위한 엄청난 기회의 문을 여셨고 우리는 그분이 훨씬 더 큰 일을 하실 것이라고 믿는다.

8장
도시지역에서 일어난 돌파

우리가 델리의 큰 빈민가 중에 한 곳에서 사역을 시작하고 싶었을 때 먼저 그 빈민가 지역의 지도자를 만났다. 기독교에 아주 적대적이었던 그녀에게는 매우 아픈 딸이 있었다. 그래서 우리가 물었다. "딸을 위해 기도하고 싶은데 괜찮으세요?" 우리는 기도했고 딸은 치유됐다. 그 초자연적인 개입은 그녀의 마음을 움직였다. 하나님은 우리의 사역을 위한 기회를 여시기 위해 이 사건을 사용하셨다. 이 여성은 신자가 되었고 우리 리더들 중 하나가 되었다. 우리가 그녀에게 물었다. "여기서 사역을 이끌어보는 게 어때요?" 우리는 이제 그 빈민가에 자립 가능한 예배공동체를 갖고 있다.

델리는 세계에서 가장 큰 민주주의 국가인 인도의 권력의 중심지다. 빠르게 발전하는 도심지가 있고 세계에서 가장 인구가 많은 5개 도시 중하나다.[29] 세계에서 가장 오래된 도시 중에 하나인 델리는 현재 개발과

---

29   포함된 항목에 따라 다양한 리스트들이 각각 다른 순위를 매긴다. 리스트에 따라 델리를
      2번째, 3번째, 4번째, 혹은 5번째 도시라고 한다.

계속되는 인구증가라는 이중 압박을 받고 있다. 인도의 도시화는 40%에 이르렀고 곧 50%에 이를 것으로 예상된다. 이 나라에는 인구가 십만명이 넘는 497개의 도시가 있고, 이 중에 백만 명이 넘는 도시가 46개나 된다.[30]

하나님이 보즈푸리의 운동을 축복하시고, 우리가 그 사역에 대해 다른 사람들과 나누었을 때 몇몇 사람들이 우리에게 이런 도전을 주었다. "당신의 모든 아이디어는 마을에서는 성공했지만 도시에서는 힘들 거예요." 서구 국가에 초대되어서 이와 관련된 세미나를 인도했을 때 사람들 가운데 "여기서는 안 되는 일이야"라고 생각하는 경향이 있음을 본다. 빠른 도시화에 대한 통계에 더해진 이런 도전 때문에 나는 이렇게 생각했다. "도시 지역을 복음화하기 위해 뭔가 해야겠어. 하지만 어떻게 시작하지? 델리로 이주할까? 그것은 하나님이 원하시는 것이 아니야."

델리를 향한 첫걸음

나는 종종 다른 곳으로 가기 위해 델리를 거쳐가는데 그때마다 늘 다양한 시간대에 도착한다. 나는 이 거대한 도시가 주는 도전에 대해 기도하기 시작했다. 어느 날 델리의 한 호텔에서 아침식사를 할 때 주님이 말씀하셨다. "누군가와 함께 아침을 먹으면서 이 문제에 대해 이야기하는 것이 어떠니?"

나는 좋은 생각이라 여겼고 그래서 머물고 있는 호텔의 어느 직원에게 물었다. "내가 여기 단골인데 손님 한 분을 초대해서 함께 아침식사를 해도 될까요?" 그들은 허락했다. 이후 나는 델리에 올 때마다 아침식사를

---

30 https://en.wikipedia.org/wiki/List_of_cities_in_India_by_population을 보라. 2017년 1월 16일 접속.

하면서 사람들을 멘토링하기 시작했고 그들과 제자 삼기에 대해서 이야기했다.

델리를 생각하면 내가 골리앗 앞에 있는 다윗처럼 느껴졌다. 직접적인 경험은 없었지만 거인을 이기고 싶었다. 그래서 나는 우리의 "매끄러운 돌 5개"를 집어 드는 것으로 시작했다. 그즈음에 하나님이 나에게 특별히 델리에서 사역하기를 원하는 프라카시(Prakash)를 소개해 주셨다. 그가 청소년 사역을 계속하길 원하지 않아서 내가 물었다. "새로운 일을 시작하는 것이 어때요?" 그가 대답했다. "좋아요. 좀 더 많은 사람을 모아 볼게요."

나는 한 사람만 구했는데 하나님께서는 내게 많은 사람을 주셨다! 프라카시가 모은 그룹이 나를 강사로 하는 세미나를 열자는 아이디어를 내놓았다. 세미나가 끝날 무렵 4-5명이 앞으로 나와 헌신했고 나는 다른 사람들과도 이야기를 나눴다. 많은 사람들을 만났지만, 그들에게 도시 사역을 어떻게 하는지에 관해 보여줄 것이 없었다.

그 시점에 내가 프라카시에게 말했다. "나는 당신이 델리에서 우리 사역을 이끌 준비가 되었다고 생각해요. 당신이 원한다면, 현재 역할에서 공식적으로 사임하세요. 그리고 이전의 사역 패턴 중 일부를 내려놓고 '다시 배우는 과정'(unlearning process)을 함께 시작해요."

그때까지 우리는 다른 도시들에서 4년 동안 철길 아이들을 위해 사역해 왔기 때문에 철길 아이들을 위한 사역에는 확신이 있었다. 하지만 많은 단체가 델리에서 이미 철길 아이들을 위해 사역하고 있었다. 그래서 우리는 다른 영역에 집중하기로 결정했다.

근처 빈민가에 800명 이상의 어린이가 있어서 우리는 생각했다. "이들에게 사역할 수 있을까?" 그래서 우리는 빈민가의 지도자를 만났다. 그녀가 이 장의 첫 부분에서 언급한 여성이다.

동시에 나는 새로운 리더십의 모델을 가지고 그녀를 멘토링했다. 그녀에게 새로운 원리들을 소개했고 그녀는 매우 신이 났다. 내게서 많은 것을 받아들였고 다른 사람들을 멘토링하기 시작했다.

도시 사역에 관한 세부사항들을 아직 논의 중일 때 우리는 델리에 두 개의 예배공동체를 시작했다. 우리는 이 공동체들을 지역 리더들에게 이양했고 그 공동체들은 계속 성장했다.

도시 vs 마을

도시 사역은 여러 면에서 마을 사역과 다르다. 마을 사역은 사회적 동질 그룹이 더 많은 지역사회에 기반을 두기 때문에 어떤 면에서 훨씬 더 쉽다. 도시 사역은 분리되고 단절되기 쉽다. 대부분의 사람들은 현지인이 아니다. 그들은 도시 외곽 혹은 다른 주에서 이주한 연유로 인해 공동체 내에는 다양한 계층들이 존재한다.

마을 지역에서는 보통 같은 장소에서 늘 같은 사람들을 만나기에 변화가 천천히 일어난다. 사람들이 멀리 이사를 갈 때조차 다른 가족들은 남아있다. 도시는 좀 더 유동적이다. 도시 사역에서 누군가 이사 가면 그 가족 모두가 사라진다. 온 가족이 이주하기 때문이다. 우리는 이러한 도전을 고려해야 했다.

델리에서 CPM을 향한 프라카시의 발걸음

프라카시가 1991년에 사역을 시작했을 때 거리 설교, 거리 전도 등 가능한 모든 방법을 다 써봤다. 그때 누군가 그에게 말했다. "정말 사역하고 싶다면 신학교에 가서 훈련받아야 해요." 그래서 그는 신학교에 갔고 더 혼란스러워졌다.

청소년들에게 늘 마음의 짐이 있었던 그는 그 후 9년 동안 청소년 사역에 참여했다. 나중에 우리가 조사해 보니 인도의 대다수가 젊은 층이라는 것을 알게 됐다. 인구의 35%가 15세 미만이고, 54%가 24세 미만이고 60%가 30세 미만이다. 그전에 그는 이 사실을 몰랐지만 그럼에도 늘 그들에게 부담감이 있었다.

당시 그가 젊은이들에게 전도할 때 그들에게 교회에 가자고 권했다. 하지만 교회들은 새로운 제자들을 위한 준비가 되어있지 않았고, 새로운 제자들도 교회 문화에 준비가 안 되어 있었다. 그래서 그들은 한두 번 가고 나서 그만두기 일쑤였다.

그들은 우리가 가끔 가졌던 모임을 좋아했다. 그래서 그는 그들이 주님 안에서 계속 성장하도록 뭔가 하고 싶었지만 "다음 단계로 뭘 할까?"에 대한 아이디어가 없었다. 그가 이 문제로 씨름하던 중에 빅터 존을 만났다.

하나님은 빅터의 마음에 델리에서 CPM을 보고 싶다는 비전을 심어 주셨다. 빅터의 비전을 듣자 그가 찾고 있는 것이 명확해졌다. 빅터는 이 비전을 델리에 있는 여러 사람들과 나눴고 그도 그 비전을 전파하기 시작했다. 그는 이미 일어나고 있던 일에 참여하는 것이라고 생각했는데 빅터가 이렇게 말했다. "아니요. 당신은 델리에서 새로운 일을 시작하는 겁니다." 우리는 이에 대해 논의하기 위해 계속해서 만났고 그 가운데 우리 그룹은 점점 더 커졌다. 곧 델리에서 도시 사역을 시작하기 위해 4명의 팀이 형성되었다.

이것은 거대한 도전이었지만 우리는 이렇게 생각했다. "시도하지 않는 것보다 시도하고 실패하는 것이 더 낫다." 우리는 다윗과 골리앗의 이야기에서, 다윗이 어떻게 하나님이 그에게 사자와 곰을 이기게 하신 일에서 확신을 얻었는지(삼상 17: 34-36)를 기억했다. 비슷한 방법으로 우리는 하나님이 보즈푸리에서 행하신 일을 기억했다. 그리고 거기와는 매우 다른 델리라는 상황에서 CPM 원리들을 적용하려는 도전을 시작했다. 우리는 승리가 하나님을 온전히 신뢰하는 데서 온다는 것을 더욱더 알게 되었다.

우리는 기도와 리서치를 함께 시작했다. 이 둘은 서로 협력한다. 기도는 리서치를 안내하고 리서치의 결과들을 해석하고 적용할 수 있는 지혜를 준다. 각 그룹과 지역은 고유하다. 리서치는 사람들의 주요 관심사들과 잠재적인 접촉점들에 대한 필수적인 정보를 제공한다. 기도는 그에 필요한 방법과 사역자들을 준비시킨다.

우리의 리서치에 따르면, 청년그룹이 우선순위로 삼을만한 가장 전략적인 그룹으로 드러났다. 첫째, 그들이 인도 인구의 60% 이상을 차지한다. 둘째, 그들은 지출 능력이 있다. 상품 광고의 주 대상이 청년들이다. 그들은 이루고 싶은 것은 무엇이든 이루어낸다. 우리는 생각했다. "하나님의 나라를 위해 왜 이런 역동성을 사용하지 않았을까?"

이 사역에 관심을 불러일으키기 위해서 델리에서 설명회를 개최했다. 이 모임에서 우리는 참석한 25명의 젊은이들에게 제자 삼기와 CPM의 개념들을 소개했다.

이 과정은 세 그룹의 사람들에게 영향을 주려는 목적이었다.

1. 관심자를 준비시킨다. 사람들이 관심을 보일 때 우리는 속히 그들을 준비시키기 시작한다.
2. '처음으로 시도하는 자'(initiator)의 역량을 강화한다. 우리는 뭔가를 시작한 사람들의 역량을 즉시 강화시켜서, 그들이 다른 사람들을 이끌 수 있도록 한다.

3. 거주자를 참여시킨다. 우리는 특정한 곳에 더 오래 거주한 사람들을 꼭 참여시킨다.

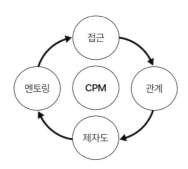

먼저 접근한 후, 관계를 맺는다.
이것이 제자도로, 그 후에 멘토링과 증식이 일어난다.

도시 청소년(Youth)[31]에게 집중함

하나님은 2년 정도의 계획이 아니라 세대를 걸쳐 일하시는 분이다. 이 관점은 우리가 일생을 통해 도시 청년들과 함께 할 수 있게 만든다. 우리는 그들이 하나님의 사역에 대한 더 큰 그림을 볼 수 있도록 돕는다. 그것은 그들만 아니라 그들의 온 가족과 네트워크에서 현재만이 아닌 다음 세대로 이어지는 사역이다.

2009년 도시 사역팀의 많은 리서치 끝에 도시 청소년 사역은 도시 청소년 세대에게 예수님을 소개하는 도전에 착수했다. 우리의 리서치에 따르면 도시의 빠른 생활방식과 급속한 개발이 우울증, 자살, 강간, 이혼, 청소년 범죄, 살인, 가정 파괴, 부도덕한 관계 등 다수의 심각한 사회 문제를 발생시켰다. 우리는 이러한 악에 취약한 청소년들이 책임감 있는 세

---

31   역자주: 이 책에서 '청년(Youth)'는 청년과 청소년, 모두를 일컫는 말로 쓰인다.

대가 되도록 준비시키고 싶었다.

우리는 도시 청소년들을 효과적인 리더와 제자 삼는 자로 준비시키는 것을 목표로 삼았다. 이것을 이루기 위해 우리는 지역사회의 미전도된 사람들을 전도하도록 청소년들 가운데서 운동을 시작하는데 집중했다. 도시 청소년 사역은 보즈푸리에서 시작된 기존 모델을 시골에서 도시 맥락으로 확장시켰다.

실행 단계들

우리의 리서치에 따르면 엄청난 수의 젊은이들이 학업과 다른 이유로 인해 델리로 이주하고 있다. 많은 청소년들이 외로움, 고립, 스트레스, 정체성 위기, 문화 충격에 직면한다. 그들은 이런 일에 대처하는데 어려움을 겪었고 종종 아주 위험한 행동을 저지르기도 했다. 자주 폭력적으로 변하거나 스스로 고립되어 버렸다. 많은 젊은이들이 문제 가정/가족 출신이기 때문에 인생에서 성공하기가 어렵다. 그들을 격려하고 도전하는 지원 시스템이 없으면 그들은 어떠한 야망이나 기술도 없이 그저 인생을 떠도는 경향이 있었다.

우리는 청소년들에게 상담과 그룹 지원이 필요하다고 결론을 내렸다. 정기적인 대화를 시작하려는 시도에 그들은 항상 "시간이 없어요."라고 대답했다. 그러나 계속되는 상담을 통해 그들은 어울리고 이야기하길 원하기 시작했다. 상담은 청소년들에게 다가가는 도구가 되었다. 이것은 필요를 채워주고 우리가 그들 가운데 예배공동체를 시작하도록 도움을 주었다.

우리는 근처 쇼핑몰에 상담 센터를 열었다. 이곳이 문을 연 후 매년 1700명 이상의 젊은이들이 방문했다. 상담을 통해 우리는 고립의 문제를 다루는 지원 그룹들을 시작했다. 이 그룹들은 전도를 위한 제자도 전단계 그룹의 역할을 했고 영적 돌파를 가져왔다.

매년 우리는 성적이 나쁜 학생들을 위해 능력개발 프로그램, 영어 과정, 개인지도 학습 센터를 시작했다. 이것들은 우리가 젊은이들에게 접근할 수 있는 추가적인 기회를 얻도록 도와주었다. 상담 센터와 도시 청소년 사역 센터는 델리 사역에서 우리의 가장 효과적인 접촉점이 되었다.

총체적 전도 활동

(4장에서 설명한) 커뮤니티 학습 센터(CLC)와 함께 도시 청소년 사역 센터 (Urban Youth Ministry Centers, 이후 UYMC)는 인도의 도시 청소년에게 전도하기 위한 전략의 핵심 요소 역할을 한다. UYMC는 델리에서 처음 시작되었고 이후 인도의 다른 주요 도시에서도 문을 열었다.

도시 청소년들의 독특한 문제들과 이슈들을 고려할 때 단순히 복음을 나누는 것만으로는 그들의 상황을 변화시키지 못한다. 설교가 주가 되는 전형적인 예배도 그들의 필요나 관점을 다루지 않는다.

UYMC는 어려운 시기에 진로지도 프로그램, 학비 지원, 기술 훈련 등 도움을 제공하여 그들의 실제적인 필요를 채운다. 또한 젊은이들이 모여 의미 있는 관계를 시작할 수 있는 특별한 공간을 제공한다. 이것은 청소년들에게 접근할 기회를 주고 우리가 평화의 사람(눅 10장)을 발견하게 한다. 이 전략은 보즈푸리에서 이미 효과적임이 입증되었다. 도시 지역의 사람들은 흔히 자유로운 시간이 거의 없기 때문에 유연성이 증가하는 소규모 모임(비전통적인 예배공동체)이 아주 효과적이라는 것을 발견했다.

델리에서 CPM을 시작함

2009년에 우리는 델리에서 두 개의 CLC 프로젝트를 시작했고, 세 개의 예배공동체를 개척했다. 다음 해에 우리는 다른 세 지역에서 더 많은 CLC 프로젝트를 시작했다. 정치 지도자와 지방자치단체장이 이 프로젝트에 관여했고, 많은 의료 전문가들이 우리의 시도를 지원하기 위해 나섰다. 또한 대학과 함께 일하기 시작함으로 많은 젊은이들의 훈련을 위한 문이 열렸다.

2009년 12월에 50명의 리더와 목사가 CPM 세미나에 참석했고, 거기서 그 개념이 소개되고 델리의 미전도된 사람들에 대한 거룩한 부담감이 나누어졌다. 이로 인해 델리의 CPM 과정을 촉진하고 가속화하기 위한 50개의 훈련 프로그램이 시작됐다. 우리는 이미 사역을 하고 있지만 사람들에게 전도하는 방법을 몰랐던 리더들을 훈련했다. 그들 대부분은 단지 20-25명의 침체된 회중을 이끌며 이렇게 생각했다. "지금 이게 최선이겠지." 우리는 그들에게 더 효과적인 전도 훈련을 시켰고, 지금은 그들의 교회에 수백 명의 젊은이들이 있다.

이러한 훈련의 결과로 많은 사람들이 교회개척에 참여했다. 또한 우리는 다른 단체들과 협력해서 몇 가지 리더십 훈련을 실시했다. 이 훈련은 CPM 원리들로 다양한 신앙에 기반을 둔 사역 단체와 교회의 직원과 교사를 준비시켰다. 참석자들은 새로운 리더를 양성하고 제자 삼는 제자를 준비시키는 법을 배웠다.

세 개의 핵심 그룹

우리는 델리의 세 가지 주요 그룹, 즉 중산층, 이주민, 소외계층을 전도하는데 초점을 두었다. 이 그룹이 도시 인구의 90% 이상을 차지한다.

인도에는 약 3억 명의 신흥 중산층이 있다. 이들 젊은 도시인들은 교육받고 풍요롭고 영향력이 있다. 이 그룹을 전도하려면 새로운 형태의 예배, 교제, 제자도, 광범위한 리더십 개발이 필요하다.

전략적 관점에서 보면 이 나라에는 소수의 엘리트(의사 결정권자)가 있고 중산층은 여론 형성자들이다. 엘리트는 돈을 투자하지만 중산층은 그 돈을 어디에 투자할지 결정한다. 엘리트는 공장을 세우고 중산층은 공장을 어디에 세울지와 노동력을 어디에서 가져올지를 결정한다. 그래서 인도의 중산층은 엘리트층뿐만 아니라 하층민에게도 큰 영향력이 있다. 이것이 우리가 복음이 중산층에 침투해야 한다고 믿고 거기에 주로 집중하기 시작한 이유다. 우리는 상담과 멘토링을 통해 이 사역을 시작했다. 상담은 즉시 성공했고 전도를 위한 효과적인 도구가 되었다. 도시 청소년에 대한 집중은 중산층을 전도하려는 노력의 일부다.

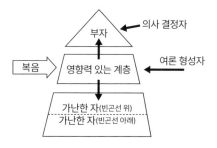

둘째, 우리는 이주민에 초점을 두기 시작했다. 델리는 이주민으로 넘치기 때문이다. 델리로 이사할 때 사람들은 고용의 어려움과 함께 많은 문제와 갈등을 겪는다. 이 그룹을 전도하려면, 중산층 전도와 다른 접근법이 필요하다. 우리는 이주민들이 신분증을 받고 직업훈련을 통해 일자

리를 찾는 것을 도와주었다. 또한 그들이 도움을 받기 위해 정부 시설을 이용하는 방법도 알려주었다.

우리는 델리에서 두 종류의 CLC를 시작했다. '준 도시 CLC'는 "마을(village)"이라고 불리는 빈민가 지역이나 소외계층/이주민 지역을 섬겼다. 준 도시 CLC는 시골 지역의 CLC와 거의 같은 역할을 했다. 그리고 '도시 CLC'는 상담, 취업 지원, 고용, 직업 소개에 더 집중했다. 젊은이들을 위한 교육 관련 정보와 능력 개발 프로그램도 포함됐다. 우리는 조사를 통해 많은 사람들이 교육은 받지만 필수 기술이 부족하다는 것을 알았다. 그래서 우리는 대인관계 기술, 의사소통 기술, 목표 설정, 감성 지능과 같은 관계 기술 개발에 집중했다. 우리는 학부생, 이미 고용된 사람들, 더 나은 직업을 찾는 사람들에게 이런 기술을 가르쳤다.

우리가 이런 도시 사역을 시작한 후 정부는 우리가 해 온 일을 입증하는 조사결과를 발표했다. 실무 능력의 부족 때문에 인도의 모든 졸업생 중 33%만이 취업된다는 사실이 드러났다. 하나님은 우리에게 이런 필요성을 미리 알려주셨다.

셋째, 우리는 소외계층에게 집중했다. 이들은 도시 빈민가와 거리에 사는 또 다른 30%의 인구다. 이들 가운데서의 사역은 이전 장에서 설명한 빈민가 사역을 포함한다. 계몽 프로그램, 아동교육 장려, 성인의 취업을 위해 주민등록증을 받도록 지원하는 것과 같은 일이다.

우리는 이 모든 그룹에서 동시에 일을 시작했지만 주된 초점은 도시 청소년과 중산층이었다. 그리고 모든 부문에서 성과를 내기 시작했다.

번성함!

도시 사역은 다음의 이유들로 매우 성공적이었다. 첫째, 우리는 보즈푸리에서 사용되어 검증된 모델을 갖고 있었다. 우리는 CPM 원리들을 적용했고 사람들을 축복하기 위해 접근했고 평화의 사람들을 찾았다. 그들은 그들의 관계망을 전도하기 위한 열쇠다.

둘째, 하나님은 우리가 리서치와 기도를 하고, 효과적인 접근 방법을 배우기 위해 올바른 방향으로 나아가도록 도우셨다. 도시 접근 방법은 시골 방식과 분명히 달라야 했다.

셋째, 우리는 사람들이 우리에게 올 때까지 기다리지 않았다. 우리가 그들에게 적극적으로 다가갔다. 상담 사역을 통해 학교와 대학에 들어갔다. 거기서 아동 학대, 성적 학대, 직업 선택과 같은 주제들에 대한 계몽 프로그램을 제공했다. 이 프로그램들은 젊은이들에게 열렬한 환영을 받았다.

우리와 연결된 대부분의 기독교인 젊은이들은 자신의 교회에서 인정받지 못했다. 그들은 유용한 일을 하고 싶었지만 교회는 그들이 정기적으로 참석하기만 원했다. 우리가 그들에게 말했다. "여러분은 교회뿐만 아니라 많은 곳에서 섬길 수 있어요. 기회가 생길 때까지 기다리지 않고 먼저 주도적으로 다가갈 수 있어요." 그들은 그것을 좋아했고 그들 중 일부는 모임을 시작했다.

예를 들어 한 간호 학생이 간호 학원에서 모임을 시작했다. 어떤 청년들은 콜센터에서 그룹을 시작했다. 우리는 도시 교회의 모습에 대한 정해진 모델이 없었다. 우리는 사람들이 카페, 쇼핑몰, 그리고 모든 장소에서 예배공동체들을 시작하게 했다.

청년들이 이런 창의적인 접근을 정말 좋아했기 때문에 우리는 모든 자원을 활용해서 왓츠앱(WhatsApp)[32] 그룹을 만들었다. 우리는 청년들과

---

32 왓츠앱은 무상 메시지전송과 인터넷 음성 서비스다.

잘 연결되고 싶었다. 그들은 페이스북과 왓츠앱을 사용하고 카페와 쇼핑몰에서 놀았기 때문에 그들과 연결되기 위해 이런 수단을 사용했다.

동시에 우리는 새로운 모델을 받아들여 매우 효과적으로 사역하기 시작한 목사들과 리더들을 훈련하고 준비시켰다. 풍부한 전도가 풍성한 추수를 가져오기 때문에 우리는 다각적인 접근법을 사용했다.

하나님은 우리 팀을 만드시고 많은 열매를 주셨다. 지난 6년간 우리는 델리에 개척된 수천 개의 예배공동체를 보았다. 정확한 숫자를 인용하지 않겠지만, 5세대와 6세대까지 증식된 그룹들이 있다. 이 모임들은 개인들뿐만 아니라 그룹들을 전도한다.

개인과 그룹 접근법은 모두 델리에서 많은 열매를 맺어왔다. 두 가지 다 평화의 사람을 찾는 것이 열쇠이다. 내가 마음을 여는 사람을 찾는다면, 그에게 자신의 직장이나 학교를 추수밭으로 보도록 돕는다. 그러면 이 평화의 사람이 자신이 만나는 그룹에 전도하기 시작한다. 도시 지역사회는 농촌 지역사회와 전혀 달랐지만, 복음은 그곳에서도 퍼져나갔다.

마약 중독자들 가운데 일어난 돌파

마약 중독자 사역은 하리아나(Haryana) 경계 인근지역에서 시작했다. 이 지역은 경범죄와 마약 중독이 많이 발생하는 곳이다. 사람들은 마약에 중독된 후 마약을 사기 위해 범죄를 저질렀다.

빅터 조지는 우리에게 훈련받으러 온 목사였다. 그가 이전 것을 잊어버리고 새로운 방식을 다시 배우는데 6개월이 걸렸다. 그 후 그는 CLC를 통해 이 지역의 사람들과 연결되기 시작했다. 그는 범죄와 마약에 관련된 자녀들 때문에 많은 부모가 분노하고 슬퍼하는 것을 발견했다. 그는 이런 중독자들과 범죄자들에게 다가가서 상담하고 그들을 진심으로 사랑하고자 했다.

하나님은 그의 사역을 통해 놀라운 일을 하셨다. 나는 중독치료 프로그램을 거치지 않고 누군가가 마약이나 알코올 중독에서 벗어나는 것을 본 적 없다. 그러나 전문상담가가 아닌 빅터 조지의 사역을 통해 그런 일이 계속해서 일어났다. 상담과 기도만으로 첫 2년 동안 65명의 마약 중독자들과 범죄자들에게 세례를 주었다. 거대한 돌파였다! 최소한의 시설과 아주 적은 투자를 통해 하나님은 그가 특별한 방법으로 이 사람들을 전도하도록 사용하셨다.

빅터 조지는 침례교 교단 전체의 모델이 되었다. 사람들은 그에게 배우기 시작했고 질문했다. "당신은 어떻게 그런 일을 할 수 있나요? 어떻게 사람들을 모으나요?" 그는 하나님이 어떻게 이 놀라운 일들을 이루셨는지 나누었다. 하나님은 그의 생애 마지막 4년 동안 그를 강력하게 사용하셨다. 2015년에 그는 신장병으로 세상을 떠났다. 그는 죽기 전에 15개의 교회를 시작했고 그가 전도한 사람들이 여전히 사역하고 있다. 하나님의 은혜로 믿음을 가진 마약 중독자들 중 일부가 지금 교회를 이끌고 있다.

우리는 이 사역이 우리 것이라고 주장하지 않는다. 단지 우리는 도울 수 있는 일을 할 뿐이다. 중요한 것은 누군가가 우리 단체에 속했는지, 아닌지가 아니다. 우리는 마약 중독자들과 범죄자들 가운데 거대한 돌파와 교회개척이 일어났고 지금도 계속되고 있다는 것을 찬양할 뿐이다.

마약 중독에서 풀려남

다발(Dhaval)*은 마약 중독자였고 델리 지역의 범죄자였다. 그의 삶은 나락으로 떨어지고 있었다. 그는 중독을 극복할 희망이 없다고 느꼈다. 그러던 중 그는 상담 센터에 들어와 우리 리더 중 한 명을 만났다. 많은 기도와 상담 끝에 그는 자신의 삶을 그리스도께 드렸다. 오늘날 우리 리더들에 의해 제자화된 후 다발은 가족과 친구들 가운데 교회를 시작했다. 또한 그는 이웃의 다른 마약 중독자들과 범죄자들에게 강력한 증인이 되었다.

도전들

우리는 도시 사역에서 몇 가지 심각한 도전과 좌절을 겪었다. 첫째, 많은 단체와 사람들이 재정적 지원을 받을 수 있을 것이라고 생각하며 훈련을 받으러 왔다. 우리는 말했다. "아니요, 우리는 당신이 효과적으로 섬길 수 있도록 도우려는 것뿐입니다."

그들 중 일부는 이해하지 못하고 불평하기 시작했다. "이 양반들은 재정적으로 도와주지는 않고 훈련만 하려고 드네요!" 우리는 설명했다. "우리는 후원 기관이 아닙니다. 우리는 돈을 드릴 수가 없어요."

둘째, 도시 사람들은 흔히 많은 변화를 겪고 자주 이주한다. 우리가 그들이 떠나기 전에 영향을 줄 수 있는 시간은 2~3년 밖에 안된다. 우리가 시골 마을에서 교회를 시작할 때 사람들은 보통 특별한 이유가 없으면 이사하지 않는다. 마을이 그들의 고향이다. 그러나 도시 지역에서는 사람들이 자주 이사한다. 더 나은 교육이나 직업을 원하거나 결혼을 위해 그들은 끊임없이 이동한다.

우리가 사람들을 준비시키고 나면 잠시 후 그들은 떠난다. 이것이 실패로 보일 수 있다. 사역을 잘했지만 그 후 그들은 늘 떠났다. 그래서 우리는 도시 청년들에게 사역할 때 항상 몇 명이 있든지 개의치 않는다. 동시에 이런 이동은 장점이 될 수도 있다. 이 사람들이 어디로 가든지 새로 시작할 수 있다. 그들의 다음 행선지가 어디든지 그들은 복음과 CPM 개념을 확산시킨다.

세 번째 도전은 전통교회에서 왔다. 예를 들면 우리가 전통교회의 한 소녀를 훈련시켰고 그녀는 몇 달 만에 6개의 그룹을 시작했다. 그 후 반 년 만에 6개의 그룹은 8개로 증가했다. 이 시점에 그녀는 자기 교회 목사 님의 주목을 끌게 되었고 그는 그녀의 사역을 전부 흡수했다. 교회는 그 녀가 8개의 그룹을 시작한 것을 대단한 일로 여겼다. 그러나 교회는 8개 의 그룹 중 2개만 유지할 수 있었다. 이제 그 소녀는 더 이상 제자 삼지 않는다. 교회 사람들이 그녀에게 명예와 지위를 주었을 때 그녀는 이 사 역에 대한 열정을 완전히 잃어버렸다. 우리는 이런 경우를 실패로 여긴다. 그녀가 우리와 함께 사역하지 않기 때문이 아니라 더 이상 제자 삼고 새 신자들의 그룹을 시작하는 중요한 사역을 하지 않기 때문이다.

네 번째 도전은 때때로 목사들은 "성공"했을 때 복음이 전파되는 것을 보고 만족해 버리고 흥미를 잃어버린다는 것이다. 우리가 CPM에 관해 가 르친 일부 목사들은 교회가 200-300명이 되었을 때 매우 기뻐했다. 300 명이 되자 그들은 이렇게 생각했다. "이만하면 충분해. 더 이상 필요하지 않아. 자립하기에 충분해." 그래서 그들은 더 이상 진지하게 복음전도 활 동을 하지 않았다. 교회가 가득 차자 그들은 CPM에 집중하지 않았다.

반면에 처음에는 거부했지만 아주 잘 따라오는 일부 목사들도 있었 다. 예를 들면 우리는 처음에 무척 수용적이지 않았던 한 교단의 목사를 훈련시켰다. 그는 말했다. "나는 목사입니다. 제 일은 예배를 인도하는 것 입니다."

내가 말했다. "아니요. 당신은 제자 삼으라는 부르심을 받았어요." 그 가 그것을 이해하는데 6개월 걸렸다. 하지만 그 후 그 개념을 이해하고 65명의 새신자들에게 세례를 주고 14개의 교회를 시작했다. 그의 사역은 변했다.

아주 많은 리더들이 자신이 생각했던 방식과 일했던 방식에서 변화되었다. 주님은 그들이 꿈꾸던 것보다 더 큰 열매를 주셨다!

다섯 가지 사역 원리들

우리는 도시 사역을 위한 다섯 가지 사역 원리들을 적용한다.

1. 상황: 이미 언급했듯이 인도는 도시로의 대규모 이주로 인해 빠르게 도시화하고 있다. 인도는 역사적으로 마을들로 구성된 국가였지만, 도시화가 이미 40%에 이르며 곧 50%가 될 것으로 예상된다. 15세 미만의 어린이가 인구의 35%이고 24세 미만이 54%를 차지한다. 우리는 각 계층과 그룹의 고유한 맥락과 그 필요에 적합한 방식으로 섬긴다.

2. 성품: 성품은 관계를 통해 개발된다. 관계 형성은 위협적이지 않은 상호작용을 요구한다. 이것은 제자도에 필수적이다. 관계가 형성된 후, 거기서 의도적인 제자화가 가능하다.

3. 연결: 동역 관계는 사역 확장을 위한 핵심 요소다. 우리는 생각이 비슷하고 우리와 협력하는 동역자들과의 관계를 발전시킨다. 이것은 CPM 과정을 촉진하고 가속화한다. 훈련을 위해 다른 단체들과 동역 관계를 맺고 다양한 곳에서 CPM 세미나를 연다. 우리는 의도적으로 대규모 모임보다 25–30명 정도의 그룹에게 이 훈련을 실시한다. 지역 신자들과 동역 관계를 형성해서 우리는 (예수님이 빵 5개와 물고기 2마리로 5천 명을 먹이신 것과 같이) 그들이 이미 갖고 있던 것을 가지고 시작하도록 격려한다.

4. 창의성: 우리는 제자 삼는 궁극적 목표를 위해 상담 등 다른 총체

적인 접근법들과 같은 혁신적 방식을 장려한다. 우리는 지역사회 행사와 지역사회 교육도 제공한다. 프로그램은 학비지원, 상담, 음악 교육, 멘토링, 개인지도, 정부지원 절차 조력이 있다.

5. '청지기 의식'(Custodianship): 우리는 도시 현장의 청년 리더들이 CPM을 반드시 "소유"하게 하여 장기간 지속 가능한 운동을 만든다. 우리는 의존성이 아니라 권한을 부여하는 문화를 개발하여, 사역의 장기 지속가능성을 보장한다. 자비량 사역자(이중직 사역자)들 중에 리더를 준비시키고 CPM의 DNA를 전수하는데 집중한다. 또한 자원봉사자의 섬김을 극대화시킨다.

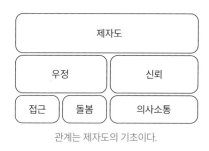

관계는 제자도의 기초이다.

우리는 또한 도시 지역사회와의 연결을 위해 리더들에게 5가지를 행하도록 훈련시킨다.

1. 당신의 우선순위를 변경/조정하라. 우리가 선호하거나 이전에 해보았던 방법이라도 우리가 전도하려는 사람들의 필요에 맞지 않을 수 있다. 우리가 이것을 조정하지 않으면 선한 사마리아인의 이야기에서 제사장이 했던 것처럼 하나님이 주신 기회를 놓칠 수 있다. 우리는 효과적으로 목표를 향하게 하는 활동들을 우선순위로 정해야 한다.

2. 당신의 일정을 변경/조정하라. 우리가 사람들의 일정에 맞게 조정해야 한다. 예를 들면 우리는 아침에 만나는 것이 더 편할 수 있지만, 그들은 밤에만 시간이 있을 수 있다.

3. 당신의 기대를 변경/조정하라. 우리는 보통 다른 사람들이 우리에게 와서 우리 방식대로 일하기 원한다. 우리는 이렇게 기대한다. "이 사람이 영적인 것에 관심을 가진다면, 내가 바라던 대로인데." 그러나 그들의 관심은 다를 수도 있다. "나는 온갖 문제에 휘말려 있어. 누군가 이 상황에서 나를 도와줄 수 없을까? 누군가 나를 사랑해 줄 수 없을까?" 우리의 기대는 그들의 삶의 현실에 기초해야 한다.

4. 사람들을 훈련하기 전에 그들과 관계를 맺으라. 제자도는 관계에서 시작한다. 예수님이 제자들에게 가장 먼저 말씀하신 것은 단지 "와서 보라." 또는 "나를 따르라."였다. 이 사람들은 자신이 예수님을 따르고 있는 이유를 몰랐다. 그들은 먼저 함께 시간을 보냈을 뿐이다. 그러고 나서 그분은 그들을 준비시키기 시작하셨다. 예수님은 먼저 그들을 참여시켰고, 그러고 나서 준비시키셨고, 그런 다음 권한을 부여하셨다.

5. 사람들이 있는 곳으로 가라. 사람들이 우리에게 오기를 기다리는 대신에 그들이 있는 곳으로 가라. 이것이 예수님이 하신 일이다. 자신에게 오라고 우리를 부르시기 전에 그분이 우리에게 오셨다. 그래서 젊은이들이 교회에 오기를 기다리는 대신에 우리는 그들에게로 교회를 가져갔다.

또한 우리는 각 교회가 스스로 재생산하기 위해 필요한 네 가지 본질에 집중하도록 리더들을 훈련시킨다.

1. 제자도는 스스로 증식해야 한다.

2. 리더들은 스스로 증식해야 한다.

3. 교회는 스스로 증식해야 한다.

4. 가르침은 스스로 증식해야 한다.

이것들 중에 하나라도 스스로 재생산하지 않는다면, 그 운동은 어려움을 겪는다.

또한 리더들은 전체 교회개척 과정이 다음과 같은지 확인해야 한다.

1. 단순함: 소수만이 할 수 있는 복잡한 일이 아니다. 예수님은 누구나 이해하고 따를 수 있는 것을 가르치셨다. 우리의 CPM 강의가 받았던 최고의 칭찬 중 하나는 이것이다. "너무 간단하네요!"

2. 실행 가능함: "나는 500일 동안 기도했어요. 몇 주간 금식했어요." 와 같이 이 과정을 극적인 것으로 묘사하는 것은 도움이 되지 않는다. 대신에 우리는 사회적 개입을 통해 처음부터 리더들이 며칠 만에 열매를 얻을 수 있는 일을 하도록 권한다. 그것이 그들의 신앙을 자라게 해서 나중에 그들은 전체 지역사회와 함께 더 장기적인 열매를 얻을 수 있는 일을 할 수 있다. 모든 사람들이 교회를 개척할 수 있다. 그 과정이 간단하다면 교육받은 사람들뿐만 아니라 문맹자들도 할 수 있다. 하지만 복잡하다면 소수의 전문가들만이 할 수 있다.

3. 재생산 가능함: 사역은 스스로 재생산하는 방식으로 이루어져야 한다. 그렇지 않으면 모든 것은 1세대에서 끝나고 말 것이다. 우리는 사람들이 "나는 당신이 하고 있는 것을 결코 할 수 없을 것 같아요."라고 말하는 것이 아니라 "나도 그것을 할 수 있어요."라고

말하도록 만드는 것이 목표다.

4. 지속 가능함: 우리는 항상 이 그림에서 우리 자신이 사라지는 것이 목표다. 우리가 주변에 없어도 사역이 무너지지 않는 방식으로 섬긴다. 우리는 자주 리더들에게 말한다. "다른 사람들이 당신이 하는 일을 하지 못한다면 당신이 없을 때 사역은 무너질 거예요." 대신에 우리는 다른 사람들이 우리가 하는 일을 할 수 있도록 준비시켜야 한다. 예수님은 의존성을 만들지 않으셨고 제자들에게 권한을 주셨다. 우리는 우리에게 의존하게 만드는 어떤 것도 하고 싶지 않다. 예수님은 신랑이고 우리는 그의 친구일 뿐이다. 신랑의 들러리는 결혼식까지 도와주지만 신혼여행은 가지 않는다! 사람들은 맨 처음부터 예수님을 의지해야 한다.

다른 도시에서의 역동성

델리에서 우리는 도시 사역과 청소년 사역을 둘 다 시작했다. 그 후 이 사역들은 콜카타(Kolkata), 러크나우(Lucknow), 자이푸르(Jaipur), 고라크푸르(Gorakhpur)와 같은 다른 도시들로 확장되었다. 거기서 우리는 델리에서 했던 것처럼 사람들에게 다가갔다.

우리는 파트나(Patna)에서 비슷한 접근방식을 시도했지만 실패했다. 교육의 중심지인 파트나에는 젊은이들을 위한 수백 개의 호스텔이 있다. 그래서 우리는 호스텔의 젊은이들에게 찾아가 대화할 수 있는 젊은 사역자 그룹을 개발하려고 했다. 그러나 이 사역을 진지하게 하려는 교육받은 젊은이들을 찾을 수 없었다. 모든 젊은이들이 자신의 경력에 더 관심을 갖는 것 같았다.

파트나에서 우리는 거기 젊은이들과 관련된 아웃리치를 개발했다. 그들이 스포츠를 좋아한다면 우리는 그들을 코치해 줄 사람을 제공했다. 그들이 음악, 춤, 드라마를 좋아한다면 우리는 그것을 도울 사람을 제공했다. 처음에 이 일들은 천천히 시작되었지만 우리의 단순하고 재현 가능한 패턴을 따라 이 사역들은 곧 자리 잡았다.

콜카타에서 우리는 영어 과정을 시작했고 이것을 통해 150명의 청년에게 천천히 다가가 그들을 제자화할 수 있었다. 그 후 몇 년간 이어진 영어 과정은 많은 이웃들 가운데 예배공동체를 세울 수 있는 기회가 되었다. 이제 그 지역에 약 20개의 예배공동체를 개척했고 리더들은 도시 전역에서 주도적으로 그룹을 개척하고 있다.

결론

우리 하나님은 농촌 지역뿐만 아니라 도시 지역의 하나님이시다. 요한계시록 21장 2절은 새 예루살렘이 "하나님께로부터 하늘에서 내려오니 그 준비한 것이 신부가 남편을 위하여 단장한 것 같더라."라고 묘사한다. 하나님은 구속받은 자들을 위해 새로운 도시를 만들고 계신다. 우리가 어디에 살든지 하나님의 원리와 명령을 적용한다면 그분이 일하실 것이다. 대위임령은 "하늘과 땅의 모든 권세…"라는 말씀으로 시작한다. 그것은 지구상의 모든 장소, 도시와 시골을 다 포함한다. 우리가 도시교회 개척에서 보았던 열매는 하나님이 모든 장소에서 일하시기를 기뻐하신다는 사실을 보여준다. 하나님은 우리가 도시가 주는 독특한 도전들, 즉 바쁘고 분주함으로 인해 서로 간에 집중할 수 있는 시간이 짧다는 점, 이주가 잦다는 점 등을 극복하도록 도우신다. 이런 여러 장애물들에도 불구하고 복음은 도시를 뚫고 들어가서 변화시키고 있다.

9장
보즈푸리를 넘어서 일어난 돌파

사람들이 이렇게 묻곤한다. "보즈푸리 종족사역을 더 지속해야 하지 않나요? 아직도 많은 이들이 복음을 들어야해요. 인구가 1억 5천만 명[33]이나 되는 거대한 종족이잖아요. 그곳에 머물며 사역을 마쳐야하지 않을까요?"

나의 첫 반응은 복음 사역의 개척적 본질과 관련있다. 사도적/개척적 사역을 하려면 항상 복음이 뿌리내리지 못한 곳을 찾는 것이 필요하다. 그리스도가 알려지지 않은 곳에서 그분을 알릴 기회를 찾는 것이다. 이것이 우리가 다른 언어 종족으로 사역을 확장하는 이유 중 하나다. 우리는 미전도종족의 수를 살펴보고 누가 어디서 사역하는지, 사역하는 사람이 없는 종족은 누구인지를 조사했다. 우리가 해야 할 일을 알고 그 일에서 우리의 역할을 하고 싶다.

---

33 이것은 우리의 보즈푸리 사역이 시작된 1990년대 초 이후 상당히 인구가 증가했음을 보여준다. "인도 타임즈에 실린 기사에 따르면 인도에서 총 1억 5천만 명이 보즈푸리어를 사용한다. 우타르 프라데시의 약 7천만 명과 비하르의 8천만 명이 보즈푸리어를 제1언어나 제2언어로 사용한다. 비하르와 푸르반샬 이외의 지역에도 600만 명의 보즈푸리어 사용자가 살고 있다." https://mevidur.wordpress.com/2010/12/30/bhojpuri-language-1-origin-history/ 2016년 4월 12일에 접속.

두 번째는 이 다양한 언어들은 사용 지역이 서로 겹친다는 것이다. 명확한 경계가 없다. "여기서부터 한 언어의 사용이 끝나고 다른 언어의 사용이 시작됩니다."라고 말할 수 없다. 누구든지 쉽게 다른 언어 종족 속으로 들어갈 수 있다. 신자들도 여러 가지 관계들 때문에 자주 이동한다. 그들이 결혼하거나 어머니가 다른 마을에서 방문하거나 삼촌이 다른 지역에서 그들에게 일자리를 제공해 줄 수 있다. 이 운동에 속한 사람들이 여행하거나 이동할 때 복음도 그들과 함께 이동했다. 복음이 이동하자 일부 사람들이 돌아와 말했다. "우리는 하나님이 다른 곳에서 일하시는 것을 봤어요. 우리는 그 지역에서 사역을 시작하고 싶어요." 그래서 우리는 그들에게 대답했다. "그렇게 하세요!"

그리고 그들은 일 년 후에 돌아와 말했다. "우리는 그곳에 15개의 교회를 개척했어요." 우리는 그 일이 유기적으로 일어났기 때문에 놀라웠고 축복받았다. 어떤 논의도, 준비도, 자금도 없었다. 갑자기 이 형제들이 새로운 교회들에 대해 보고하고 물었다. "우리는 이제 무엇을 해야 하나요?" 사도(개척사역자)로서 내 관심사는 "이 새신자들이 빠르게 성숙하고 하나님의 말씀에 뿌리 내도록 어떻게 도울 수 있을까?"였다.

이 두 번째 요인은 관계, 언어의 중첩, 사람들의 이동, 그와 함께하는 복음의 이동을 다 포함한다.

세 번째는 우리는 의도적이면서도 동시에 비의도적으로 사역을 확장하는 (즉, 우리 계획보다 좀 더 하나님의 계획을 따르는) 훈련센터를 시작했다는 점이다. 때때로 근처의 다른 언어를 사용하는 사람들이 와서 훈련을 받고 집으로 돌아가 자기 종족에게 사역한다.

확장의 네 번째는 사람들의 다음과 같은 부탁 때문이다. 때때로 사람들이 우리에게 와서 말했다. "우리는 도움이 필요해요. 당신이 와서 도와

줄 수 있나요?" 우리는 가능한 한 최선을 다해 그들을 지원하고 격려한다.

새로운 지역에서

우리가 어떤 시역으로 이동하면 세 가지 일을 한다. 첫째, 우리는 리서치를 한다. "그들은 누구인가? 그들의 배경은 무엇인가? 그들의 언어로 된 성경은 있는가? 그들은 무엇을 좋아하고 싫어하는가? 그들의 문화는 어떤 모습인가? 그들은 자신들과 다른 것들을 어떻게 해석하는가?" 인도는 너무 많은 다양성을 가지고 있기 때문에, "인도 문화"라고 부를 것이 없다. 인도에는 92개의 다른 문화와 수천 개의 방언을 가진 440개 이상의 언어[34]가 있다. 우리는 사람들과 효과적으로 소통하기 위해 각 지역의 문화를 이해해야 한다. 또한 우리는 리서치의 일환으로 이 운동에 속한 사람들이 누군가와 연결되어 있는지도 조사한다. 즉, 특정 지역에 친척이나 지인들이 있는지 알아낸다. 인도 마을에는 소개받지 않고선 들어갈 수가 없다. 사람들은 당신이 누구인지, 어디서 왔는지 알고 싶어 한다.

둘째, 우리는 기도를 동원한다. 우리가 집중하고자 하는 지역에서 기도 행진을 하고 기도할 사람들을 모은다. 지역의 기존 기독교인들에게 함께 기도하자고 요청한다. 우리는 가능한 한 그들과 함께 하고 싶지, 그들이 아무것도 하지 않았다고 비난하거나 정죄하고 싶지 않다. 우리는 하나님께 이 사역을 위한 리더, 즉 평화의 사람을 보내달라고 구한다. 이런 리더가 없으면 아무 일도 시작할 수 없다. 리더만 있으면 다른 것들은 저절로 따라온다.

---

34 에스놀로그(Ethnologue)에 따르면 "인도의 목록화된 언어들의 수는 462개이다. 이 중 448개는 현존하고 14개는 사라졌다. www.ethnogloue.com/country/IN. 2018년 12월 15일 접속.

셋째, 리서치와 기도 후 우리는 지역사회에 접근할 수 있는 방법, 즉 이 지역에 들어갈 수 있는 쉬운 방법을 찾는다. 먼저 지역사회의 필요를 파악하기 위해 기초 설문조사를 한다. 이것은 우리가 CLC와 같은 진입 전략으로 시작해서 관계를 구축해갈 수 있는지 여부를 알 수 있게 도와준다. 진입 전략은 많은 사람들과 잘 연결되도록 중요한 역할을 한다. 우리는 "많이 심으면 많이 거두고 적게 심으면 적게 거둘 것이다. 그리고 하나님이 모든 것을 자라게 하신다."라고 하는 성경말씀을 믿는다. 이러한 이유들이 보즈푸리를 넘어 우리의 사역이 이웃 지역들로 확산하도록 만들어준 주요한 요인들이다.

사역은 1994년에 보즈푸리에서 시작된 후 아래의 순서로 다른 언어와 지역으로 확산되었다. 아와드어(Awadhi, 1999), 무슬림지역(2002), 벵골어 (2004), 마가히어(Magahi, 2006), 펀자브어(Punjabi), 신드어(Sindhi), 힌디어, (도시지역의) 영어 사용자들, 하리아나어(Haryanvi, 2008), 앙기카어(Angi-ka, 2008), 마이틸어(Maithili, 2010), 라자스탄어(Rajasthani, 2015) 순이다.

우리는 이 운동이 다양한 언어 종족, 다양한 지역들, (그리고 이런 다양한 언어와 지역들에 속한) 여러 카스트 계급, 다양한 종교에 다양한 방식으로 확산된 것으로 인해 하나님을 찬양한다. 복음의 능력은 계속해서 모든 경계를 돌파하고 있다.

우리가 한 지역에서 사역을 할 때 "우리는 이 종족이나 저 언어 종족만 전도하려고 한다."라고 명시하지 않는다. 우리는 카스트 제도를 극복하려고 언어 종족에 집중하지만 누구도 배제하려고 하지 않는다. 나는 예수님이 하나님의 나라가 그물 같다고 말씀하신 비유(마 3:47-50)를 늘 생각한다. 그물로 물고기를 잡으면 모든 종류의 물고기가 잡혀 올라온다. 복음에 누가 반응할지 우리가 미리 결정할 수 없다.

어떤 사람들은 브라민이나 이발사와 같은 특정 카스트 출신에 집중하려고 한다. 서구인들에게는 이렇게 하는 것이 아주 체계적이고 전략적이게 보일 수 있다. 그러나 그것을 그렇게 쉽게 구별해 낼 수 없다. 2000명이 사는 마을에 이발사가 단 한 명일 수 있다. 또는 하나의 카스트에만 집중한다면, 브라민들이 100가지의 다른 언어를 사용할지도 모른다. 특정 언어에 집중하면 사역자들이 그 언어를 쓰는 다양한 사람들에게 접근할 수 있다.

아카시(Akash)와 아와드 종족

나(아카시)는 비기독교인 가정에서 자랐다. 1997년부터 나는 매우 아팠고 종종 피를 토하곤 했다. 7년 후(2004년) 나는 그리스도께 기도하라는 매형의 권유 덕에 이 병을 치유받을 수 있었다. 나는 예수님께 기도했고 정말로 나았다! 나는 그 치유로 인해 그리스도를 믿었고, 그리스도를 믿지 않았던 내 가족들도 내가 완전히 치유된 것에 매우 행복해했다.

그 후 내가 살던 행정구역에서 훈련센터를 시작한 리더를 만났다. 그는 다른 7명과 함께 훈련에 들어오라고 나를 초대했다. 우리 모두는 아와드어[35]를 쓰는 사람들이었고 전부 새신자였다. 4개월간 지속된 훈련기간 동안 아웃리치도 경험했다. 이때 우리는 복음을 전하기 위해 여러 마을을 방문했다. 우리 8명은 한 팀이 되었고 우리의 행정구역에서 사역하기 시작했다.

우리가 한 마을을 방문했을 때 그곳 사람들이 신앙을 갖는 것을 보게 되

---

[35] 에스놀로그(Ethnologue)에 따르면 전 세계에 아와드어를 말하는 사람들이 3백만이 넘는다. 그들 중 대다수는 북인도에 산다. https://www.ethnologue.com/language/awa. 2018년 12월 15일에 접속.

었다. 마을에서 4-5명이 믿을 때마다 우리는 새로운 모임을 시작했다. 이 일은 2004년부터 2006년까지 지속됐다. 처음 3년 동안 첫 번째 훈련에 참여했던 우리 8명은 3개의 가정교회를 세웠다. 이때까지 내가 아는 한 아와드 종족을 전도한 사람은 없다. 2006년 이후 우리 8명은 각자의 사역을 시작하게 되었다. 우리는 모두 가정 모임을 시작한 그 지역에 살면서 사람들을 멘토링하기 시작했다.

나는 전자제품 수리 교육을 받았다. 그래서 고향으로 돌아와 전자제품을 수리하면서 사람들과 관계를 맺어 나갔다. 나는 간증과 삶을 많이 나누었지만 직접 설교하지는 않았다. 사람들이 내 생활방식을 주목하고 내 치유 간증에 깊은 인상을 받은 듯했다. 또한 우리는 CLC를 시작하지는 않았지만 총체적 접근방식을 사용했다. 내가 사역하는 사람들 중에는 치유받기 위해 그리스도께 기도하라고 말했던 매형도 있었다. 그는 나중에 헌신된 그리스도의 제자가 되었다. 나는 그에게 세례를 주는 특권을 누렸다. 이제 내 직계가족과 친척들 모두 예수님을 따르는 자들이 되었다.

2006년 이후에 아와드어 지역에서 두 번째 훈련이 시작되었다. 그 훈련에 참여한 12-13명은 모두 중요한 리더가 되었다. 2006년에서 2008년까지 2개의 가정 모임이 더 개척되었고, 2008년에 우리는 CLC를 소개했다. 우리는 13개의 CLC를 시작했고 6개의 가정 모임을 더 개척할 수 있었다. 이렇게 불과 2년 만에 우리는 8개의 모임을 추가해서 총 13개의 모임을 개척했다.

2010년까지 아와드어 사역자들은 첫 번째 행정구역에서 다른 많은 행정구역들로 퍼져나갔다. 2009년과 2010년에는 다른 단체들도 이 지역에 들어와 복음을 전하기 시작했다. 우리 단체와 함께 했던 일부 사역자들이 이 시점에 독립했고 이 지역에서 자신의 사역을 시작했다.

2011년까지 한 사역팀을 통해서 25개의 가정 모임이 생겨났는데 이것은 이

전의 13개보다 거의 두 배에 달한다. 또한 사역은 새로운 지역으로 확산되었다. 이때 핵심 리더가 이 지역에서 파트나로 이동해서 새로운 사역이 시작될 수 있도록 도왔다. 그런 연유로 2011년 이후 아와드어 지역에서는 고참리더 없이 사역하게 되었다.

2013년에 우리는 아와드어 지역을 떠났지만 거기서 CLC를 운영하도록 훈련받은 사역자들은 계속해서 그 사역을 도왔다. 이제 아와드어 리더들은 계속 독립적으로 사역하면서 자립적인 사역을 이끌고 있다.

2013년까지 우리는 아와드 종족 가운데 약 150개의 모임을 개척했는데 각 모임은 적어도 5-7명의 신자로 구성된다. 아와드 종족 가운데 12개의 모임은 약 150명씩 모일 정도로 다른 모임들보다 규모가 훨씬 크다. 하지만 그중 어떤 모임도 특별한 교회건물을 갖고 있지 않다. 그들은 단지 마을회관 같은 공공건물을 사용한다. 이 모임들은 현재까지 지속되고 있다. 일부 모임은 아주 큰 조직이 되었다.

아와드 지역의 사역을 통해 우리는 10세대에 걸친 교회 증식을 보았다. 평균 2-3세대 교회들이다. 처음 사역을 시작한 행정구역에만 현재 약 10만 명의 신자가 있다.

마노즈(Manoj)와 니란카리(Nirankari)

나(마노즈)는 대학에서 공부할 때, 도공(potter) 부족 출신의 두 아들과 친구가 되었다. 그들은 시크교의 한 종파인 니란카리("하나님은 형상이 없다"라는 의미)를 추종했다. 나는 그들과 복음을 나누기 시작했지만 그들은 자신의 종교에 충실한 사람들이었다. 그들은 내가 복음에 관해 말하는 것을 듣고 싶어 하지 않았다. 그러다가 그들의 아버지가 갑자기 병에 걸려서 반신불수가 되었다. 다른 신자와 나는 한주 동안 정기적으로 그를 위해 기도했고 그는 완전히 치유되었다. 아버지가 치유된 후에 말했다. "매주 월요일에 우리는 여기서 만나서 기도할 거야." 그 기도 모임은 그 부족 가운데서 예배공동체로 바뀌었다. 메시지가 전파되고 사람들이 훈련받자 그들은 더 많은 예배공동체를 시작했다. 이제 그 집단 가운데 20개의 예배공동체가 있다.

비하르에서의 시작

1995년 비하르주[36]에서 큰 홍수가 난 후 우리는 구호 프로그램과 함께 사역을 시작했다. 초기에 (우타르 프라데시주에 접해 있는) 바라나시의 리더들이 비하르의 보즈푸리 지역으로 가서 그곳을 섬겼다. 사역이 가시화되기 시작했을 때 비하르주의 행정 수도인 파트나에 있는 우리 사무실을 확장했다. 이때 주된 사역은 훈련이었는데 주로 새신자들을 그리스도 안에서 성장시켜 주님을 섬기도록 도와주었다. 이 사역은 천천히 성장했고 비하르의 보즈푸리어 사용 지역의 모든 행정구역들을 감당했다. 모든 마을을 감당한 것은 아니지만 모든 행정구역에는 최소한 우리가 멘토링한 2-3명의 리더가 있었다. 사역은 계속해서 가속도가 붙었다.

---

36 2013년 12월 19일 게재된 한 기사에서 이렇게 묘사한다. "비하르는 인도에서 가장 가난하고 부패하고 발전이 더딘 지역 중 하나다 … 광범위한 빈곤, 저학력 인구, 저임금 경찰, 만연한 범죄집단, 자경단에 의한 법집행, 사적 폭력, 부패한 정치인들이 공모해서 비하르의 시골지역을 위험한 곳으로 만든다 … 수 세기 동안 … 악독한 범죄와 폭력이 비하르에 너무 깊이 스며들어서 지역 판사나 정치인이 살인이나 강간이나 다른 심각한 법 위반으로 고발당해도 아무도 겁내지 않는다…살인과 납치가 흔하고 인프라가 붕괴되거나 존재하지 않고 공공 서비스는 암울하다 … 세계은행 보고서에 따르면 비하르의 9천만 명 중 거의 40%가 빈곤선 아래에 살고 있다." 팔라시 고시(Palash Ghosh)의 "인도에서 가장 가난하고 가장 위험한 주인 비하르의 계급(카스트) 전쟁" http://www.ibtimes.com/class-caste-war-brewing-bihar-indias-poorest-most-dangerous-state-1515840 2016년 12월 17일 접속.

2008년, 나(사티시)는 이 단체에 합류하게 되었다. 나는 이미 기독교인이 된 사람들과 주류 교회에 관심을 갖고 있었다. 이때 사역은 사방에 흩어져 있었고 신자들을 돌보고 리더들을 멘토링하는 사람은 아무도 없었다. 나는 빅터 존에게 말했다. "우리는 둘 다 비하르 출신이에요. 우리는 왜 지역 리더들이 나오도록 돕지 않을까요?" 이때 비하르의 대부분의 리더들은 외부 지역 사람들이 이끄는 여러 단체들의 직원으로 일했다. 그들 중 일부는 좋은 사역을 했지만 외부에서 모두 통제하고 있어 원활한 자립 성장을 방해했다. 나는 일부 지역 리더들에게 사역의 일부를 맡겨서 성장할 기회를 주고 싶었다. 그래서 우리는 마가히어 사용 지역 사역에 집중했고 2008년부터 이 종족 사역을 강화하기 위해서 마가히어 콘퍼런스를 개최했다.

초기 마가히 사역의 간증

불교와 자이나교는 둘 다 마가히 지역에서 태동했다. 문화적으로 매우 풍성한 지역이며 뿌리 깊은 전통들, 많은 신과 여신, 사방에 거대한 사원들이 있다. 이것들은 마가히인들을 전도하는데 영적 도전으로 다가왔다.

1995년에 나(아닐)는 고등학교(10학년)와 2년 간의 예비대학과정을 마쳤다. 그 이상의 교육을 받고 싶었지만 그럴 여유가 없었다. "우리가 널 더 교육시킬 수 있는 형편이 안되는구나. 네가 돌아와서 아버지의 농사를 도와주지 않겠니?"라는 부모님의 말씀에 동의했다.

그때 내가 살던 행정구역 전체는 낙살라이트(Naxalite) 게릴라전으로 황폐화되어 있었다. 낙살라이트는 낙살이라는 마을에서 시작된 공산주의 반군이었다. 비하르에서 두 군벌이 전투를 벌이면서 매일 더 많은 유혈사태와 범죄 행위가 발생했다. 높고 낮은 카스트들이 각자 군대[37]를 갖고 있었다.

내 삼촌들 중 한 분이 이런 범죄 행위들에 깊이 관여했다. 그는 문맹이었지만 지역 사령관이었다. 내가 집에 돌아왔을 때 그는 나에게 도와달라고 부탁했다. 그 당시에 우리 지역에는 전화가 없었기 때문에 사람들은 편지를 보내서 의사소통을 했다. 삼촌은 나에게 다른 사령관들에게 온 편지를 읽어주고 답장을 적어달라고 부탁했다. 그는 조금씩 나를 자신의 모든 활동에 참여시키려고 했다. 그는 싸우는 법, 폭탄 제조법, 다른 범죄 행위들을 가르쳐주었다. 나는 이런 일들에 참여했고 이 시기는 내 인생의 암흑기였다. 밤마다 집을 나가면서 나는 생각했다. "지금이 내가 살아있는 마지막 밤일지 몰라."

그러다가 한 지역 목사가 우리 가족을 방문했다. 그가 나를 보자 이렇게 말했다. "아닐, 넌 인생을 낭비하고 있지만 예수님은 널 사랑하신다. 넌 돈을 많이 벌지만 인생을 낭비하고 있어." 나는 화가 나서 그에게 고함을 질렀다. 그를 쫓아냈지만 몇 번이고 다시 찾아와서 같은 말을 했다. 그가 말했다. "네가 더 공부하고 싶어 했던 거 알아. 난 작은 학교를 운영하고 있어. 네가 원한다면 학교 교사로 나를 도와줄 수 있어. 내가 급여도 주고 네가 공부할 수 있도록 용돈도 줄게." 내가 대답했다. "감사하지만 당장 결정할 수 없네요. 생각할 시간을 좀 주세요."

그 후 석 달 동안 어떠한 결정도 내리지 못했다. 나는 계속 온갖 악한 활동을 하며 바쁘게 보냈지만 내 인생에 뭔가가 빠져있다는 것을 느꼈다. 내 삶에는 평화가 없었다. 마침내 그 목사님과 함께 일하기로 결정했다. 거의 2년 반 동안 그와 함께 일하면서 그의 생활방식을 지켜봤다. 그는 다른 사람들을 위해 매일 기도했고 주(state), 행정구역, 병자 등을 위해 기도했다. 나는 이런 생

---

37   예를 들면 "비하르의 카스트 사병"을 참고하라. http://www.satp.org/satporgtp/countries/india/teroristoutfits/Private_armies.htm 2016년 12월 19일 접속.

각을 했다. "이런 걸 전에 본 적이 없어! 대부분의 사람들은 자신만을 위해 기도하는데 이 사람은 다른 사람들을 위해 기도하네."

그는 매일 저녁 근처 마을들에서 예수 영화를 보여줬다. 하루는 그가 말했다. "나는 예수 영화를 보여주기 위해 마을로 가야 하는데 자전거가 한대 밖에 없네. 혼자 가져가기에 짐이 너무 많아." (그는 소형 발전기, TV, 대형 VCR을 가지고 있었다.) "네 자전거로 이 짐들을 가져가도록 도와줄 수 있니? 함께 가서 마을에서 맛있는 음식도 같이 먹자."

내가 말했다. "좋아요. 그렇게 할게요." 그것이 계기가 되어 후에 나는 예수 영화를 50회 이상 보게 되었다. 나는 발전기와 프로젝터를 돌렸고, 목사님은 복음을 전하고 사람들을 위해 기도했다. 그러던 어느 날 밤은 무척 달랐다. 십자가에 못 박히시는 장면에서 예수님이 "아버지, 저들을 용서해 주십시오. 저들은 자신들이 하는 일을 알지 못합니다."라고 기도하실 때 나는 죄를 깨달았다.

나는 이런 생각을 했다. "이 하나님은 뭔가 달라. 사람들이 그분에게 행하는 모든 악한 일에도 불구하고 그들을 위해 기도하고 하나님께 용서해 달라고 간구하시네. 나는 큰 죄인이야. 살아오면서 나쁜 짓을 많이 했어. 이 하나님이 나도 용서해 주실까?" 이 생각이 내 마음을 사로잡았고 하나님이 내 삶에 들어오시는 것을 느꼈다. 그 후 목사님은 나의 멘토가 되어 주셨고 성경을 가르쳐주었다. 2001년에 나는 주님을 영접하고 세례를 받았고 목사님은 나를 일 년간 성경훈련을 시켜주셨다. 2003년부터 나는 본격적으로 사역에 참여하기 시작했다.

마가히 운동

2003년에 이 운동은 보즈푸리 지역에서 번성하고 있었다. 많은 사람들이 주님을 영접하고 제자 삼고 예배공동체를 개척하고 있었다. 나(아닐)는 많은 간증과 보고를 들으며 이런 생각을 했다. "하나님이 보즈푸리 지역에서 그런 일을 하실 수 있다면 같은 하나님이 마가히 지역에서도 그렇게 일하실 수 있을 거야. 우리가 하나님의 계획대로 사역할 수 있고 준비가 되어있다면, 하나님은 반드시 일하실 거야!"

그리고 나는 이런 생각을 가지고 마가히인들 가운데 사역하기 시작했다. 초창기부터 하나님은 느헤미야의 말씀을 통해 나를 인도하셨다. 그는 예루살렘 성벽이 파괴되었다는 소식을 들었을 때 울기 시작했다. 하나님의 말씀이 나에게 내 종족, 즉 마가히 종족에 대해 말씀하시는 것 같았다. 그래서 나는 마가히 지역을 위해 기도하기 시작했다.

그 당시에 많은 사람들이 나처럼 낙살라이트 활동에 참여했다가, 그후 이전 생활방식을 버리고 주님을 따르기 시작했다. 2003년에 내가 사역을 시작했을 때 마가히 지역 전체에 선교단체가 8개밖에 없었다. 내가 가장 최근(2014년)에 알아보니 이 지역에 75개 이상의 선교단체가 일하고 있다. 범죄 활동에 연루되었던 전직 전사들 대부분이 하나님의 사역의 리더가 되었다.

내 사역 초창기부터 하나님은 나를 가르쳐서 사람들을 멘토링하고 안내하도록 사용하셨다. 때때로 나는 가족 전체를 상담할 기회를 가졌다. 목사님과 사역했던 과거의 현장경험이 도움이 되었다.

내가 가진 마가히 종족을 향한 비전을 빅터 존에게 나누었을 때, 그가 말했다. "나도 수년 동안 마가히 종족을 위해 기도해 왔어요. 나는 마가히 지역에서 이 일을 이끌어 보즈푸리 운동과 같은 일을 할 적임자를 찾고 있어요. 나는 하나님이 우리의 기도에 응답해 주셨고, 바로 당신이 마가히 종족 가운데서 이 운동을 이끌 사람이라고 생각해요."

내가 말했다. "주님을 찬양합니다. 하나님이 제 기도도 응답해 주신 것 같아요!"

나는 이 사역에 직접 참여하여 마가히 지역에서의 사역을 계속 이어갔다. 그 시작은 (한 가정에서) 첫 번째 그룹의 사람들이 주님을 영접한 1998년이었다. 그러나 진정한 추수의 첫 열매는 2003년에 시작되었다. 그전에 사람들은 이렇게 말했다. "비하르는 복음을 전하기 어려운 지역이에요. 거기서는 어떤 일도 안 될 거예요." 하지만 2003년에 큰 돌파가 일어났다.

갑자기 사람들이 복음에 마음을 열었다. 우리는 어디든 가서 복음을 전할 수 있었다. 반대나 핍박을 경험하지 않았다. 주정부조차 우리에게 호의를 보여주었고 덕분에 야외에서도 큰 방해 없이 전도할 수 있었다. 우리는 "지금이 비하르를 위한 하나님의 때"라고 느꼈다.

이것은 마가히 종족에게도 전환점이 되었다. 많은 사람들이 주님을 영접했다. 이제 500명 이상의 마가히 리더가 그 지역에서 직접 운동을 이끌고 있다. 그들 대부분은 매우 성숙했고 그들 중 일부는 자립했다.

특히 시골지역의 많은 마가히인들은 힌디어를 못한다. 이 말은 마가히어 성경이 없다면 그들이 복음을 접할 수 없다는 의미다. 내가 우리 단체에 합류하는 과정에 있었을 때 빅터가 나에게 말했다. "우리는 신약성경을 마가히어로 번역하고 있어요. 그런데 당신은 마가히 사람이에요. 당신도 신약성경 번역팀에 참여할 수 있어요." 2015년에 우리 단체가 마가히어 신약성경을 출판했다. 이것은 마가히어 사용자들에게 큰 돌파였다. 이전에 많은 사람들이 신약성경에서 한 권이나 혹 몇 장 정도는 번역했지만 그때까지 아무도 신약성경을 완전히 번역하지는 못했다.

나는 종종 힌디어로 내 할아버지와 영적인 것에 관해 대화를 나누곤 했다. 항상 그분은 이렇게만 말씀하셨다. "그렇구나. 좋네. 잘 들었다." 하지만 그 이상의 반응은 없으셨다. 우리가 마가히어 신약성경을 출간한 후 내가 성경을 읽어드렸을 때 그분이 하신 첫 마디가 이것이었다. "너는 책을 읽고 있는 거니, 나에게 말하고 있는 거니?" 그분은 내가 읽어드린 모든 것을 정말로 이해하실 수 있었다! 이것은 마가히어 신약성경의 번역과 출판이 얼마나 중요한지를 잘 보여준다.

우리가 사람들에게 신약성경을 나누어주기 시작했을 때는 문해율이 매우 낮다는 것을 알고 있었다. 구술학습자들은 이야기 듣기를 정말 좋아하고 큰 소리로 읽어주기를 바란다. 그래서 우리는 생각했다. "신약성경 전체를 오디오로 녹음하자." 2015년 12월에 드라마 낭독방식으로 마가히어 신약성경 전체의 녹음을 마쳤고, 현재는 마가히 종족이 이를 너무도 잘 사용하고 있다.

우리는 문맹퇴치 사역을 하면서 훈련방식을 바꾸었다. 그동안 삼대지 설교나 강의실 훈련과 같은 강의를 해 왔다. 이제 우리는 모든 사람들이 참여하는 토론 방식을 사용한다. 그들은 제안과 의견을 제시하고 학습과정에서 적극적으로 참여한다. 또한 우리는 다른 지역에서 하나님이 일하신 이야기와 간증도 사용한다. 성경 이야기, 사진, 오디오와 함께 마가히어 노래와 지역 악기를 사용한다. 이런 방식으로 우리는 문맹의 도전을 극복할 수 있었고, 마가히 종족은 하나님의 말씀을 이해하고 암기하고 순종할 수 있었다.

신약성경 출판 후 우리는 마가히어 찬양집을 출판했다. 마가히어 찬양 CD도 녹음해서 사람들이 저렴하게 사용할 수 있게 할 계획이다. 그러면 그들에게 주신 하나님의 메시지를 듣고 이해할 수 있을 것이다. 찬양은 마가히어와 독특한 마가히 음악스타일을 사용한다. 찬양집에는 25곡이 있지만 거기에 없는 곡들이 더 많다. 지금 불려지는 마가히어 예배 찬양은 셀 수가 없을 정도다.

이제 이 운동은 마가히 지역에 든든히 뿌리를 내리고 있다. 이때쯤 우리는 다양한 수준의 리더들에게 제자도 기초단계를 시작으로 체계적인 훈련을 진행한다. 처음에 우리는 제자 훈련 프로그램을 하고 난 후 CPM 개척 훈련 세미나를 연다. 그런 다음 CLC 훈련 프로그램을 하고 나서 고급 리더 훈련 프로그램을 진행한다. 우리는 사역에 관심 있는 모든 새로운 리더들에게 이런 프로그램들을 모두 제공한다. 그들이 어디서 사역하는지는 중요하지 않다. 우리는 열려있다. 우리의 태도는 이렇다. "여기에 기회가 있고 몇 가지 자원들이 있어요. 이런 자원이 필요하다면 우리가 기꺼이 도와 드리겠어요."

지난달 우리는 마가히 지역에서 훈련 프로그램을 실시했고, 많은 리더들이 참석했다. 일부가 이렇게 간증했다. "나는 이 단체를 통해 복을 받았어요. 지금 내가 하는 일들은 다 여기서 배운 거예요. CLC와 총체적 접근방식도 여기서 배웠어요. 이것들 때문에 우리 사역은 이제 번성하고 있어요."

쿠마르와 마가히 종족의 다음세대

나(쿠마르)는 2003년에 신앙을 가졌다. 나는 졸업 직전 10학년 때 처음 복음을 들었다. 나는 4킬로미터나 되는 길을 걸어서 학교에 갔다. 아닐은 근처 마을에서 사역했는데 하루는 나를 만나 정중히 인사했다. 그가 전도지를 주며 말했다. "일주일 후에 너희 집으로 갈게. 먼저 이것을 읽고 토론해 보자."

일주일 후 아닐이 방문했고 그는 나에게 복음을 전했다. 나는 그가 말하는 내용이 싫어서 그 얘기를 믿지 않았다. 일주일 후 아닐이 다시 왔다. 우리는 대화를 나눴고 그가 목회하는 교회로 나를 초대했다. 나는 그를 따라갔고 찬양과 설교를 듣고 난 후 그것을 좋아하게 되었다. 하나님이 내 마음속에서 영적으로 일하셨지만 나는 아직 믿지 않았다.

아닐은 매주 한번 지속적으로 나를 만났고 얼마 후 나는 그가 말하는 내용을 받아들이기 시작했다. "이 분이 진짜 하나님이시네." 나는 믿게 되었다. 내가 신앙을 갖게 된 것은 치유나 기적 때문이 아니다. 그저 성경이 내 마음속에서 역사했을 뿐이다. 나는 그 교회의 신자들과 목사님이 실제로 복음을 살아내는 것을 보았다.

나는 우리 마을에서 예수님을 믿은 첫 번째 사람이었다. 아닐을 만나기 전에 나는 아주 예민하고 걱정이 많았다. 내가 집에서 신들과 여신들을 예배했을 때는 결코 마음에 평화가 없었다. 그러나 내가 예수님을 따르기 시작했을 때 나는 진정한 평화를 경험했다.

내가 고등학교를 졸업한 후 아닐은 나에게 우리 주에 있는 이 단체의 훈련센터에 관해 말했다. 내가 예수님과 성경에 대해서 더 많이 배우고 싶어 했기 때문에 아닐은 이 단체에 나를 추천했다. 나는 2004년에 훈련에 참석했다. 부모님은 내가 그 훈련에 참여하는 것을 원하지 않았다. 그들은 나를 포기시키려고 했지만, 나는 가기로 결정했다. 그러나 나는 훈련의 빡빡한 일정을 경험하고 도저히 이를 견딜 수가 없어 결국 이틀 만에 도망쳤다. 그렇다고 마음의 평화가 다시 찾아온 것은 아니었다. 이때 아닐이 와서 나를 격려하며 도망치는 것이 능사가 아니라는 것을 확신시켜 주었다. 덕분에 나는 다시 훈련에 복귀할 수 있었다. 나를 돌봐준 멘토를 주신 하나님을 찬양한다!

나는 이 단체에서 1년간 성경적으로 훈련을 받았다. 훈련 후 가족을 제자 삼기 위해 고향으로 돌아왔지만 그들은 믿고 싶어 하지 않았다. 그래서 그들을 위한 기도를 시작했고 그 기도를 통해 하나님은 그 상황을 돌파하게 해 주셨다. 그들은 천천히 신앙을 갖기 시작했다. 아버지, 어머니, 자매, 형제가 믿었고 아닐이 그들에게 세례를 주었다. 2005년에 나는 우리 집에서 모임을 시작했다.

나는 (낮은 카스트인) 사두(Sadhu) 카스트 출신이고 우리 마을 전체가 낮은 카스트나. 그래시 그들은 많은 사회적 압박과 억압을 경험했다. 내가 마을에서 모임을 시작했을 때 이웃들이 관심을 보였다. 모임에 와서 앉아있고 싶어했다. 그들은 그래도 괜찮은지 물었고 내가 대답했다. "물론이죠!"

우리 마을에는 학교가 없었다. 가장 가까운 공립학교는 거의 4킬로미터나 떨어져 있었다. 마을 아이들이 학교에 다니지 않았기 때문에 이 단체의 도움을 받아 문맹퇴치센터를 시작했다. 우리는 우리 지역사회 아이들부터 섬기기 시작했다. 내가 부모들의 신뢰를 얻었기 때문에 문맹퇴치센터는 이 사역이 진전되는데 결정적인 역할을 했다. 그런 다음 나는 부모들에게 복음을 전하기 시작했다.

2006년에 나는 내가 시작한 모임을 이끌고 있었지만 자신감이 부족했다. 나는 이런 생각을 했다. "다음에 뭘 해야 할지 모르겠네. 누군가 와서 나에게 조언해 주고 이 사람들을 격려해 주면 좋겠는데." 나는 이 단체에서 누군가 방문해 주기를 바랐고 이 소원을 빅터 존과 나누었다. 하나님이 빅터의 마음을 감동시키셨고 빅터는 기꺼이 와주었다.

나는 마을 사람들을 위한 모임을 준비했다. 약 25명이 왔고 빅터가 복음서의 말씀을 전하면서 그들을 격려했다. 빅터가 전할 때 사람들은 많은 은혜와 평안을 경험했다. 그들이 말했다. "참 좋네요. 우리는 더 많은 사람들이 우리 마을에 와서 복음서의 말씀을 전해 주길 바랍니다." 이 일로 인해 우리는 다른 마을들로 가서 사역하고 복음을 전하기 시작했다.

내가 멘토링했던 내 친구들 중에서 5명이 그리스도를 영접하고 훈련받으러 갔다. 내가 그들을 훈련센터로 보냈다. 훈련은 길지 않았고, 방학이 되어 그들은 고향을 방문했다. 나는 다양한 곳에 사는 그들의 친구와 친지들에게 전도하라고 그들을 격려했다. 내가 이웃 마을에 갈 때마다 전도하기 위해 그들을 데리고 갔다. 한 마을에서 어떤 사역을 시작하든지 나는 그 마을에 있는 내 친구들에게 사역을 넘겨줬다. 그런 다음 나는 다시 다른 마을로 가서 사역을 확장시키는데 집중했다.

2006년 후반에 나는 고향에서 크리스마스 축제를 준비하고 싶었다. 이것을 내 친구들과 나누었고 그들의 지원을 받아 큰 크리스마스 축제를 준비했다. 이것은 마을에 완전히 새로운 일이었다. 그 축제는 아주 성공적으로 끝이 났고 그 후로 우리는 매년 마을에서 커다란 크리스마스 축제를 열고 있다. 나는 그 것을 위해 돈을 모았고 친구들과 일부 마을 사람들도 기부했다. 매년 약 300 명이 축제에 참여한다. 그들은 음식, 합창단, 복음 설교를 즐긴다.

첫 번째 크리스마스 축제 이후 나는 더 많은 마을로 가기 시작했다. 2007 년과 2008년에 여러 곳에서 12개의 모임을 시작했다. 2008년에 우리 단체는 CLC 프로그램을 시작했다. 나는 내 지역에서 온 25명의 리더들이 CLC 훈련을 받고 자신의 마을에서 CLC를 시작하도록 도와주었다. 2008년까지 내가 시작했던 모든 모임을 내가 준비시킨 리더들에게 이양했다.

또한 나는 우리 마을에서 소액대출 프로그램을 시작했다. 우리 행정구역과 이웃 행정구역에서 각각 5명에게 대출해 주었다. 우리 행정구역의 5명은 모두 사업 운영에 성공했고 대출금을 전부 상환했다. 다른 행정구역에서는 3명이 대출금의 일부 밖에 반환하지 못했지만, 다른 2명은 대출금을 100% 반환하고 사업이 여전히 번창하고 있다. 우리는 다른 곳에서도 소액대출을 해 주었지만 대부분의 대출금이 전혀 상환되지 못했다. 이 프로그램은 우리 지역에서 가장 성공적이었다.

2008년에 나는 파트나에서 우리 단체에 전임 스텝으로 합류했다. 그 이후로 나는 어린이 구호단체인 사욕 어 차일드(Sahyog[38] A Child)의 관리자로 사역하면서 다른 책임들도 맡았다. 하지만 나는 현재까지 매년 우리 마을에서 크리스마스 축제를 계속 주최하고 있다. 나는 여전히 복음·전도자의 마음을 갖고 있다. 시간이 날 때마다 우리 마을로 돌아가서 사람들에게 복음을 전한다.

마이틸 종족 가운데 사티시의 사역 시작

우리는 2010년에 마이틸어 사용지역에서 그 지역의 교회 리더인 바이주(Baiju)를 만날 때까지는 그리 사역이 많지 않았다. 그는 정말로 자기 종족을 섬기고 싶어 했지만 오래된 사역 패러다임을 사용하며 고군분투하고 있었다. 그는 독립적 이어서 전통적인 외부 단체들에게 굽히고 들어가고 싶어하지 않았다. 그는 자신만의 사역 방식이 있었고 총체적 사역을 믿지 않았기 때문에 CLC 개념을 사용하고 싶어 하지 않았다. 그는 CLC를 모임 개척과 관련 없는 사회사업으로만 보았다. 그는 CLC를 통해 지역사회에 접근할 수 있는 기회를 얻는 것의 중요성을 이해하지 못했다. 우리는 그의 잠재력을 보았기 때문에 계속 그와 교류했다. 그는 자신이 멘토링해 왔고 잃고 싶지 않은 약 15명의 리더와 함께 작은 단체를 하고 있었다. 우리는 그들을 만났고 결국 그는 우리와 동역하기로 동의했다.

우리는 과거에 우리가 사용하는 접근방식에 완전히 동의하지 않는 동역관계로 인해 힘들었던 경험이 있다. 그래서 우리는 바이주 형제와 양해각서(MOU, Memo of Understanding)를 작성하고, 합의가 이행되지 않으면 양측은 동역관계를 종료할 수 있다는 것을 분명히 했다. 이런 예방조치를 마련하고 마이틸 지역에서 사역하기 위해 동역을 시작했다. 바이주는 간혹 CLC 용어를 사용했지만 자기 방식대로 사역했고 리더들은 자신이

---

38   사욕(Sahyog)은 힌디어로 "도움"을 의미한다.

하는 프로젝트만 하도록 제한했다. 그는 그들을 교회개척자로 불렀고 지역사회 지도자나 CLC 리더로 부르는 것을 좋아하지 않았다.

2년간 그를 멘토링하며 그와 논쟁한 후 나(사티시)는 빅터에게 말했다. "이것은 안 되는 일이에요. 나는 바이주가 이 개념을 이해 못 한다고 생각해요. 동역관계를 종료해야 한다고 봐요."

그러나 빅터가 말했다. "아니요. 한 해만 더 해보고 무슨 일이 일어나는지 봅시다." 세 번째 해가 되었을 때 바이주 형제는 자신의 사고방식을 완전히 바꿔놓은 총체적 사역에서 돌파를 목격했다. 그는 그동안 15명의 리더가 자신의 모든 것이었다는 사실을 깨달았다. 갑자기 무보수의 더 많은 리더를 가지려는 비전에 사로잡혔다. 그는 1500명의 리더를 향한 가능성을 보았다.

이 지역의 리더들 중 한 명이 내게 와서 물었다. "나는 주님을 믿게 되었고, 경작해 온 농지를 갖고 있어요. 나는 농사를 그만두고 가서 전임으로 설교를 시작하라는 조언을 들었어요. 혼란스러운데 어떻게 해야 할지 모르겠어요. 당신은 어떤 조언을 주시겠어요?"

내가 그에게 말했다. "계속 복음을 전하세요. 하지만 농사일을 그만두지 마세요. 밭에 씨앗을 심고 물 주기 전에 그 일을 위해 계속 기도하고 열심히 일하세요. 비를 위해 기도하고 밭의 안전과 결실을 위해 기도하세요. 나는 당신의 밭이 이웃의 밭보다 더 푸르고 수확량이 더 많을 것이라고 확신해요. 그러니까 계속 신실하게 기도하고 열심히 일하세요. 그리고 당신의 밭에 수확량이 더 많을 때 이웃이 와서 물을 거예요. '왜 수확량이 다르죠? 어떤 씨앗을 심었나요? 어떤 비료를 사용했나요?' 이때 당신은 그에게 이렇게 간증할 수 있어요. '이것은 하나님의 축복입니다.' 이것이 당신에게 맞는 복음전도 방식이에요."

이 형제는 이제 여러 리더들에게 여러 차례 자신의 이야기를 했다. 그는 현재 아주 유능한 농부이자 아주 훌륭한 교회개척자다. 바이주 형제는 이런 열매를 보고 자신의 지역에 영향을 미칠 수 있는 잠재력을 발견했다.

우리는 보즈푸리에서 일어나고 있는 하나님의 역사를 알게 하기 위해서 바이주 형제에게 연례 보즈푸리 콘퍼런스에 오라고 권하기 시작했다. 나는 이전에 마케팅 분야에서 일했다. 나는 뭔가 잘 되면 그것을 다른 곳에서도 재현할 수 있는지 확인했다. 나는 이 사역에도 동일한 원리를 적용했다. 내가 말했다. "우리는 보즈푸리 운동에서 아주 좋은 전략을 얻었어요. 어떻게 운동이 시작됐고 성장했는지 알아요. 우리는 이 운동의 경험이 있고 열매도 보았어요. 이제 또 다른 언어지역에서 그것을 적용해 보고, 그 문화와 전통에 맞게 조금 바꾸어 보고, 거기서도 좋은 열매가 맺히는지 봅시다."

우리가 바이주 형제에게 보즈푸리 콘퍼런스와 같은 마이틸 콘퍼런스를 시작하라고 조언했을 때 그가 물었다. "그것을 위해 어디서 재정을 얻을 수 있을까요?"

우리가 대답했다. "지역에서 지원을 받아야 해요. 콘퍼런스를 돕기 위해 우리에게 드는 비용은 우리가 내겠지만 재정지원을 하고 싶지는 않네요. 하지만 결국 적자가 나면 우리는 최대한 도울 거예요." 그래서 우리는 그에게 큰 확신을 주었고 그는 믿음으로 시작했다.

그는 첫 번째 콘퍼런스에 150명의 리더를 초대했다. 그가 사람들의 반응과 그들이 기여하는 모습을 보았을 때 축복을 경험했다. 참여한 150명은 열광적이었다. 그가 말했다. "매년 이 콘퍼런스를 개최할 거예요. 내년에는 500명, 이후에는 수천 명을 위한 콘퍼런스를 계획할 거예요."

바이주 형제가 오래된 접근방식을 사용했을 때, 그의 사역은 많은 사람들에게 영향을 끼치지 못했다. 그러나 그가 총체적 접근방식을 사용하기 시작했을 때 더 많은 열매를 얻을 수 있었다. 갑자기 다른 리더들이 그에게 멘토링받기를 원했고 그의 사례로부터 배웠다.

바이주는 총체적 접근방식을 사용해서 얻은 열매로 인해 북부 비하르에서 핵심 리더로 급부상했다. 그가 성경적 원리를 따르는 한 아무도 그를 멈출 수 없다. 여전히 그에게 보고하는 리더들이 있지만 그는 더 이상 자신의 직접적인 조직적 통제 아래 두지 않고 많은 리더들을 독립시켰다. 우리가 그를 멘토링했는데 지금은 그가 목양 리더들 그룹을 차례로 멘토링하고 있다. 또한 자기 사역과 멘토링하는 리더들을 가지고 있는 또 다른 핵심 리더들도 멘토링한다. 이런 리더 멘토링 순환은 여러 세대로 이어진다.

바이주 형제는 한 사람씩 직접 다 관계하지 않고도 점점 더 많은 사람들을 동원할 수 있는 방법을 배웠다. 이런 방식으로 사역은 계속되고 많은 지역에서 동시에 성장하고 있다. 마이틸 종족 사역은 동역관계의 아주 좋은 사례다.

모든 사람은 같은 목표를 가지고 있고 모두가 그 목표를 향해 함께 일한다.

어떤 면에서 바이주와의 동역관계는 이 운동을 확장하기 위한 실험이었다. 그것은 이 운동의 또 다른 돌파를 가져왔다. 우리는 스텝들과 함께 사무실을 여는 대신에 좀 더 재현 가능한 방식으로 같은 목표를 성취했다. 하나님은 우리 단체가 내일 철수하더라도 아무것도 허물어지지 않을 만큼 이 실험을 축복하셨다. 하지만 아직 철수할 때는 아니다. 왜냐면 우리가 현재 리더들의 자질을 강화하도록 돕고 있기 때문이다.

바이주 형제는 누군가 사람들을 훈련하고 돌보고 성장하게 한다면 그들을 통제할 필요 없다는 것을 이제 알고 있다. 관계를 유지하기 위해 꼭 돈이 필요한 건 아니다. 그리스도의 사랑이 그들과 우리를 영원히 연결시켜 준다. 그가 우리에게 말했다. "이제 내 잘못을 깨달았고 CLC 비전을 이해했어요. 그것이 우리 지역에서 나에게 너무 많은 열매를 얻게 해 주었어요. 나는 마이틸 종족 가운데 어디든지 가서 섬길 수 있고 내 사역을 마이틸 지역의 구석구석까지 가져갈 수 있어요."

자신이 채택한 원리들 때문에 바이주는 오늘날 마이틸 지역에서 유일하게 성공한 최고의 리더가 됐다. 다른 많은 사람들이 수년간 거기서 사역했지만, 그가 지난 5년 동안 얻은 것만큼 많은 열매를 보지는 못했다. 그는 복을 받았고 우리도 복을 받았다. 2015년에 우리는 대규모의 마이틸 콘퍼런스를 개최했고 2016년에는 더 커졌다. 이젠 되돌릴 수 없다. 바이주는 많은 재정지원을 요청하지 않는다. 그 대신 이렇게 말한다. "나는 항상 여러분의 동역관계와 지도와 멘토링이 필요해요."

마이틸 운동은 여전히 작지만, 저절로 굴러가고 있다. 추진력은 단 한 명의 리더에게 달려있는 것이 아니다. 평범한 사람들이 그것을 가지고 사역하고 있다. 주인의식이 광범위하게 확산될 때 운동이 시작된다.

바이주의 이야기

나(바이주)는 높은 카스트 출신이다. 예수님에 관해 들었지만 전혀 관심이 없었다. 한 목사가 이웃 마을에서 와서 전도하곤 했지만 나는 관심이 없었다. 나는 이렇게 말했다. "그것은 당신의 종교이고 나는 다른 종교 출신이에요." 솔직히 나는 어떤 종교에도 관심이 없었다. 내 생각은 이랬다. "선행을 하면 신이 당신을 축복할 겁니다." 졸업 후 나는 좋은 직업을 얻을 계획이었다. 많은 돈과 명예가 보장되는 좋은 직장을 갖는 것이 멋지다고 생각했다. 그래서 시험을 보기 위해 밤늦도록 공부했다.

내 인생의 전환점이 되었던 어느 날 밤 나는 자정까지 공부하고 있었다. 아내와 아이들은 잠을 자고 있었고 내가 잠자리에 들었을 때 그들이 고함치기 시작했다. 아내가 비명을 지르고 있었다. "제발 나를 구해 주세요! 누군가 나를 잘라서 불태우려고 해요!" 아내 옆에서 자고 있던 아들도 똑같은 비명을 지르기 시작했다. 그들은 나를 붙잡고 비명을 질렀다. "날 구해 주세요! 구해줘요!"

그들은 내가 말한 것을 전혀 듣지 못했고 나도 어찌할 바를 몰랐다. 너무 혼란스러웠다! 부모님이 문을 두드리며 말했다. "무슨 일이 일어났어? 무슨 일이야?" 그러나 아내와 아들이 나를 붙들고 있었기 때문에 문을 열 수 없었다. 잠시 후 아들이 약간 진정되어서 아내를 떼어놓고 문을 열 수 있었다. 하지만 그녀가 여전히 너무 크게 비명을 지르고 있었기 때문에 마을 전체가 다 모였다. 그들은 도울 방법을 찾아내려고 애를 썼다. 그래서 무당의 힘을 빌려 보고자 그들을 불렀다. 무당들은 자신이 할 수 있는 일을 다 했지만 아무도 그녀의 비명을 멈출 수 없었다. 그녀는 너무도 고통스러워했다. 사제도 왔지만 그 역시 아무것도 할 수 없었다.

무당들 중 한 명이 말했다. "그녀는 육체적 질병을 앓고 있어요. 의사를 불러야 해요." 그래서 내 형제들이 가서 의사를 불러왔다.

의사가 그녀를 검진하고 말했다. "육체적으로 이상이 없어요."

결국 아무도 무엇이 잘못되었는지 알아낼 수 없었고 그녀를 위해 아무것도 할 수 없었다. 문제는 점점 더 커져만 갔다. 가족은 끔찍한 상황에 놓였고 나는 아내가 살 수 있을지 의심했다. 이때 나는 이웃 마을에서 기적에 대해 전하던 목사가 기억났다. 그래서 나는 내 형제들에게 말했다. "가서 그 목사를 불러와줘."

한 시간 만에 그 목사와 또 다른 형제가 함께 왔다. 그가 물었다. "그녀를 위해 기도해도 될까요?" 내가 대답했다. "아니요."

그러자 모든 마을 사람들이 말했다. "도대체 왜 '아니요.'라고 하는 거예요? 기도하게 합시다! 그렇지 않으면 끔찍한 일이 생길 거예요." 내가 말했다. "사제들도 여기 있는데 그들은 왜 이 문제에서 아내를 구할 수 없을까요?" 사제들이 말했다. "그래요. 우리는 할 수 있는 것이 없어요." 내가 말했다. "여러분이 아무것도 도울 수 없고 예수님이 도울 수 있다면 나는 예수님에게 갈 것이고 더이상 여러분과 관계하지 않을 거예요." 사제들이 말했다. "좋아요. 원하는 대로 하세요." 그런 다음 나는 목사가 기도하게 했다.

그가 기도했고 "아멘"으로 마치자 아내는 즉시 진정됐다. 마을 사람들 전체가 거기 있었고 의사와 무당들도 있었는데 모든 사람들이 놀라워했다! 그날 나는 예수님을 따르기로 결정했다.

그 후에도 나에게 몇 가지 어려움이 있었지만 나는 이 사실을 기억했다. "하나님이 나를 그런 큰 어려움에서 구하실 수 있다면 이 어려움도 다 해결해 주실 수 있을 거야."

어느 날 나는 이런 생각을 했다. "누군가 나를 위해 기도했고 우리 가족 전체가 주님을 믿게 됐지. 왜 우리도 이런 일을 해서 다른 많은 가정에 평화를 전하지 않는 걸까?"

내가 이 생각을 아내와 나누자 그녀가 말했다. "아주 좋은 생각이에요. 우리가 이 일을 해야 해요." 내가 대답했다. "이 일은 쉽지 않을 거야. 내가 당신과 세 아이들을 돌봐야 하잖아. 모든 사람이 좋아하지 않을 거고 반대할 거야." 아내가 말했다. "무슨 일이 있어도 나는 당신과 함께 할 거예요."

이 일은 나를 감동시켰고 주님을 섬기도록 준비시켰다. 아내도 많은 도전을 겪었지만 나는 그녀에게 우리가 예수님을 신뢰해야 한다고 상기시켰다. 때때로 그녀는 옷을 살 돈이 없어서 누더기 옷을 입어야 했다. 그러나 나는 우리가 어떤 일을 겪든지 그녀가 결코 불평하지 않은 것으로 인해 하나님을 찬양한다.

내가 낙심하거나 사역 문제로 어려움을 겪을 때마다, 그녀는 이렇게 말했다. "왜 걱정하세요? 예수님이 여기 계세요. 그분이 그 문제를 해결하실 거예요."

사역의 변혁적 패턴

내가 빅터 존을 만나기 전, 내 사역 패턴은 이랬다. "당신의 교회에 25명이 있다면 그걸 유지하세요. 두 사람이 떠난다면 두 명이 더 합류할지도 모릅니다. 그렇게 유지하고 그 일에 집중하세요. 그것밖에 없어요." 나는 약 50개의 교회를 하고 있었는데 이 지역 전역에서 너무 많은 교회를 하고 있었기 때문에 스스로를 정말 대단한 사람이라고 생각했다. 그 당시 나는 아랫사람들에게 자유를 주기를 거부하는 다른 리더들과 교류하고 있었다. 그때 가장 큰 어려움은 빅터와 대화할 때였다. 나는 내 오래된 사고방식에서 벗어나기가 매우 어렵다는 것을 발견했다. 그러나 내가 보즈푸리 운동에 관해 들었을 때 크게 격려받았다. 나는 이런 생각을 했다. "똑같은 일이 여기서도 일어날 수 있고 모든 마을에 예배공동체가 생기게 될 거야." 그렇게 나는 2년 동안 고민했지만, 그 빅터의 방식에 결코 동의할 수 없었다.

2013년 말에 내가 파트나를 방문해서 빅터와 대화한 후 전환점이 찾아왔다. 나는 집에 돌아왔고 15일간 아무것도 하지 않았다. 주님께 빅터가 말한 것이 옳은지, 아니면 내가 이미 바른 길을 가고 있는지를 계속 묻기만 했다. 15일 후에 나는 평안을 느꼈고, 주님이 나에게 빅터 형제가 말하고 있는 것을 들어야 한다고 인도하시는 것을 느꼈다. 그것이 즉시 사역 전체에 돌파를 가져왔다. 우리는 그 이후로 멈출 수 없는 성장을 목격하고 있다.

이전에 우리는 영적 사역에만 집중했다. 일부 사회사업을 하기는 했지만 결코 거기에 집중하지 않았다. 이제 우리는 사회사업을 하고 있고 그것을 통해 접근한다. 과거에 지역사회 사람들은 우리를 "기독교 사역자"로 생각했다. 그러나 이제는 우리를 지역사회 개발 활동가로 본다. 그들은 우리를 존중하고 우리의 조언을 받아들이고 우리가 하는 일에 참여하고 싶어 한다. 과거에 내가 사람들에게 "잠시 시간 있으세요? 이야기하고 싶네요."라고 말하면 그들은 도망쳤다. 이제 그들은 우리에게 전화를 걸고 이렇게 말한다. "제발 우리 집에 와서 이야기 좀 해요." 얼마나 달려졌는가!

나는 예전에 50개의 교회가 많다고 생각했었다. 빅터를 만나고 CLC를 통해 사역하고 CPM을 목표로 사역하는 새로운 방식을 배운 후 이제 350개의 교회가 됐지만 나는 "이것으로 아직 충분치 않다."라고 생각한다.

우리 모임들에서 전체가 다 모일 때는 마이틸어를 사용한다. 마이틸어로 예배, 설교, 간증 등 모든 것을 한다. 모임은 보통 매주 한번 만난다. 모이는 날은 제자들의 상황에 따라 다양하다.

사람들은 개별적으로 그리고 가족단위로 그리스도께 나아오고 있다. 한 사람이 신앙을 갖고 나서 나머지 가족을 데려오는 경우도 있고 온 가족이 함께 신앙을 갖는 경우도 있다. 어느 쪽이든 온 가족이 신앙을 갖는 것을 본다. 우리는 일반적으로 사람들이 그리스도를 믿게 되면 즉시 세례를 준다. 전에는 사람들이 세례를 받을 때 부정적인 반응을 경험했지만 요즘은 세례가 일반적으로 어떤 문제도 야기하지 않는다.

신자들은 자신을 "예수님을 따르는 자"라고 부른다. 우리는 외부자의 종교적 범주를 따르고 싶지 않다. 우리는 사람들에게 이렇게 설명한다.

"우리는 기독교인이 아니고 힌두교인도 아닙니다. 우리는 예수님을 따르는 자들입니다." 우리는 "교회에 갑니다."라고 하지 않는다. 우리는 "영적 모임에 갑니다. 외부 사람들을 위해 '교회' 대신에 다양한 다른 단어들을 사용합니다.'라고 말한다. 우리 주변의 대다수 종교 공동체가 마이틸 신자들의 정체성과 관례를 받아들이기 시작했다.

사역 초창기에 나는 이런 생각을 하곤 했다. "우리는 귀를 기울이는 사람이라면 누구에게든 전도하려고 애를 쓸 거야." 하지만 지금 나는 마이틸어 사용자들에게 집중하고 있다. 또한 인도의 다른 주에 흩어져 사는 마이틸어 사용자들에게도 전도하고 있다. 마이틸 종족 CLC 리더들 중 한 명은 (700마일 이상 떨어진) 펀자브에 사는 마이틸어를 사용하는 그룹 가운데서 CLC를 운영하는 또 다른 리더를 훈련했다. 그는 그 사역을 막 시작했고 최근 세 사람에게 세례를 주었다.

우리에게는 이제 마이틸 종족 가운데 다른 리더들을 훈련하는 리더들 5세대와 새로운 공동체를 개척하는 예배공동체들 5세대가 있다. 최근 (약 300명의 리더가 참여한) 마이틸 콘퍼런스에는 모든 마이틸 그룹의 리더를 데려올 수 없었기 때문에 각 그룹에서 1-2명씩만 초대했다.

나는 아주 단순하고 실행 가능한 사역 전략을 갖고 있다. 나는 최근 20명을 멘토링했는데 그들은 다른 사람들을 훈련하고 있는 리더들을 훈련시킨다. 그들은 매달 훈련을 위해 모이고 자신의 사역도 하고 있다. 나도 가서 개인적으로 그들을 방문한다. 나는 그들 각자에게 말한다. "세 마을에서 사역을 개발하는데 주의를 집중하세요. 그리고 이 마을들에서 어떤 문제나 필요가 생기든지 전적으로 시간을 내세요. 누군가 도움이 필요하다면 도와주세요. 지역사회에 깊이 관여하세요." 파트나에 있는 이 단체의 형제들도 와서 훈련과 평가를 위해 나를 도와준다.

우리는 주로 기존의 기독교 그룹들에게 어려움을 당하고 있다. 나는 항상 존경과 사랑을 보여주고 좋은 관계를 맺으려고 한다. 자주 그들의 리더들과 만나 대화하지만 그들 대부분은 여전히 우리와 어울리고 싶어 하지 않는다.

몇 개의 큰 기독교 단체는 나를 거의 적으로 대한다. 그 이유는 이랬다. 그들은 사역팀을 위해 매달 많은 돈을 투자하고 사역자들에게 큰 자동차와 많은 돈을 제공한다. 얼마 전 그 단체의 리더가 바로 아래 리더들을 야단쳤다. 그가 말했다. "바이주라는 친구는 오토바이 하나만 가지고 돈도 없이 너무 많은 일을 해냈어요! 여러분은 뭐가 문제인가요? 돈을 다 대주는데, 그가 한 일의 반만큼도 이루지 못했어요."

이 최고 리더는 좌절감을 느끼며 이렇게 생각했다. "나는 모든 일을 올바르게 하고 많은 돈을 주고 있어. 그런데 왜 안 되지?" 반면에 그 단체의 지역 리더들은 나를 아주 싫어했다. 그들이 야단맞은 이유가 나였기 때문이다.

하지만 최근의 마이틸 콘퍼런스 후에 이 리더들 중 일부가 이렇게 말했다. "이 지역에서 이런 콘퍼런스를 본 적이 없어요. 당신은 '마이틸 지역의 총체적 변혁을 위한 리더십 역할 받아들이기'라는 올바른 주제에 집중하고 있어요."

나에게 콘퍼런스의 하이라이트는 참석한 300명의 리더들이 그들 각자가 진짜 리더라는 사실을 실제로 깨닫는 것을 볼 때였다. 우리는 이 중요한 성경적 진리를 전달하는데 성공했다. 나는 큰 리더가 되고 싶은 생각이 없다. 수천 명의 리더들이 일어나기를 바랄 뿐이다.

우리 단체[39]는 마이틸 종족 사역에 간섭하지 않는다. 단지 정기적으로

---

39   이후 이야기는 빅터와 단체의 다른 리더들의 것이다.

리더를 훈련하고 가르치는 일을 지원한다. 이 지역의 리더들은 사역에 대한 주인의식을 느낀다. 그들은 최근 콘퍼런스를 위해 지역에서 기금을 조성했다. 이러한 지역적 주인의식은 운동의 지속가능성을 가져온다. 그들은 주님의 사역을 배우고 참여하는 기쁨과 열정을 가지고 있다.

앙기카 종족 가운데 사역의 시작

우리는 수년 전 동부 비하르의 앙기카어 사용자들에게 사역을 자그맣게 시작했지만 주로 보즈푸리에 집중하고 싶었기 때문에 이 사역을 밀어붙이지는 않았다. 우리는 최근 이 지역의 일부 리더들을 훈련하는데 좀 더 집중하기 시작했다. 우리는 하나님이 보즈푸리, 마이틸, 마가히 종족의 운동과 비슷한 일을 앙기카 종족 가운데서 하시는 것을 보고 싶었지만 시간이 걸릴 것이다. 우리는 이미 총체적 접근방식으로 훈련하고 있는 약 15명의 앙기카 종족 리더를 확인했다. 아직 앙기카 지역에서 CLC를 시작하지 않았지만, 내년에 3개의 다른 앙기카 지역에서 CLC를 시작하고 더 많은 앙기가 지역 리더를 양성할 계획이다. 또한 (마이틸 종족 가운데 사역하는) 바이주 형제도 최근 앙기카 지역으로 사역을 확장하는 계획을 위해 기도를 부탁했다.

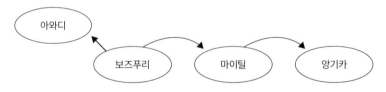

북서쪽으로 이어지는 운동: 보즈푸리 종족에서 아와디 종족으로,
그 후 동쪽으로: 보즈푸리 종족에서 마이틸 종족으로, 다시 앙기카 종족으로

라자스탄의 사역

도시의 도전에 직면한 후 우리는 델리 서쪽에서 의미 있는 성장을 보았다. 2011년에 우리는 더 서쪽을 바라보았고 하나님이 어떻게 그 방향으로 운동을 확산시키기를 원하실지 고민했다. 우리는 하리아나와 편자브의 사역은 델리 사무실에서 관리할 수 있지만 결국 라자스탄에는 근거지가 있어야 한다고 느끼기 시작했다.

라자스탄

나는 40년 전 복음을 전하면서 그 주 전역을 돌아다녔기 때문에 라자스탄의 상황을 알고 있었다. 기독교 인구는 그 이후로 크게 변하지 않았다. 공격적인 종교단체가 거기에 본부를 두고 있다. 라자스탄은 매우 풍성한 문화, 풍부한 미네랄, 훌륭한 대리석을 가지고 있지만 많은 도전도 있는 곳이다. 나는 이런 생각을 했다. "나는 어려운 곳에 가는 걸 좋아해."

2011년에 우리는 가끔 (라자스탄의 수도인) 자이푸르를 방문하기 시작했다. 우리는 리더들과 함께 1일 훈련과 1일 기도회를 가졌다. 우리는 그 도시와 주를 조사했다. 또한 팀들도 도시전역에서 기도하면서 리더들을 만났다.

나는 더 많은 지역 리더들을 세우고자 하는 깊은 갈망을 가지고 있었고 그것은 기도를 통해 고양되었다. 자이푸르에서 여러 번 교회개척 훈련을 하면서 우리는 훈련하기에 적합한 핵심 인물을 찾고자 했다. 마침내 마하비르(Mahaveer)라는 형제를 만나게 되었다. 그는 몇 년 전 지속 가능한 교회개척 세미나에서 우리와 만난 것을 기억했다. 그가 말했다. "나는 몇 년 전 (천 킬로미터 이상 떨어진) 파트나에서 여러분을 만났어요. 그 당시 빅터는 라자스탄에 있는 집으로 돌아가 사역을 시작하라고 나를 격려했어요. 그때 그렇게 하지 않았지만 이제 내가 여기 있고 여러분과 사역하고 싶어요."

2014년에 우리는 마하비르를 리더로 삼아 자이푸르에서 CLC를 시작했다. 그는 공원에 가서 젊은이들에게 영어를 배우고 싶은지 묻는 것으로 시작했다. 이를 통해 그는 80명을 그리스도께 인도했고 그들을 제자화했다. 그 후 음악 프로그램, 다른 기술개발 프로그램들과 함께 여성을 위한 재봉 프로그램과 빈민가에서의 문맹퇴치 프로그램을 시작했다. 이것들을 통해 그는 자이푸르와 인근 마을에서 예배공동체를 시작했다. CLC 리더로서 사역을 시작한지 1년 후 마하비르는 우리 스텝으로 합류했고 우리는 2015년에 자이푸르 사무실을 열었다. 그 후로 1년 동안 우리는 많은 성장을 보았다. 이제 그 지역에 50개 이상의 예배공동체가 있다.

국경의 네팔어 사용자들을 위한 사역

비하르의 마이틸 운동은 네팔 국경까지 이르렀다. 또한 네팔의 많은 국경 지역에는 마이틸어를 사용하는 사람들이 있다. 지난 3년 동안 국경을 따라 마이틸어와 네팔어 이중언어 사용자들 가운데서 교회가 성장하기 시작했다.

광범위한 영향력

최근 몇 년간 우리는 지역적으로 사역을 확장하면서 동시에 전 세계적으로 훈련을 해 왔다. 우리는 사람들이 안으로만 집중하기를 바라지 않는다. 우리의 도움이 필요한 곳이라면 어디든지 새로운 지역에서 개척사역을 지속하고 싶다. 우리는 영향력(impact)이 완벽할 필요는 없다고 믿는다. 완벽함은 하나님에게서 나온다. 그분은 우리의 연약함에도 불구하고 우리를 사용하시기 때문에 우리는 위험을 무릅쓰고 우리의 능력과 자원을 넘어서는 사역을 할 수 있다. 우리가 국제적으로 실행한 CPM 훈련의 몇 가지 사례가 여기 있다.

- 2012년에 미국의 세 도시에 있는 초대형교회들에서
- 2008년과 2012년에 베트남에서
- 2008년과 2011년에 캄보디아에서
- 2008년에 방글라데시에서, 훈련받은 사람들이 큰 영향을 미쳤다. 우리는 그곳의 사역과 지속적인 교류를 유지하고 있다.
- 2003년과 그 이후로 몇 번, 인도네시아에서
- 2010년과 2011년에 일본에서
- 2010년과 그 이후로 두 번, 튀니지에서
- 2013년에 러시아에서
- 2014년에 모리셔스에서

결론

하나님은 다양한 수단을 사용하여 보즈푸리 운동이 다른 종족들, 특히 북인도 가운데 하나님나라의 진전과 CPM을 촉발시키고 다른 나라들에 영향을 미치도록 허락하셨다. 이 운동은 다양한 언어 종족, 다양한 지리적 지역, 여러 카스트 계급, 다양한 종교로 확산되었다. 복음의 능력은 계속해서 모든 경계를 극복하고 있다. 그 과정은 단순하거나 쉬운 것이

아니었지만 주님께 너무 어려운 것은 없다. 다음 장은 특별히 복음전파가 어렵다고 알려진 집단 속으로 하나님나라가 확산되는 과정에 관한 것이다. 우리 하나님께서는 모든 도전보다 더 위대하신 분이다.

10장
무슬림 가운데 일어난 돌파

지금 우리의 무슬림 사역이 영향을 주고 있는 지역은 여러 해 동안 범죄율이 매우 높았다. 네팔에 인접한 넓은 이 지역은 사람들이 종종 몸값을 위해 납치되어 붙잡혀 있는 큰 정글이었다. 가족이 몸값을 지불하지 않으면 납치범들은 사람을 나무에 매달아 죽이고, 시체가 바싹 말라버릴 때까지 그대로 두었다. 이 지역은 믿을 수 없을 정도로 무법천지가 되었다. 이 지역을 장악한 (정글파[Jungle Party]라고 알려진) 범죄자들은 경찰 정보원으로 의심되는 사람은 누구든지 잡아다 죽였다. 정부가 오랫동안 이 상황을 어떻게 처리해야 할지 모를 만큼 매우 어려운 상태였다.

보즈푸리 운동에 속한 한 목사가 순회 전도를 하다가 실수로 이 지역에 들어갔다. 그는 히말라야에서 흘러내려오는 많은 강들 중 하나를 따라 걷다가 갑자기 충격을 받고 걸음을 멈췄다. 그가 말했다. "남자들이 사람들을 조각 내서 강물에 던지는 것을 내 눈으로 보았어요."

갱단원들이 그를 보자 그에게 말했다. "당신이 실수로 여기 왔는지 모르겠지만 이제 돌아가지 못할 거야." 그는 자신에게 무슨 일이 일어날지 몰라서 기도했다. 그가 갱단의 두목을 만났을 때 그 남자가 말했다. "왠지 당신은 평화의 사람 같고 싸우려고 온 것은 아닌 것 같군." 그래서 그들은 그를 놓아주었다.

내가 그 지역에 처음 갔을 때 우리는 휴대폰, 시계, 지갑도 없이 주머니에 (당시 미화로 약 3달러 정도 되는) 몇 백 루피만 가지고 여행했다. 나는 큰 불안감을 느끼며 생각했다. "만일 무슨 일이 생기면 어떡하지?!" 그러면서도 동시에 그런 악명 높은 지역을 여행하면서 큰 위험을 감수하며 심지어 죽음의 위협에 직면한다는 것이 매우 흥미진진하게 느껴지기도 했다.

우리는 하나님이 너무나 어두운 이 지역에 복음을 가져오도록 우리를 인도하신다고 느꼈다. 우리의 참여와 기도 행진을 통해 하나님은 거기서 최악의 악을 제거하셨다. 우리는 기도하기 시작했고 정부는 일하기 시작했다. 우리가 그 지역으로 가서 사역한 지 약 1년 후 정부는 대대적인 조치를 취했고 납치 문제를 해결했다. 오늘날 그곳은 도로가 좋고 훨씬 안전하다. 몇몇 갱단원들과 과거 납치범들이 예수님을 따르는 자가 되었다. 과거 납치범들 중 일부는 교회개척자가 되어 석공과 목수로서 이중직 사역을 하고 있다. 나는 최근에 그들을 방문했고 주님의 일하심에 대한 놀라운 간증들을 들었다.

초기 사역

초창기 그곳의 여행들 중 한 번은 지역 모스크에서 사람들이 내 이름(빅터 존)을 보고 내가 기독교인이라는 것을 알았다. 그래서 그들은 궁금해졌다. "저 사람이 왜 여기에 있지?" 그러나 하나님은 우리가 현지 가정들의 엄청난 개방성을 경험하게 해 주셨다. 그들은 우리를 따뜻하게 환영해 주었고 함께 식사하자고 초대했다.

그때 우리는 성경이나 "사영리" 전도지를 가지고 가지 않았다. 우리는 이렇게 말하지도 않았다. "누가복음 10장에 관해서 이야기해 봅시다. 내가 뭔가 가르쳐 줄게요." 우리는 단지 앉아서 그들의 말에 경청했다.

그다음 주에 우리는 기독교 활동을 조심하라고 사람들에게 경고하는 공고가 모스크 밖에 붙어있었다는 것을 알게 되었다. 그래서 내가 말했다. "이 그룹의 지도자를 위해 기도하고 하나님이 무엇을 하실지 한 번 봅시다." 나는 그 지도자와 대화하러 갔고, 그가 매우 의심스러워한다는 것을 느낄 수 있었다.

나는 이렇게 소개했다. "나는 주님의 이름으로 왔습니다. 평화를 위해 왔어요." 그리고 우리는 제안했다. "우리가 조사를 해보니 이곳 여성들이 오후 1-4시 사이에 그냥 둘러앉아 험담하고 싸우고 있는 것을 발견했어요. 우리가 당신의 지역사회를 돕도록 허락해 주시겠어요? 우리는 바느질과 뜨개질을 가르칠 수 있어요." 그가 말했다. "좋소. 하지만 우리가 지켜볼 수 있는 곳에서 그것을 해야 합니다."

우리가 대답했다. "좋아요." 그들의 예배 장소 옆에 있는 초가지붕으로 된 개방된 장소에 우리는 두 대의 재봉틀을 설치했다. 별안간 45명의 여성이 교육에 등록했다. 마을에서 가장 부유한 집안들 중 하나에서 온 부인이 나서서 말했다. "내가 돕고 싶네요."

그녀가 우리를 집으로 초대했을 때 내가 말했다. "당신의 남편이 집에 있을 때 가겠습니다." 그녀는 매우 친절하고 꽤 부유했다. 그녀는 우리에게 평화의 여성이었고 우리가 자연스럽게 지역사회에 받아들여질 수 있게 해 주었다. 또한 그녀도 주님을 알게 되었다.

3개월 만에 200명이 넘는 여성들이 재봉 교육을 받았다. 또한 우리는 재정자립 그룹도 시작했는데 현재 500명 이상의 여성이 속해있다. 우리는 은행계좌를 개설했고 그들은 서로 자금을 댄다. 이 프로그램은 이제 아주 잘 운영되고 있고 은행계좌에 20,000달러 이상을 가지고 있다. 나는 이 소식을 들었을 때 이런 생각을 했다. "와, 나보다 돈이 더 많네!"

모스크 방문

몇 년 전 덴마크에서 온 몇몇 사람들이 여기서 무슨 일이 일어나고 있는지 보고 싶어 했다. 이 이야기가 사실이기에는 너무 멋지게 들렸기 때문이다. 방문객들과 함께 우리는 무슬림 지역의 한 신자의 집에 식사 초대를 받았다. 이 집은 모스크 바로 옆에 있었다. 확성기가 저녁 기도를 알리는 소리를 냈을 때 믿을 수 없을 만큼 큰 소리에 손님들이 기절할 뻔했다. 그들은 이전에 그렇게 큰 소리를 들어본 적이 없었고 의자에서 거의 나가떨어질 뻔했다! 그들은 심각한 문화충격을 경험했다. 내가 그들에게 말했다. "계속해서 드세요. 걱정할 필요 없어요."

다음날 우리는 모스크에서 강연하도록 초대받았다. 나는 이전에 모스크에서 설교한 적이 없었다. 나는 그들이 공감할 수 있는 언어를 사용하고 싶었기 때문에 그들에게 몇 가지 질문을 했다.

나는 이런 말로 시작했다. "여러분은 기도할 때 어느 방향을 바라보나요?" 그들이 대답했다. "우리는 서쪽을 향해 기도합니다." 내가 물었다. "거기에 무엇이 있나요?" 그들이 대답했다. "메카가 있습니다."

"우리는 메카가 있는 지역을 뭐라고 부르나요?"

"중동입니다."

"여러분은 중동 출신 중에 누구를 아나요?"

"아브라함, 다윗입니다."

"그밖에 누구를 아나요? 다른 선지자들은 누가 있나요?"

그들은 예수님(이사[Isa])을 비롯한 다른 많은 선지자들을 언급했다.

이때 내가 물었다. "예수님은 무엇을 하셨나요?"

"그분은 이야기들을 해 주셨고 진흙으로 새를 만드셨습니다."

나는 이 점에 관해 반박하려고 하지 않았다. 나는 그냥 질문했다. "그밖에 무엇을 하셨나요?"

"그분은 사람들을 고치고 선을 행하셨습니다. 그분은 최고의 예언자들 중 하나이셨습니다."

내가 말했다. "맞아요. 그분은 군중 앞에 서서 이렇게 말씀하셨어요. '너희 중에 누가 내게서 어떤 허물을 찾을 수 있느냐?' 그러자 사람들이 대답했어요. '찾을 수 없습니다.' 그분은 전혀 죄가 없으셨어요. 오직 그분만이 '네 죄가 용서받았다.'고 말씀하실 수 있는 권리가 있어요. 그분만이 '내가 모든 사람들을 심판하러 돌아오겠다.'고 말씀하셨어요. 그렇다면 우리는 그분에게 어떤 반응을 보여야 할까요? 이것이 내가 하는 일이에요. 이것이 내가 믿는 것이에요."

그들은 이 이야기를 좋아하며 말했다. "제발 또 와주세요!"

무슬림 문화와의 관계

이제 우리는 무슬림 지역사회와 매우 좋은 관계를 맺고 있다. 우리와 함께 사역하는 서양 선교사가 발견성경공부(Discovery Bible Study)를 사용해서 그들을 가르치고 있다. 내가 그에게 말했다. "당신은 한 특정 지역의 무슬림에 대한 비전을 가지고 있고 나는 당신이 성공하기를 바랍니다. 우리가 지역사회의 승인과 자유를 얻었기 때문에 당신도 공개적으로 성경공부를 할 수 있어요. 하지만 방심하지 마세요. 그들은 당신을 가까이서 지켜볼 거예요. 사람들이 존경할 수 있는 방식으로 옷을 입고 행동하면 모든 것이 잘 될 거예요. 수염을 기르고 특별한 기도 모자를 쓸 필요는 없어요. 그냥 자연스럽게 행동하세요. 그들은 당신이 다른 문화에서 왔다는 것을 알고 있어요. 다만 그들의 문화에 민감하게 반응하세요."

거의 10년 전에 나는 대다수가 무슬림인 국가에서 세미나를 열었고 무엇보다도 이 점을 강조했다. "내부자인 그 지역 사람들이 외부자보다 더 효과적이에요." 나는 신자들이 자신의 지역 상황에 남아있으면서 그 상황에 맞게 하나님의 말씀을 적용하도록 격려하려고 했다. 이것이 서구화된 형태의 기독교를 가져오는 외부자보다 더 나은 열매를 맺는다.

2년 후에 내가 다시 갔을 때 그들이 '내부자 운동(insider movement)'을 하고 있다고 들었다. 그들은 아주 혼란스러웠고 그곳의 사역자들 가운데 갈등과 혼동이 있었다. 사람들이 나에게 물었다. "당신도 이 '내부자 운동'이라는 걸 하나요? 당신은 그들이 뭘 하고 있는지 아세요?"

내가 말했다. "내가 말하려는 것은 그런 것이 아니었어요. 나는 사람들이 종교가 아닌 문화 안에 남아있으라는 뜻이었어요." 모든 문화에는 성경적 가르침과 양립할 수 있는 요소들이 있다. 이런 것들은 바꿀 필요가 없다. 그것은 수염을 기르거나 특정한 옷을 입고 가족이나 노인을 공경하는 것들이다. 성경을 위반하지 않는 자신의 문화적 양상들은 계속 유지하는 것이 좋다. 그러면 그 문화의 사람들에게 빛과 소금이 될 수 있다. 동시에 어떤 믿음과 의식은 성경에 어긋나기 때문에 잊어버려야 한다.

다른 종교 공동체들과의 관계

이곳의 종교 공동체들은 거주지역이 서로 겹치고 그들의 삶은 흔하고 자연스럽게 서로에게 동화된다. 나는 무슬림들에게 사역하려는 의도를 가지고 한 지역으로 갔는데, 다수 종교에서도 많은 사람들이 신앙을 갖게 되었다. 하지만 우리는 배타적이지 않다. 누가 그리스도를 믿는 것을 보면 그저 행복을 감출 수 없다. 예수님의 가르침은 이런 역동성을 갖고 있다. 다음의 두 가지 예를 살펴보자.

먼저 예수님은 하나님나라의 사역 중에 그물을 던지고 나중에 그것을 분류하라고 말씀하셨다(마 13:47-48). 당신이 호수에 가서 "일정한 크기의 물고기만 잡을 거야."라고 한다면 낚싯대를 들고 앉아 물고기를 한 마리씩 잡아야 한다. 하지만 그물을 던진다면 온갖 종류의 물고기가 다 잡힌다. 뱀을 잡을 수도 있는데 그것을 집에 가져가고 싶지는 않을 것이다. 또한 빈 콜라병을 건질 수도 있다. 나중에 이렇게 분류하면 된다. 간단히 말하면 당신은 이 사역에서 찬밥 더운밥을 가릴 때가 아니다. 당신이 어떤 비전을 가지고 시작할 수는 있지만 이후에 하나님이 당신의 비전을 조정하는 방향으로 인도하실 수 있다.

둘째, 예수님은 니고데모에게 말씀하셨다. "바람은 임의로 분다." 다시 말해서 "너희가 성령의 움직임을 통제할 수 없다. 그것을 느끼지만 통제할 수는 없다. 하나님의 영이 움직이실 때 기꺼이 따르라."

새로운 지역을 개척할 때 동질 개체의 원리, 즉 하나의 특정 종족만 대상으로 삼으려는 시도는 종종 유용할 수 있다. 그러나 우리는 그것을 전략으로 신뢰하지 않는다. 축구선수를 전도한다면 그의 친구들은 모두 축구 선수일 것이다. 그리고 사람들은 보통 자신과 같은 사람들을 전도하는데 가장 효과적이다. 그러나 보즈푸리에서 우리는 카스트, 경제적 배경, 교육 배경과 같은 몇 가지 도전을 동시에 해결했다. 서로 다른 동질 개체들을 각각 전도하려고 하는 대신에 우리는 언어와 문화를 사용해서 사람들을 전도했고, 그들이 자신의 그룹을 형성하게 했다. 이것이 결국 매우 아름다운 그림을 만들어냈다. 우리가 동질 개체 접근법만 사용하려고 했다면 실패했을 것이다.

하크(Haq)의 간증

나(하크)는 2009년에 무슬림 배경에서 주님을 믿었다. 나는 그리스도를 믿기 전에 의심 속에 살았다. 답을 찾기 위해 성경과 꾸란을 비교 연구했다. 그런 다음 나는 종교 지도자들에게 질문하기 시작했다. 그들 중 아무도 구원에 관한 기본적인 질문에 대답하지 못했다.

내 딸은 이 단체의 한 리더의 딸과 같은 학교에 다녔다. 우리 딸들은 그의 친구였고 서로에게 아버지를 소개해 주었다. 나는 처음 6개월 동안 이 형제가 나에게 복음을 전하거나 예수님의 이름을 언급하지 않는다는 것을 나중에 알았다. 내가 "무슨 일을 하세요?"라고 물었을 때 그는 말을 많이 하지 않았다.

그런 다음 그는 천천히 나에게 전하기 시작했다. 내가 제자화되고 있었지만 아직 완전히 헌신하지는 않았을 때 그가 나를 한 훈련에 데려갔다. 거기서 무슬림 배경의 리더들을 만났는데 그들은 내게 여러 가지를 잘 설명해 주었다. 나는 예수님을 따르는 것이 의미하는 바를 더 많이 이해하기 시작했다. 나는 사람들이 올바른 길을 따르기 위해 진리를 알아야 한다고 결정했다. 이 소식을 나 같은 이들에게 전하고 싶었다. 그래서 나는 복음을 공개적으로 전하기 시작했다.

2011년에 모임들을 개척하기 시작했는데 내가 신자가 된지 2년 후였다. 내가 사역하는 행정구역에서 박해는 세 가지 원인에서 비롯된다. 그것은 사회 전반, 특정 개인, 조직된 그룹들이다.

우리 행정구역의 모든 마을에는 기도하도록 사람들을 예배 장소로 데려가기 위해 마을을 돌아다니는 무슬림 그룹이 있다. 그들이 예수님의 이름으로 기도하는 모임을 알게 되면 그 모임에 참석하는 사람을 찾아낸다. 그런 다음 그들은 박해와 온갖 압력을 가하기 위해 이 사람들을 끌어낸다.

신자들은 이렇게 해명한다. "우리는 아무 잘못도 하지 않았어요. 성경이 명령한 대로 순종할 뿐이에요."

그러나 박해자들은 말한다. "왜 성경을 따르는 거요? 성경은 변질되었어요. 성경을 연구하는 사람은 누구든지 우리 신앙에서 쫓아낼 거요." 그들은 사회적, 언어적, 신체적 박해와 압력을 사용한다.

그래서 무슬림 배경의 일부 신자들은 두려움 속에 살고 있는데, 가족 구성원에 대한 두려움도 포함한다. 박해는 일반적으로 조직적이지 않다. 그것은 주로 "왜 금식하지 않는 거요? 왜 우리 예배 장소에 안 가는 거요?"와 같은 적대적인 질문들이 주는 사회적 압력이다.

때때로 우리는 종교 지도자들과 대화하면서 우리 신앙과의 유사점을 비교한다. 그들은 우리가 말하는 것을 대부분 받아들이지만, 구원에 관해서는 우리와 다르다. 나는 5명의 고위 종교 지도자들과 토론한 적이 있다. 나는 그들에게 예를 들면 수라 알-바카라(Sura al-Baqara, 2장) 62절과 같은 것을 나누었다. 거기서 이렇게 말한다. "믿는 자들, 유대인들과 기독교인들과 사비인들, 즉 알라와 내세를 믿고 의롭게 행하는 사람들이라면 누구든지 주님께 보상을 받을 것이다. 그들은 두려워할 것도 없고 슬퍼하지도 않을 것이다."

그들은 이것을 읽으면 조용해진다. 그리고 나면 그들이 말한다. "네, 그렇게 쓰여 있으니 틀림없네요. 하지만 우리는 성경을 신뢰할 수 없어요."

나는 내가 사역하는 지역사회 전체를 축복하기 위해 지속적으로 노력해 왔다. 예를 들면 2011년에 내가 사역하는 한 구역[40]에서 학교를 시작했다. 내가

---

40 인도에서 한 구역(block)은 여러 마을이나 마을 군락으로 구성된 시골 행정구역의 하위 단위다.

사역하는 다른 구역에서는 자조 그룹을 시작했다. 그 후 여성을 위한 재봉 센터와 어린이 문맹퇴치센터를 설립했다. 그들은 우리에게 자신들의 예배 장소 바로 옆에 이 센터를 위한 장소를 주고 우리를 감시했다. 그 후 우리는 기차역 근처에서 철길 아이들에게 사역하기 시작했다. 우리는 청결운동, 문맹퇴치센터, 지역주민이 그 지역사회를 위한 정부지원을 받도록 돕는 일 등을 비롯한 꽤 다양한 시도를 했다.

사람들이 예수님을 믿고 세례를 받기 시작했을 때 처음에는 가족의 반대와 사회적 압력에 자주 직면했다. 한동안 신자들은 계속해서 전통적인 무슬림 기도 예식에 참여했지만 그때마다 예수님의 이름으로 기도했다. 현재 그들은 여전히 기도를 가리키는 전통적인 용어인 나마즈(namaz)를 사용하지만 성경적인 내용으로 가정에서 예배를 드린다. 그들은 여전히 가끔 모스크에 가지만 거기서 기도 예식에는 참여하지 않는다.

고통스러운 박해

예전에 한번 나(하크)는 무슬림 배경의 리더 25명을 기초 훈련에 데려갔다. 모든 것이 잘 되었지만 나중에 그들 중 2명이 신앙을 버렸다. 그 후 그들은 기독교인에 대한 온갖 부정적인 정보를 퍼뜨렸다. 그날 밤 그 둘은 자신들의 예배 장소에서 내 이름과 모든 활동을 공개했다. 그들이 말했다. "내일 우리는 이 문제를 다루기 위해 회의를 가질 겁니다."

400명의 사람들이 마을 협의회 회의에 왔다. 그들이 나를 모욕했지만 나는 이 많은 사람들 앞에서 포기하지 않았다. 나는 그들의 비난에 계속 대담하게 대응했다. 하지만 그들이 나를 너무 가혹하게 반복적으로 공격해서 나는 심하게 흔들렸다. 그런 일이 있고 난 후 6개월 동안 주님을 섬기는 사역을 할 수 없었다.

이때 우사 다스(Usha Das) 자매가 나를 찾아왔다. 우리가 만났을 때 그녀가 나를 격려해 주었다. 그런 다음 나에게 물었다. "하나님이 당신을 부르시면 이 세상을 떠날 때 뭐라고 대답하실 건가요?" 그녀는 나에게 도전했다. "당신은 무엇을 믿나요? 성경이 진리라고 믿나요? 그것을 믿지 않으면 당신은 주님을 떠날 수 있고 섬기지 않아도 돼요."

그 후 나는 다시 섬김 사역을 재개할 수 있었다. 내가 그 마을로 다시 돌아갔을 때, 사람들이 나를 비웃고 부정적인 말을 했기 때문에 열매 맺는 사역이 불가능해졌다. 그래서 나는 거의 20마일 떨어진 더 큰 마을로 옮겨서 섬기기 시작했다.

우리는 지난 1-2년 동안 이렇다 할 박해를 받지 않았다. 약간의 반대에 부딪혔지만 심각한 박해는 아니었다. 신자들이 지역사회와 좋은 관계를 맺고 있기 때문에 지역 종교지도자는 기독교인들이 모스크를 방문해서 뒤에 앉아 예수님의 이름으로 조용히 기도하는 것을 상관하지 않을 정도다.

무슬림 사역의 현황

주님은 우리가 무슬림 지역에서 좋은 관계를 맺게 해 주셨다. 우리는 그곳에서 우리의 정체성을 가지고 숨바꼭질하지 않는다. 지역사회는 우리를 인정하고 우리도 지역사회를 인정한다.

우리는 23개의 예배공동체가 있는 2개의 인도인 구역의 마을들에 집중하고 있다. 이 모임들의 구성원은 대부분 다양한 배경 출신인데 평균 25%의 무슬림과 75%의 주류 종족으로 구성된다. 모든 예배공동체에서 나는 적어도 2-3명의 리더를 키우고 있다. 나는 모임을 격려하며 순회한다. 이 모임들 중 7개는 자마트(jamaat, 종교적 모임을 일컫는 아랍어 단어)라고 불린다. 그들은 매주 우르두어(Urdu, 무슬림 공용어)로 예배를 드리고 우르두어 성경을 사용한다. 또한 그들은 두 손을 벌리면서 무슬림에게 익숙한 기도방식으로 기도한다.

무슬림 지역에서 우리의 기본적인 접근법은 CLC 접근방식을 모방하는 것이지만 예컨대 언어, 인사말, 기도 방식과 자세에서 몇 가지 차이점이 있다. 또한 무슬림 배경의 새신자는 다른 종교적 배경의 새신자와 다른 제자도 이슈들과 다른 질문들을 가지고 있다. 그들은 이전의 거룩한 책(꾸란)을 통해 배운 것과 다른 교리를 알아가야 한다. 또한 그들은 여러 명의 아내를 둔 남성의 어려움을 비롯해서 가족의 생활방식에 대한 이슈들을 가지고 있다.

때때로 그들은 계속 수염을 기르고 모자를 쓰고 긴 옷(robe)을 입을 수 있는지 묻는다(우리는 성경이 이것을 정죄하지 않는다는 것에 주목한다). 혹은 그들이 이것을 물을 수도 있다. "지금껏 먹어왔던 음식을 계속 먹어도 되나요?" 우리는 그들에게 신약성경의 대답을 해 준다. 한마디로 하자면, "예"이다. 그들의 질문들과 이슈들 중 일부는 다른 배경의 신자들의 것과 다르지만, 우리는 매우 유사한 기본적인 제자도 방식을 사용한다. 리더들은 성경의 가르침에 따라 모든 신자들이 순종하는 제자로 살도록 훈련한다.

우리 지역에는 무슬림 가운데서 이런 식으로 사역하는 나 같은 리더들이 상당수 있다. 그들 중 일부는 한때 우리와 연결되어 있었다. 하지만 다른 단체들이 여기서 좋은 일이 일어나고 있다는 소식을 듣고, 그 단체들 중 일부가 와서 이 사역자들에게 돈을 주고 직원으로 채용하기 원했다. 무슬림에게 사역하는데 있어서 가장 큰 방해물 중 하나는 재정적 제안을 통해 리더들을 직원으로 삼으려는 다른 기독교 단체들이었다. 이런 일은 여러 번 일어났다. 하지만 우리는 계속 앞으로 나아가고 있다. 나는 올해

30명의 리더를 더 세우고 10개의 예배공동체를 더 개척할 계획이다.

결론

우리는 보즈푸리 운동이 인근 무슬림에게 영향을 미친 것으로 인해 하나님을 찬양한다. 다른 종교적 맥락과 사역의 열매를 얻고 싶어 하는 다른 기독교인들의 도전에도 불구하고 우리는 복음이 진전되는 것을 본다. 이런 아주 다른 상황에서 적용되는 동일한 기본 원리들이 새로운 과일 맛을 내고 있다. 이것으로 우리는 기뻐한다.

11장

리더십 개발 가운데 일어난 돌파

보즈푸리 운동이 시작되기 전 나(빅터)는 15년을 목사로 섬겼지만 늘 실망하고 좌절했었다. 교회 생활의 태도와 패턴은 미전도된 사람들을 전도할 가능성이 없어 보였다. 목사로서의 나의 리더십이 요구되었지만 그것이 우리가 대위임령을 완수하는데 별로 도움이 되는 것 같지 않았다. 하나님이 보즈푸리에서 일하셨을 때 그때 비로소 우리를 위해 영적 리더십의 본질과 그것이 어떻게 작동하는지 명확히 보여주셨다. 리더십에서 이런 패러다임의 변화는 내가 꿈꿔왔던 것보다 더 큰 결실을 거둘 수 있게 해 주었다.

지난 20년간 수많은 목사들이 좌절에서 결실로 전환하는 비슷한 경험을 했다. 이전에 낙심하고 좌절했던 많은 리더들이 이제는 잃어버린 사람들을 전도할 수 있는 풍성한 사역을 하고 있다. 이 운동에는 이전에 작은 교회의 소수의 신자들과 한 장소에서만 사역하던 일부 목사들이 속해 있다. 접근방식의 단순한 변화와 약간의 멘토링을 통해 그들은 놀랍게 성장했고 이제 두세 곳의 행정구역에서 사역하며 많은 리더들을 멘토링하고 있다.

우리의 리더십 접근법

사람들이 팀으로 일하는 것은 도전이 될 수 있다. 너무 많은 사람들이
혼자 일하기를 원하고 모든 것을 통제하고 싶어 한다. 우리는 이것을 완
화시키고 팀워크를 장려해야 한다. 이를 돕기 위해 우리는 공식 직함을
필요할 때만 공식적인 목적으로 사용한다. 나는 어느 한 스텝에게 말했
다. "당신이 질문에 답해야 할 경우에는 '내가 행정 책임자입니다.'라고 말
할 수 있어요. 그건 괜찮아요. 원한다면 명함을 만들어도 돼요. 하지만
역할에 대해서라면 직함을 너무 신경 쓰지 마세요." 우리가 직함을 기피
하는 것이 어떤 사람들에게 위협적이겠지만 어떨 땐 효과가 있다. 그것은
급진적이면서도 성경적이다.

　　우리는 리더십의 기본에 집중할 때 모든 것이 잘 돌아간다는 것을 발
견했다. 우리는 리더에게 두 가지 필수 자질, 즉 하나님을 향한 마음과
잃어버린 사람들을 향한 마음을 기대한다. 이것들은 마음을 다해 하나
님을 사랑하고 이웃을 자신처럼 사랑하라는 예수님의 대계명(마 22:37-
39)을 반영했다. 리더는 제자이고 제자는 죽을 때까지 배우는 삶을 산다.
당신은 예수님의 제자로 살고 죽는다. 이것이 내가 사람들을 훈련시키는
방법이고 내가 그들에게 기대하는 바다.

　　사람들이 모세, 여호수아, 다윗 등과 같이 다양한 리더십 모델에 대해
들을 때 혼란스러워한다. 그들은 생각한다. "나는 모세처럼 되고 싶어."
혹은 "나는 여호수아처럼 되고 싶지만 실제 일상에서 뭔가 놓치고 있어."
그들은 리더십의 본질은 잊은 채 형식과 기능에 지나치게 집중할 수 있다.

　　우리는 '리더가 되기 위한 10단계'와 같은 기억하기 쉬운 문구를 제시

하지 않는다. 우리는 자신의 성품과 삶에 적용하도록 하나님의 말씀에 순종할 것을 권장한다. 리더는 하나님과의 친밀한 관계가 필요하다. 그것은 비전과 목자의 마음을 키워주고 그들이 긍휼과 배려심을 갖도록 돕는다. 그것은 3개월의 목회적 돌봄을 위한 과정을 필요로 하지 않는다. 나중에 이에 대해 다루겠지만 우리는 모든 지역 리더들을 위한 더 단순화된 버전을 가지고 있다.

우리는 가장 중요한 일을 먼저 하는 것이 목표다. 나중에 원리들을 너무 빨리 가르치려고 하면 운동이 중단될 수 있다. 몇 사람만이 강도 높은 훈련을 위해 준비되어 있기 때문이다. 그리고 그룹과 교회의 지속적인 증식은 리더의 지속적인 증식을 필요로 한다. 나는 당신이 어떤 일을 하는데 있어서 편안해질 때까지 그 일을 해보라고 강조한다. 예를 들면 "내 아내와 자녀를 사랑한다는 것은 무엇을 의미하는가?" 나는 오만한 경향이 있어서 자녀에게 사과하는 것이 어려웠다. 그러나 나는 그것을 연습했고 그렇게 할 수 있었다. 결국 내 생활방식이 되었다. 이런 일을 하는데 리더십을 가지라.

많은 신자들을 양육하려면 그들과 시간을 보낼 수 있는 많은 목자들이 필요하다. 그래서 우리는 지속적으로 잠재적 리더들을 찾아낸다. 하나님은 이 운동에서 좋은 리더들을 우리에게 주셨다. 이 사역은 한 사람에게만 의존하지 않는다. 하나님의 영은 그분에게 순종함으로써 그분의 능력으로 사는 수많은 그분의 백성을 통해 일하고 계신다. 우리는 계속해서 사람들을 추가시키고 리더를 증식시키기 때문에 우리에게는 늘 젊은 리더십이 있다. 해마다 같은 훈련을 받는 같은 사람들이 아니라 새로운 리더들이 계속해서 부상하는 지속적인 흐름이 존재한다. 그리고 실제로 우리와 동역 관계에 있는 모든 사람들은 행복하고 건강하고 성공적이다. 우리는 그들의 간증으로 인해 하나님을 찬양한다.

리더십은 지위가 아니다

리더는 철학박사 학위(PhD), 목회학박사 학위(DMin), 그와 유사한 것을 가지고 있기 때문에 자격을 갖추는 것이 아니다. 우리 단체에서 리더십은 지위라기보다 기능이다. 리더는 누군가를 이끄는 사람이다. 우리에게 특별한 역할이란 없다. 모두가 모든 일을 한다. 델리에서 프로그램이 있으면 나는 요리를 한다. 우리는 팀으로 일한다. 아무도 특별하지 않다. 단지 정부에서 "책임자가 누구입니까?" 등을 물을 경우를 대비해서 서류상의 직함을 가지고 있을 뿐이다. 그러나 하나님나라의 관점은 다르다.

운동은 하나님이 비전을 전하고 그분의 백성을 동원하기 위해 리더를 도구로 사용하신다는 기본적 이해를 가지고 작동한다. 우리는 위계적 리더십의 사고방식을 피한다. 우리 스텝들은 '목사'나 '신부'와 같은 직함을 사용하지 않는다. 우리는 "당신은 리더입니다."라고만 말한다. 이것은 사람들이 자신이 이끄는 사람들을 기억하게 만든다. 먼저 그들은 가족을 이끈다. 쉽게 말해 경건한 아버지나 어머니라는 의미다. 또한 경건한 남편이나 아내, 경건한 형제나 자매, 경건한 친구다. 직장에서도 적용된다. 그 맥락에서는 어떻게 그리스도를 경건하게 대표할 수 있을까? 우리는 지역사회의 지도자가 될 수 있는 기회를 열어주는 지역사회 참여를 권장한다. 교회에 적용하면 한 사람이 진리, 의, 경건으로 자신의 가족을 리드하게 되면 하나님의 가족을 이끌 자격을 갖추게 된다.

처음부터 우리는 지위를 얻고 나면 돈과 모든 혜택을 얻을 것이라는 생각을 버렸다. 우리는 이중직 리더십에 집중하고 사람들에게 자신의 기술에 따라서 직업을 가지라고 권한다. 그들이 이미 직업이 있다면 그 일을 계속하면서 사람들을 이끌기를 격려한다. 운동은 급여와 돈에 의존할수 없다. 운동은 하나님과 이중직 리더들에 의존해야 한다. 우리가 리더들에게 급여를 주게 되면, 운동은 죽게 될 것이다. (또한 우리는 가지고 있는 돈도 없다)

우리는 교과서의 내용을 사용해서 리더를 훈련시키지 않는다. 일상생활의 예들을 사용해 일상적인 상황에서 예수님의 방식대로 살 수 있도록 리더들을 준비시킨다. "하나님의 말씀은 당신이 지금 당면한 문제에 대해 무엇이라고 말합니까?" 우리는 인생에 대한 교훈으로 시작한다. 때때로 교회는 "우리가 이 사람을 더 나은 리더로 만들어야 해."라고 생각한다. 그래서 많은 책들이 더 나은 리더가 되는 것에 대해 이야기한다. 그런데 우리는 우리 문화가 교만, 자아, 적대감을 조장한다는 것을 잊곤 한다. 우리 문화에서 겸손한 것은 연약하다는 의미다. 그래서 사람들은 자신이 100% 틀렸다는 것을 알고도 겸손하고 싶어 하지 않는다. 그러나 성경은 우리가 틀렸을 때 기꺼이 사과해야 한다고 말한다. 리더십은 여기서 시작된다. 예수님이 "위대해지고 싶은 사람은 누구든지, 모든 사람의 종이 되어야 한다."라고 하셨기 때문이다. 당신이 내려가지 않으면 올라가는 길은 없다. 가장 대표적인 예는 본질적으로 하나님이시지만 자신을 낮추신 예수님이다. 이것이 리더십의 초점 전체를 바꾼다.

겸손이 없으면 사람들은 쉽게 위계적 리더십을 따르게 된다. 그래서 모두가 주변의 다른 사람을 지배하려고 하기 때문에 사역은 방해를 받는다. 그들은 서로의 리더십을 받아들이고 싶어 하지 않는다. 어떤 사람들은 승진해서 특권층이 되려고 한다. 이런 위험을 피하기 위해 우리는 위계적 리더십을 지양하는 형태로 리더를 개발하는 것이 목표다.

리더십과 문맹률

보즈푸리 사역은 교육과 문맹률에 영향을 미쳤다. 우리에게는 이제 석사와 박사 학위를 가진 보즈푸리 리더들과 리서치를 하는 사람들이 있다.

몇 년 전에 우리는 문맹자들에게 효과적이고 지속 가능한 사역을 할 수 있는 방법을 찾아내기 위해 고군분투했다. 문제는 "이 사람들을 어떻게 훈련하는가? 그들을 어떻게 교육하는가?"였다. 기독교 리더십 교육은 전통적으로 매우 학문적인 과정이다. 초창기 보즈푸리 리더들의 학문적인 배경을 고려하면 전통적인 기독교 리더십 훈련을 시도하는 것은 재앙이었을 것이다. 그들 대부분은 구술 학습자들이다. 그들 중 일부가 몇 년간 학교교육을 받았지만 그들의 학습 습성이 기본적으로 구술적이기 때문에 문자 문화와 상당히 다르다.

서구 방식으로 접근하면 한 사람이 제자, 리더, 멘토, 교회개척자로 훈련받기 위해 글을 읽고 쓸 줄 알아야 한다. 이 시스템에서는 읽기가 사람들이 이런 것들을 배우는 유일한 방법인 것 같다. 선교학자들은 C1-C5 단계들, E1, E2, E3 척도들, 다른 종류의 숫자들과 단계들을 가진 복잡한 도표와 수치를 제공한다.

처음부터 이런 개념을 소개하면 재앙이 일어났을 것이다. 대부분의 사람들이 교회 안에서 리더들의 다양한 역할에 대한 학습과 문자 중심의 학습 방식이 가진 단조로움에 압도당했을 것이다. 우리는 이것을 단순화하는 것이 목표였다. 즉 기도, 증거, 일상생활에 적용하는 단순한 성경공부에 집중했다.

리더십 훈련의 형태

리더십은 운동의 배후에 있는 원동력이다. 우리는 리더가 없으면 아무것도 시작하지 않는다. 예배공동체를 시작하고 나서 리더를 찾으려고 하지 않는다. 우리가 리더를 훈련하고 멘토링한 후 그가 예배공동체를 시작한다. 그래서 우리는 새로운 제자, 리더, 고급 리더, CLC 리더를 위한 다양한 훈련 프로그램을 가지고 있다.

우리는 멘토링 관계를 통해 재생산하는 리더십에 집중한다. 멘토링과 코칭 관계는 한 청년에게 생명줄이 될 수 있다. 일부 사람들은 주당 1시간의 표준 교육 방식이 충분하다고 보지만 대부분의 경우 이것만으로는 충분하지 않다. 그들은 더 관계적인 것이 필요하다.

각 훈련 후 우리는 리더들에게 지속적인 멘토링을 제공하고 그들이 증식하도록 돕는다. 우리는 제자, 리더, 교회, 가르침을 끊임없이 재생산하려고 애쓴다. 우리가 훈련하는 모든 사람이 다른 사람을 훈련하기를 기대하기 때문에 모든 훈련은 훈련가를 위한 훈련[41]이다. 훈련은 사람들이 훈련을 촉진시키고 다른 사람들을 멘토링하도록 준비시키기 때문에 그들은 성장하고 증식하고 자신의 잠재력을 최대한 발휘할 수 있다. 이것이 리더 훈련의 목표다.

또한 우리는 일상생활의 교훈을 통해 가르친다. 신명기 6장 7절은 말한다. "네 자녀에게 부지런히 가르치라." 이런 가르침은 교실에 앉아있는 것이 아니라 일상생활에서 함께 있을 때 이루어진다. 예수님은 산에서 무리를 가르치셨지만, 또한 제자들과 함께 걸으면서 행함으로 가르치셨다. 그들은 그분이 사람들을 고치고, 굶주린 자들을 먹이고, 악령들을 쫓아내시는 것을 보았다. 나중에 걷지 못하는 걸인이 제자들에게 도움을 청했을 때(행 3:1-10), 그들은 이렇게 생각했다. "우리가 무얼 해야 하지?" 그들은 예수님이 하신 일을 기억하고 말했다. "일어나 걸어라." 그들은 과거

---

41 CPM 모델 중 하나인 T4T(훈련가를 위한 훈련, Training for Trainers)와 혼동하지 말라.

에 예수님이 하신 일을 본 대로 행했다.

훈련의 단계들

우리는 다양한 단계들로 지속적인 훈련을 제공한다. 제자 훈련, 리더십 훈련, 고급 리더십 훈련에 추가해서 지역(마을이나 동네) 수준에서 CLC (현장) 훈련도 연다. 기꺼이 훈련을 받을 사람이 10명만 된다면 어디든지 개설한다.

우리는 먼저 새로운 제자들에게 어떻게 다가가는지 어떻게 간증하는지에 대한 기초 훈련을 한다. 우리는 리더(한두 개의 예배공동체를 시작한 사람)들에게 다음 목표, 즉 어떻게 리더를 증식하기 시작할 지를 가르친다. 모임이 성장하면 우리는 여러 개의 가정 예배공동체를 이끄는 리더를 위해 3개월간 한 달에 두 번 고급 리더십 훈련을 제공한다. 이 고급 리더십 훈련은 어떻게 "제자 삼는 제자를 삼는 자들"을 일으키기 시작할지를 가르친다. 단지 제자 삼는 사역자나 그들을 만드는 사역자가 아니라 이들 모두를 생산하는 사역자, 즉 이것이 우리의 전체적인 리더십 개발의 핵심 초점이다.

(4장에서 설명한 것처럼) CLC 훈련은 리더가 현장에서 훈련하도록 준비시킨다. CLC는 어디서든 교육할 수 있는 플랫폼이 될 수 있다. 또한 CLC는 리더가 달리 접근하기 어려운 장소에 접근할 수 있도록 돕는다.

CLC 훈련은 단 하루 걸린다. 기초 리더십 훈련은 하루나 이틀일 수 있다. 고급 리더십 훈련은 최소한 6일(3달간 한 달에 2일)이 걸리고 참석자들은 고급 리더십 훈련 후 자격증을 받는다.

우리는 그룹을 막 시작한 새로운 제자와 신자를 위한 훈련센터도 가지고 있다. 여기서 훈련생이 6개월–1년간 매달 3–5일씩 참석하는 실습 훈련을 제공한다. 매달 나머지 대부분의 시간에는 그들이 배운 것을 개인의 삶과 사역에 적용하고 각자의 상황에서 실습한다. 그런 다음 그들은 질문과 간증을 가지고 돌아와서 더 많은 훈련을 받는다. 이 훈련은 체계적인 일련의 교육과정이 있다.

세대 간 재생산과 동기부여

우리는 북인도 전역의 여러 권역(zone)에서 가르치고 있다. 훈련은 처음에 권역 사무실에서 한 달에 며칠 동안 열리고 그다음은 주(state)사무실, 그다음은 지역, 그다음은 행정구역, 그다음은 하위 행정구역, 그다음은 마을에서 열린다. 따라서 모든 사람들이 훈련을 받는다. 내가 내 사무실에서 30명을 훈련시키면 이 30명이 다른 행정구역으로 가서 자신의 훈련 프로그램을 연다. 지역 훈련을 받은 사람은 누구든지 자신의 행정구역이나 마을로 돌아가서 자신이 준비시키고 있는 리더들을 훈련한다. 그런 다음 기초 단위에서 각 그룹의 일정에 맞게 훈련한다.

우리는 이런 다세대[42] 패턴이 디모데후서 2장 2절에서 설명되었다는 것을 안다. "또 네가 많은 증인 앞에서 내게 들은 바를 충성된 사람들에게 부탁하라. 저희가 또 다른 사람들을 가르칠 수 있으리라." 바울은 디모데처럼 이미 약간 경험이 있는 젊은 리더를 가르쳤다. 그 후 디모데처럼 젊은 리더도 이 구절에서 이름이 나오지 않는 세 번째 그룹을 가르칠 수 있었다. 그들은 섬기는데 충성되지만 결코 이름이 언급되지 않는다. 이 세 번째 그룹도 디모데후서 2장 2절에서 단순히 "다른 사람들"로 언급한 네 번째 세대를 가르칠 수 있다.

사도행전 19장 9-10절에서 우리는 바울이 두란도서원에서 2년 동안

---

42 육체적 출생으로 인한 세대가 아니라 제자와 교회의 증식으로 인한 세대를 가리킨다.

매일 토론했다는 것을 읽는다. 이 2년 동안 소아시아 전체는 주님의 말씀을 들었다. 우리는 이런 영향력이 목표다. 우리는 사람들이 제자를 증식하는 것뿐만 아니라 교회, 리더, 가르침을 증식하도록 훈련한다. 이 훈련의 초점은 사람들이 해야 할 일을 그들에게 가르쳐주는 것보다 스스로 발견하도록 돕는데 있다. 이러한 접근방식은 모든 단계에서 사람들에게 훨씬 더 많은 내적 동기를 불러일으킨다.

리더십 훈련의 요소들

리더십 훈련은 두 부분으로 진행된다. 첫째로 위에서 설명한 지속적인 '현장훈련'이다. 매달 3-5일 동안 재생산가능한 훈련을 하고 풀뿌리까지 전수한다. 리더는 매달 또 다른 며칠 동안 자신이 이끄는 사람들에게 그 훈련을 전수할 수 있는 창의적인 방법을 찾아낸다. 그는 아마도 주일 모임 후나 매주 금식과 기도의 날에 몇 시간 동안 훈련할 것이다. 그 마을의 상황에서 보면 대부분의 사람들은 농사나 장사를 하는 자영업자거나 숙련공이다. 그들의 일정은 유연하다. 준도시나 도시 지역에서는 사람들이 전임으로 일한다. 그들은 자신의 고용주와 좋은 관계를 유지하거나 훈련 시간을 보충하기 위해 밤이나 주말에 일한다. 우리는 고된 일정을 가진 사람들을 위해 (때때로 주말에) 별도의 훈련을 연다. 우리는 그들에게 묻는다. "언제 시간이 자유로우세요?"

둘째로 '견습제도'(apprenticeship)이다. 우리는 결코 혼자 사역하지 않는다. 항상 우리와 함께 하는 또 다른 신자가 있다. 그래서 리더가 사역할 때 누군가 보고 배운다. 인도에서 훈련은 흔히 견습 제도를 통해 이루어진다. 예를 들면 정비소에 가면 전문가 한 명과 신입 노동자 몇 명을 볼 수 있다. 몇 달이나 몇 년 후 신입들도 모두 전문가가 될 것이다. 그들은 함께 일하면서 배운다. 같은 방식으로 우리는 항상 리더가 멘토링하는 사람들 중 일부와 함께 하도록 권한다.

• 권한 부여: 리더십 훈련의 핵심 요소다. 우리는 처음부터 리더에게 권한을 부여하는 것이 목표다. (참고: 권한 부여[empowerment]는 위임[delegation]과 다르다. 위임은 내가 권한을 가지고 그것을 나누어준다[sharing]는 의미다. 권한 부여는 이제 권한은 당신의 것이고 나는 당신이 그 일을 하도록 돕는다는 의미다.) 어떤 사람들은 권한 부여가 단절을 의미한다고 본다. 하지만 그렇지 않다. 우리가 그 사람에게 멘토링을 계속하지만 그에게 모든 걸 숟가락으로 떠먹여 주지는 않는다는 의미다. 우리가 필요할 때 그들은 질문이나 문제를 가지고 찾아온다.

• 평가: 리더로서 우리는 이끄는 사람들을 평가하고 그들과 관계를 쌓는 일을 계속한다. 누가복음 10장에서 우리는 예수님께 돌아와 흥분해서 사역에 대한 간증을 나누는 제자들에 관해 읽는다. "주의 이름이면 귀신들도 우리에게 항복하더이다!" 예수님은 스승으로서 그것을 평가하고 말씀하셨다. "귀신들이 너희에게 항복하는 것으로 기뻐하지 말고 너희 이름이 하늘에 기록된 것으로 기뻐하라." 리더들이 간증을 나눌 때 나는 항상 평가한다. "그들이 올바른 방향으로 가고 있는가? 아니면 자신의 성공에 너무 도취되어 있는가?" 우리의 리더십은 항상 비판이 아니라 도움이 되는 평가를 한다. 누군가 간증할 때 우리는 너무 흥분하지 않는다. 예수님처럼 우리도 리더십 개발의 일환으로 사람들의 초점을 더 높은 수준으로 끌어올리기 원한다.

• 하나님을 신뢰함: 우리는 리더들이 하나님을 의지하고 항상 집중하도록 돕는다. 우리는 그들에게 말한다. "어떤 성공을 거두든지, 계속 하나님께 집중하세요. 당신이 아니라 그분이 모든 이야기의 주인공이십니

다." 사람들이 자신에게 집중하기 때문에 많은 사역이 사라진다. 그래서 우리는 리더십 훈련의 일환으로 리더들이 하나님께 집중하도록 돕는다.

실천과 개인적인 적용

우리의 리더십 훈련의 많은 부분은 우리가 사역을 하면서 새로 부상하는 리더들을 거기에 참여시킬 때 이루어진다. 많은 사역 기관이 신학 대학 등과 함께 많은 이론 훈련을 하지만 사람들이 배운 것을 연습할 기회를 주지 않는다. 우리는 하나를 가르치고 나서 말한다. "가서 해보세요." 그래서 그들이 무엇을 배우든지 즉시 자신의 삶에 적용한다. 그들이 더 많이 배우는 이유가 여기에 있다. 우리가 조금 가르치고 나서 그들은 그것을 행하고 우리의 가르침뿐만 아니라 자신의 경험에서도 배운다. 이것이 정말로 효과적으로 그들이 사역할 수 있도록 만든다. 그들이 우리에게 배울 때 이런 과정이 시작된다. 그들이 배운 것을 실행하기 시작할 때 하나님이 그들을 가르치시기 때문에 그들은 더 많은 것을 배운다. 그들은 하나님께 훨씬 더 잘 배운다. 그들이 다른 사람들을 가르칠 때 우리가 가르친 것에 더해 하나님이 그들에게 가르치신 것을 전수한다.

인도에서 5-10마일을 여행해도 흔히 방언과 문화의 차이점을 발견한다. 이런 역동성을 감안할 때 리더들은 우리가 말한 것을 정확히 반복하기보다 자신의 예를 사용하는 것이 더 낫다. 우리의 가르침은 그들에게 정보를 주입하는 것이 아니다. 함께 토론하고 발견하는 것을 포함한다. 우리는 그룹 학습 과정을 사용해서 훈련자인 우리도 배운다. 모든 사람이 자신의 경험과 배운 것을 합치면 주님의 인도로 새로운 결과가 나온다.

사람들을 적극적으로 훈련에 참여시키면 사역의 목표를 정하기가 더 쉽다. 아무도 그들에게 목표를 강요하지 않는다. 그들은 하나님이 그들이 추구하기를 원하신다고 믿는 목표를 스스로 결정한다. 그러면 그들은 그 것을 더 쉽게 달성할 수 있다. 그 계획이 하나님께로부터 왔기 때문에 그 들은 목표를 향해 가야 한다는 확신을 마음에 품는다.

신약성경에서 우리는 개별적으로 사역하는 사람들이 아니라 팀 리더 십을 본다. 우리가 개인에게만 집중한다면 실수하는 것이다. 사역이 한 사람에게 의존한다면 그 사람이 사라질 때 사역도 사라질 것이다. 이것 이 주님이 우리가 팀으로 사역하기를 원하시는 이유다. 팀 빌딩 과정은 함께 발견하는 과정을 포함한다. 팀으로 사역하면 가속도를 만들어내고 그 속도를 유지한다. 우리는 50명을 위한 훈련을 계획하지만 사람들이 배우기를 열망하는 친구들을 데려오기 때문에 종종 70명으로 끝난다.

실제적이고 사랑하고 성경적이다

우리에게 "훈련"이란 하루 종일, 혹은 한주 내내 사람들을 교실에 앉아있 게만 하는 것을 의미하지 않는다. 이것은 두 가지 필수 구성요소를 가진 실제적인 훈련이다. 먼저 두 시간의 강의실 훈련 후 묵상하고 토론하는 시간을 갖는다. 우리 사무실에서 리더들을 훈련할 때 오직 한 가지 주제 에만 집중한다. 우리가 주제에 관해 준비한 것을 나눈 다음 훈련받는 사 람들이 소그룹과 대그룹으로 토론하게 한다. 이런 접근방식은 리더들의 엄청난 성장을 촉진시켰다.

또한 우리는 훈련과정에서 리더들에게 사랑을 보여주고 그들과 양질 의 시간을 보내는 것이 필수적이라고 본다. 예수님이 이렇게 하셨기 때문 에 우리도 이렇게 한다. 우리는 이것을 리더들에게 전수한다. 우리는 사 람들이 리더십에서 길을 잃고 학습과 성장이 멈추지 않도록 애쓴다. 때 때로 훈련에는 리더들에게 경청하는 시간이 포함된다. 이때 그들은 "그가 나를 걱정해 주는구나. 내 가족을 사랑하는구나."를 느끼기 때문에 큰 격려를 받는다.

또한 우리는 리더들에게 말한다. "내 말을 무조건 믿지 마세요. 성경을 확인하고 그것이 성경적인지 다시 확인하세요. 성경적이지 않다면 돌아와서 나에게 말해 주세요." 우리는 성경에서 찾은 것에 덧붙이려고 하지 않는다.

개인적인 능력(skills) 사용

우리 단체가 리더십 개발에서 돌파를 경험할 수 있었던 핵심 요소는 로마서 12장에 설명한 것처럼 리더들을 존중한 것과 하나님이 그들에게 주신 능력과 달란트를 사용할 수 있게 한 것이다. 또한 우리는 그들이 사역하면서 배우고, 다른 사람들이 동일한 방식으로 배우도록 도우면서 배우게 한다.

우리는 현장 사역자들에게 자신의 실수와 경험에서 배우고 발전할 수 있는 특별한 기회를 제공한다. 우리는 사람들을 사역 프로그램에 참여시키고 그들이 가진 능력을 개발할 수 있는 기회를 준다. 우리가 그들을 위해 결정한 것을 강요하지 않는다. 리더들은 있는 그대로 온다. 누구든지 어떤 능력이나 달란트를 가지고 있다. 우리는 그들이 사람들에게 다가가기 위해 그것을 사용하게 한다. 이것 때문에 그들은 더 자신감이 생기고 사람들과 더 효과적으로 관계를 맺는다.

나(사티시)는 이것을 직접 경험했다. 내가 이 단체에 합류하고 빅터 존과 대화했을 때, 그는 내 사역 경험에 대해 많이 묻지 않았다. 내가 세속적인 분야에서 왔기 때문이다. 나는 어떤 사역 경험이나 성경 교육을 받은 적이 없었다. 그는 단지 "무엇을 하기를 원하시나요?"라고 물었다.

나는 가정 모임에 대해 잘 몰랐다. 나는 오랫동안 이런 생각을 해 왔다. "전통 교회에 무척 많은 사람들이 있고 거기에 많은 잠재력이 있어. 사람들은 하나님이 사용하실 수 있는 능력을 가지고 있어." 그래서 내가 말했다. "나는 이런 모든 사람들에게 하나님나라를 위해 사역할 수 있는 기회를 주고 싶어요. 사회에는 많은 필요가 있고 이 사람들이 다른 사람들과 효과적으로 관계를 맺고 복음을 전할 수 있어요."

빅터가 나에게 물었다. "어떻게 그 일을 하시겠어요?" 내가 말했다. "전혀 모르겠는데요." 그러나 그 열망은 2008년부터 지금까지 내게 남아 있다. 하나님의 은혜로 그는 신학 교육이나 사역 경험 없이 나를 리더십이 되게 했다. 그래서 나는 관리, 경영, 글쓰기 기술 등 세상에서 배운 모든 것을 하나님의 영광을 위해 사용하기 시작했다. 이 단체는 내가 내 능력을 사용할 때 사람들과 더 관계적인 방식으로 생각하고 관계 맺도록 도와주었다.

빅터 존과 다른 리더들로부터 나는 겸손을 배웠고 다른 리더들을 존중하고 존경하는 법을 배웠다. 나는 그들이 가진 능력이 무엇이든 존중하고, 점점 더 많은 성경적 지식을 얻기 위해 그들의 능력과 지식을 사용하도록 격려하는 법을 배웠다.

나는 동일한 전략을 멘토링하는 리더들에게 사용했다. 예를 들면 한 형제가 사역을 시작했을 때 어떤 성경 지식이나 사역 경험도 없었지만 1년도 안된 지금 50명 이상의 CLC 리더를 멘토링하고 있다.

내가 연마하고 습득한 능력들은 대부분 빅터 존에게 배웠다. 그가 우리 도시를 방문할 때마다 우리는 밤늦게까지 함께 앉아 토론하곤 했다. 그는 내가 많은 정보와 성경적 관점이 필요하다는 것을 알고 있었다. 그는 내가 그런 것들을 공부한 적이 없다는 것을 알았기 때문에 내게 통찰력을 주었다. 내가 배운 것이 무엇이든 다른 사람들에게 그들의 언어로 전수하려고 노력했다.

우리는 아주 간단한 순차적 패턴을 사용한다. 아닐이 우리와 사역하고 싶은 열망에 관해 상의하러 왔을 때 나는 우리의 접근방식을 이렇게 설명했다. "성경에 있는 모든 것을 한꺼번에 순종해야 한다는 생각으로 시작하지 마세요. 다만 하나님이 당신에게 이끄시는 것으로 시작하고 그것에 순종하세요. 그러면 점점 더 많은 것에 순종하는 법을 배우게 될 거예요. 결국 당신은 하나님의 모든 계명에 순종할 수 있을 거예요." 아닐은 이미 목사였고 사역 경험이 있었지만 이 단순한 생각이 그에게 매력적이었다. 그의 겸손이 그가 좋은 지위를 떠나 이전에 사역 경험이 없었던 내 리더십 아래서 우리 단체와 함께 사역하러 오도록 영향을 미쳤다.

라비의 리더십 개발 이야기

2005년 내가 우리 단체에 합류하기 전에 이미 보즈푸리 운동으로부터 많은 긍정적인 영향을 받았다. 내 영적인 삶의 초기부터 이 단체를 통해 격려받았다. 신앙을 갖게 된 직후 나는 이 단체에서 운영하는 한 달간의 훈련에 참석했다. 나는 2003년에 처음 사역을 시작한 후 2005년에 단체에 합류하면서 바라나시로 이사했다.

처음부터 지금까지 나는 한 행정구역에서 약 180명의 리더들을 멘토링하고 준비시켰다. 이 리더들은 다른 많은 행정구역으로 이동했다. 나는 여전히 그들과 연락하고 있고 그들이 새로운 모임을 시작하고 많은 리더들을 멘토링할 때 격려한다. 현재 그들은 이 지역의 거의 4000개 마을 중에 580개 마을에서 모임을 시작했다. 이것은 이 운동의 극히 일부분일 뿐이다.

나는 현재 60명의 리더들을 직접 멘토링하고 있다. 보통 적어도 한 달에 한번 직접 만나고 전화로도 연락한다. 그들은 언제든 내게 전화할 수 있다. 나는 훈련하거나 모임을 만들러 갈 때마다 이 리더들 중 두세 명을 불러 함께 간다. 그들은 이 과정에서 훈련받고 멘토링을 받는다. 그들은 여전히 배우고 있지만 때때로 나는 그들이 모임에서 특정 주제에 대해 강의하도록 초대한다. 우리는 주로 그룹으로 멘토링한다. 우리는 서구식 일대일 멘토링을 많이 하지 않는다. 바울이 디모데후서 2장 2절에서 이것을 설명했다. "네가 많은 증인 앞에서 내게 들은 바…" 바울은 디모데를 멘토링할 때 다른 증인이 있었기 때문에, 디모데에게 쉽게 책임을 물을 수 있었다. 일대일 멘토링은 책임감이 더 약하다. 그래서 우리는 그룹 멘토링에 집중한다.

또한 디모데후서 2장 2절의 바울의 설명은 세대 증식을 보여준다. 운동이 성장하고 증식할 때 우리는 리더와 그룹의 세대들을 추적하려고 노력한다. 우리가 멘토링하는 사람들의 간증을 통해 이것을 추적한다. 하지만 몇 세대가 지나면 그 증식 과정을 추적하기가 더 어려워진다.

내가 멘토링하는 리더들에게 가서 대화할 때 얼마나 많은 사람들이 신앙을 가졌는지, 리더들이 얼마나 많은 사람들을 이끄는지, 얼마나 많은 사람들이 리더가 되었는지를 추산한다. 그들은 열정적으로 나눌 간증이 많다.

우리는 리더인 비제이(Vijay)에게 그가 개척한 교회들의 세대 도표를 그려달라고 부탁했다. 그가 이끄는 교회들, 그 교회들이 이끄는 교회들 등등이 나온다. 그는 약 20분 만에 이 도표를 그렸다. (지난 몇 년 동안 새로운 사역은 7세대까지 늘었다.) 그런 다음 그가 언급했다. "미안해요. 이게 전부는 아니에요. 다음에 오시면 더 정확하게 그려 드릴게요." 세대 증식은 운동의 DNA인데 운동 안에 있는 모든 사람들은 누군가에게 멘토링을 받는 동시에 다른 사람들을 멘토링한다.

교회의 세대들

어린이를 위한 리더십 훈련

어린이는 이 운동에서 중요한 역할을 한다. 나는 내 가족에게 복음을 전하려고 왔던 어린 소녀 때문에 신앙을 갖게 됐다. 그녀가 내 아버지를 위해 기도했고 아버지는 나았다. 결국 우리 가족 전체가 예수님을 받아들였다.

이 운동에 특별한 주일학교 프로그램은 없다. 대신에 아이들은 부모와 함께 앉는다. 그 결과, 많은 어린이들이 성장하면서 교회개척에 참여한다. 그들은 가정에서 책임감을 갖는다. 그들은 부모가 배운 것과 동일한 것을 배우고 부모가 듣는 것과 똑같은 간증을 듣는다. 이 때문에 그들은 더 어린 나이에도 영적으로 성숙해지는 경향이 있다.

(9장에 설명된 니란카리 가족을 전도한) 마노즈[43]는 이런 아이들 중 하나다.

---

43   여기서부터 화자가 빅터와 다른 여러 사람들로 바뀐다.

운동이 시작되었을 때 그는 3살 정도였다. 그는 이 운동 안에서 어릴 때부터 자랐고 교회개척자가 되었다. 이제 20대 중반의 청년인 그는 이미 4-5세대에 걸쳐 87명의 리더들을 준비시켰다.

리더십 개발 콘퍼런스

리더십 훈련은 지역 센터, 지역 훈련 및 세미나를 통해 지속적으로 이루어진다. 또한 우리는 사역하는 리더들을 위해 매년 큰 콘퍼런스들을 연다. 리더들을 훈련하고 그들 가운데 일어난 하나님의 일을 축하하기 위해서 현재 6개의 큰 콘퍼런스가 매년 열린다. 각 콘퍼런스는 보즈푸리, 마가히, 아와디, 벵골리, 우르두, 도시 청년 등 6개 그룹 리더들을 섬긴다.

각 콘퍼런스는 참석한 리더들을 격려하고 그들의 역량을 강화하고 그들에게 영감을 주는 것이 비전이다. 이 리더들 대부분은 연중 51주를 매우 독립적으로 활동한다. 우리는 그들이 회합에 참여할 기회를 제공하여 북인도 전역에 걸친 사역의 최전선에서 자신의 역할을 하도록 준비시킨다.

각 콘퍼런스는 이런 목표를 가졌다.

• 격려: 주로 작은 마을에서 온 리더들은 전국의 리더들이 모인 큰 공동체에 참여할 수 있다. 그들은 교제, 기도, 예배, 성경 공부를 통해 서로 격려한다.

• 영감: 콘퍼런스는 리더들이 더 큰 공동체의 일원으로서 하나님을 예배하고, 하나님이 하시고 계신 일의 더 큰 그림에서 자신의 위치를 경험하게 한다. 또한 증식을 위한 영감의 주된 원천을 제공한다. 다른 사람들의 비전과 계획을 듣는 것은 복음을 전하려는 새로운 노력을 하도록 집단적 동기 부여를 가져온다. 리더들은 사역에 매진하도록 새로워진 활기와 동기를 가지고 콘퍼런스를 떠난다.

- 역량 강화: 콘퍼런스에서 시작되고 강화된 관계는 리더들의 역량을 강화시킨다. 생각을 교환하는 것은 그들이 끊임없이 변화하는 환경에 적응할 수 있게 한다.
- 책임과 확인: 콘퍼런스는 사역자들이 상호 책임 관계를 수립하고 사역을 위한 도구를 얻게 할 수 있다. 현 상황에서 대부분의 사람들은 서면 보고서를 제공하는 것이 어렵거나 불가능하다는 것을 안다. 그래서 콘퍼런스는 그룹 상황에서 얼굴을 맞대고 구두로 자기 책무를 나눌 기회를 준다. 그룹 안에서 자기 책무를 이야기하면 가까이에서 사역하는 다른 사람들이 자기 주변에서 일어나거나 일어나지 않는 일을 알고 있기 때문에 그룹 구성원들은 거짓말을 할 수 없다. 리더들은 내년을 위한 개인적인 목표와 그 목표를 책임 있게 수행하기 위한 계획을 가지고 콘퍼런스를 떠난다.

지역 리더 개발

지역 리더들을 개발하기 위해 우리는 세 가지 자질을 찾는 것으로 시작한다. (1) 주님에 대한 열정적인 사랑, (2) 친구와 가족의 구원에 대한 관심, (3) 배운 것을 다른 사람에게 전수할 수 있는 능력이다.

과거에 사역을 이끄는 대부분의 인도 선교사들은 남인도의 기독교인들이었다. 그러나 지난 10-15년간 많은 북인도 지역 사람들이 배우고 훈련받고 있다. 그들은 깨달았다. "나도 리더가 될 수 있다."

지난 5년간 많은 지역 리더들이 세워졌고 사역을 이끌 수 있었다. 역동성이 바뀌었다. 과거에 사람들은 이렇게 말하곤 했다. "아웃리치는 우리 일이 아니에요. 그것은 외국 선교사가 하는 일이고 나는 그저 교인일뿐이에요." 하지만 요즘은 지역 사람들이 주도권을 갖고 사역에 앞장서고 있다. 어느 한 행정구역에 고작 8명의 리더만 있었는데 지금은 무려 100명이 넘는다!

이제 지역 사람들은 그 지역 외부에서 도움을 주려고 오는 선교사들에게 말한다. "우리는 여러분을 환영해요. 하지만 여러분은 우리와 다른 역할을 가지고 있어요. 우리는 우리 종족과 언어와 문화를 여러분보다 더 잘 알기 때문에 그들에게 직접 가서 설교할 수 있어요. 여러분은 다른 언어와 문화를 가진 먼 곳에서 왔어요. 그래서 나는 여러분보다 우리 종족을 더 잘 이해해요. 하지만 여러분도 우리를 가르치고 훈련하고 멘토링하는 중요한 역할을 가지고 있습니다."

여러 종류의 리더들

우리는 현장 사람들뿐만 아니라 전통 교회의 목사들도 멘토링한다. 주님은 우리가 더 간단하고 더 재생산가능한 교회 형태로 나아가도록 그들에게 영향을 미치게 하셨다. 전통은 가치 있지만 그것이 교회 주변에 경계선을 세우지 못하도록 하는 것이 중요하다. 예를 들어 내가 작은 도시에 있을 때 참석한 교회의 목사는 매우 전통적이었다. 그는 그 교회 교인이 아니면 성찬을 받을 수 없다고 말했다. 나는 그와 대화를 나누었고 그는 이 문제에 대한 자신의 태도를 바꿨다. 이제 그는 다른 신자들이 예배와 성찬에 참여하게 한다.

이 운동에 속한 리더들은 풀뿌리 리더들과 주류 교회 리더들이 모두 성장하도록 돕는 일을 잘 해낸다. 우리는 그들에게 우리의 경험을 나누고 몇 년 내에 그들의 교회는 성장한다. 파트나의 한 교회는 전형적인 전통 교단에 속해 있지만 CPM 원리의 영향으로 변화되었다. 그들은 이제 젊은이들이 간증하고 사역에 참여할 수 있도록 많은 예배 시간과 기회를 제공한다. 그들은 파트나 주변에 25개의 예배공동체를 개척했고 우리를 주님 안에서 형제로 본다.

우리는 리더십이 교육이나 지위에 의존하지 않아야 한다고 믿는다. 우리 운동은 전혀 읽을 줄 모르는 일부 리더들도 포함한다. 최근 나는 우리의 최고 리더들 중 한 명이 완전히 문맹인 보즈푸리 여성 2명을 인터뷰하는 것을 들었다.

그는 그들에게 물었다. "여러분은 얼마나 많이 교육받았나요?" 그들이 대답했다. "전혀 교육받은 적이 없어요. 학교에 가본 적도 없어요." 그러자 그가 물었다. "얼마나 많은 교회를 이끌고 있나요? 한 명은 "세 교회요." 라고 말했고, 다른 한 명은 "일곱 교회요."라고 말했다.

또한 우리는 교회를 이끄는 18세 소녀도 있다. 그녀의 할아버지가 그 교회의 출석교인이다. 하나님은 평범한 사람들을 데리고 비범한 일을 하신다.

독자적인 리더들의 네트워크

인도의 많은 상황들은 리더들이 스스로를 개발할 기회를 주지 않는다. 하지만 CLC의 사역 방향은 리더들이 더 큰 자신감을 개발할 수 있는 기회를 주는 것이기 때문에 우리가 직접 그들을 감독하지 않더라도 그들 스스로 계속 사역할 수 있다. 우리가 아니라 그들이 그 사역을 소유한다. 우리는 지역 리더들이 그 사역에 주인 의식을 갖도록 돕는다. 이것은 새로운 패턴과 사고방식을 가져왔고, 특히 새로운 리더들이 발굴되는데 도움을 주었다. 그들은 스스로 사역하는 것의 가치를 이해하고 다른 주나 해외와의 관계도 개발한다.

많은 가정들이 비하르와 우타르 프라데시에서 사역하는 사람들을 지원하고 싶어 한다. 그러나 그들은 독립적으로 사역하고 있고 우리는 이 점을 아주 편안하게 느낀다. 우리는 너무나 많은 사람들이 이런 주도권을 갖게 되었기 때문에 하나님을 찬양한다. 우리는 부상하는 리더와 잠재적인 리더를 발견한 후 그들을 준비시키고 권한을 부여한다. 하나님께서 그들이 스스로 사역을 개발하게 하신다면 우리는 그들을 축복한다. 우리는 훈련(단기)과 멘토링(장기)을 제공한다. 우리는 그들에게 재정지원은 하지 않는다. 단지 그들을 방문해서 그들과 여러 가지를 나누는데 이것이 훨씬 더 중요하다.

우리는 가정 모임에서 십일조를 받지 않는다. 우리는 그들이 지역 리더들을 지원하고, 자기 지역의 가난한 사람들을 돕고, 지역사회의 사람들의 필요를 채우도록 격려한다. 한 리더에게 5-7개의 모임을 있다면 그의 재정적 필요를 충족시킬 수 있다. 그들은 가게나 소규모 사업을 운영할 수도 있다. 지역 모임은 그들의 순회 사역을 위한 필요를 채울 수 있다. 그래서 그들은 자급자족할 수 있다. 이런 지역의 재정적 독립은 운동이 외부 자금을 기다리지 않고 계속 증식할 수 있게 해 준다.

결론

이 운동은 비전통적이지만 매우 성경적 형태의 리더십과 리더십 개발에 기반을 두고 있다. 우리는 리더들에게 특별한 교회 직함을 사용하지 않고(마 23:8-11), 하나님이 주신 은사를 사용하여 모든 신자들이 사역하도록 준비시키고 격려한다(벧전 4:10-11). 우리는 그룹 멘토링과 실습 훈련의 패턴을 아주 단순하게 사용해서, 심지어 교육받지 못한 사람들도 제자, 교회, 제자 삼는 제자를 삼는 자를 엄청나게 증식할 수 있게 한다. 지역 리더들을 강화하고 의존성을 피하는 것이 장기적인 생존 능력을 가져왔고 운동이 중앙집권적 권력구조에 의존하지 않고 번성할 수 있게 했다.

이 모든 일을 주관하시고 인도해 주신 하나님께 영광을 돌린다.

12장

운동을 이끄는 원리들

모든 CPM은 기도로 시작되었고 각자의 독특한 방식을 가지고 있다. 운동은 우리의 활동에 연동되어 있지 않다. 우리는 운동을 방해하는 일을 할 수도 있고, 촉진하는 일을 할 수도 있다. 그러나 우리가 하는 어떤 일도 운동을 일어나게 할 수 없다. 오직 하나님만이 그렇게 하실 수 있고, 운동이 일어났을 때 그분만이 영광 받으시기에 합당하다. 그분은 우리가 함께 하든, 안 하든 엄청난 일을 하실 수 있다. 그래서 우리는 "내가 이러이러한 일을 했기 때문에 하나님이 역사하셨어요."라고 결코 말하지 않는다.

우리가 전략을 계획하고 하나님께 그 일을 축복해 달라고 구한 것이 아니다. 하나님이 이 종족 가운데서 주권적으로 자신의 영광을 위해 행하기로 선택하신 일에 은혜로 우리를 포함시키셨다. 우리는 주님의 인도를 따라 이 원리들을 발견했다. 우리는 이것들을 CPM의 공식이나 비결로써 제시하는 것이 아니다. CPM을 위해 하나님을 추구하는 다른 사람들이 기도하며 숙고해 보라고 나누는 것이다.

1. 열정적인 기도

기도는 운동의 핵심적인 특징이다. 신자들은 열정적으로 기도한다. 이것은 그들의 DNA 중에 일부다. 신자들이 모이면 누구든지 기도할 수 있다. 그들은 리더나 더 성숙한 신자들의 기도를 듣기만 하는 것이 아니다. 어떤 때는 다른 신자들과 함께 특별한 기도와 금식을 한다. 또 어떤 때는 모든 일상적인 활동 중에 하나님과 끊임없이 대화한다. 기도는 복잡하지 않고 누구나 할 수 있다. 너무 간단해서 (그리고 앞에서 이미 이것에 대해서 많이 언급했기 때문에) 더 이상 설명할 필요가 없다.

2. 즉각적인 개인 증거

새신자들은 즉시 친구와 가족에게 증거 하기 시작한다. 우리는 사람들이 신자가 된 다음, 전도하도록 "준비시키는" 수업에 앉을 때까지 기다리지 않는다. 전도 수업에 앉아있는 사람들은 흔히 비신자들과의 자연스러운 접촉을 이미 대부분 잃어버린 상태다. 교육 후, 그들의 머리는 너무 많은 정보로 가득 차서, 그들의 증거 하려는 시도가 자연스럽기보다 포장된 것처럼 보일 수 있다.

믿은 첫날부터 각 사람이 가진 가장 강력한 것은 개인 간증이다. 초기 제자들이 사도행전에서 말했던 것처럼 "우리는 보고 들은 것을 말하지 아니할 수 없다." 기다리지 않고 우리는 첫날부터 신자들이 자신의 간증을 나누도록 이끈다. 이것은 사람들을 연결시키는데 특히 더 많은 비신자를 복음에 연결시킨다. 마가복음에서 우리는 "즉시"라는 단어를 여러 번 반복해서 읽는다. 하나님은 모든 신자들을 그분의 이름의 영광을 위해 즉시 행동하도록 초대하신다.

3. 권한 부여의 문화

권한 부여의 문화는 운동의 여러 측면에 영향을 미친다. 첫째, 우리는 새 신자들이 복음을 나누도록 격려하는 것 외에도 어떻게 새로운 예배공동체를 시작하는지 그 모델을 보여준다. 그리고 그들이 즉시 새로운 그룹을 시작할 수 있도록 권한을 부여한다. 우리는 지켜보다가 이 새로운 제자들이 자신이 시작한 새로운 그룹을 이끌도록 권한을 준다.

"새로운 제자들이 즉시 새로운 예배공동체를 시작한다."는 말이 매우 이상하게 들릴지도 모른다. 그러나 우리는 불완전한 사람들에게도 사역을 맡길 수 있다고 본다. 예수님은 자신을 배신할 것을 알고도 유다를 비롯한 12 사도 모두에게 같은 것을 가르치셨다. 그분은 자신을 부인할 것을 알고도 베드로에게 같은 것을 가르치셨다. 따라서 결과에 상관없이, 우리는 그들에게 하나님이 우리에게 가르치도록 맡기신 것을 가르친다. 우리는 완벽한 상황과 완전한 사람을 기다리지 않는다. 사역에 대한 높은 자격 기준을 가진 그룹들은 항상 상대적으로 느린 성장을 경험한다.

예수님은 사역을 맡기기 전에 완전해지기를 기다리지 않으셨는데, 왜 우리는 제자화하려는 사람들이 아직 완전하지 않다고 스트레스를 받는가? 예수님은 제자들의 모든 한계와 불완전함에도 불구하고 그들에게 사역을 맡기고 권한을 부여하셨다.

둘째, 우리는 지역 수준에서 풀뿌리 리더십에게 권한을 부여하고 지역 리더들이 새로운 예배공동체를 시작하도록 지원한다. 우리는 사역을 취약하게 만드는 외부자에게 의존하는 사역을 하지 않는다. 우리는 지역 리더에게 권한을 부여한다. 이것이 지역의 주인의식을 가져오고 장기적인 생존 능력과 증식을 낳는다.

셋째, 우리는 모든 신자들이 예수님의 이름으로 사역하도록 권한을 부여하고 준비시킨다. 이것은 성직자와 평신도의 구별이 없다는 의미다. 우리는 위계적 리더십의 사고방식을 지양하고 스텝을 "성직자"나 "목사"라고 부르지 않는다. 특히 시골 지역에서 새로운 사람들과 관계할 때 우리는 그들에게 말한다. "나를 선생님이라고 부르지 마세요." 대신 우리는 서로 "형제"라고 부른다. 마을 사람들이 당신을 "선생님"이라고 부른다면, 그들은 당신에게 마음을 열지 않을 것이다. 그들이 당신을 "형제"라고 부른다면, 그들은 마음을 더 많이 열고 나눌 것이다. 공식적인 관계라기보다 개인적인 관계가 된다.

이 운동의 리더들 대부분은 이중직으로 사역한다. 우리는 목사에게 사례하거나 리더를 고용하지 않는다. 스텝을 고용하기 위해 더 많은 돈을 지불해서 리더를 추가하기보다 이 운동은 자발적인 동역자를 훈련해서 리더를 증식한다. 아무도 사역하기 전부터 급여나 직함을 원하지 않는다. 모두가 다른 사람에게 무언가를 받기 때문이 아니라 예수님께 순종하기 때문에 사역한다. 이것은 사람들에게 돈이나 직함을 주는 다른 기독교 그룹들로부터 오는 유혹을 허용하는 것이지만 우리는 주님과 그분의 자녀들 사이에 그 유혹을 내버려 둔다.

우리는 전임과 파트타임 사역자의 관점으로 생각하기보다 모든 사람을 하나님나라의 사역자로 본다. 우리는 사역에서 사람들에게 돈을 지불하는 것을 반대하지 않고 그 방식을 비난하지 않는다. 사실, 순회 사역자로서 사는 우리 중 일부는 사역을 위해 지원받는 것이 당연하다. 우리는 실제로 사역이 급여와 직함과 직접적인 관련이 있어야 한다는 전통적인 기독교 관점을 피할 뿐이다.

넷째, 우리는 교회 건물을 짓는데 자원을 투자하지 않는다. 초기부터 우리는 어디서든 어떤 상황에서든 기능할 수 있는 교회를 지지하고 촉진해 왔다. 교회 건물을 갖는 것은 편리성 외에도 영구성과 힘을 가졌다는 인상을 줄 수 있다. 그러나 한 그룹이 허가를 받고 자원을 모을 수 있을지라도 필연적으로는 교회 건물이 사역을 형성해 간다. 그것은 확산시키고 증식하기보다 모이고 유지하려는 내부지향적인 사역을 만든다. 우리는 리더들과 회중이 건물을 유지해야 하는 생존 모드에 갇히지 않는 활기차고 재생산하는 교회를 원한다.

우리와 같은 맥락에서 교회 건물을 갖는 것은 경제적 문제뿐만 아니라 정치적 문제와 종교적 문제를 일으킨다. 박해가 오면 교회 건물은 아주 쉬운 표적이 된다. 그리고 주님이 복음의 돌파를 가져오실 때 건물은 교회의 성장을 제한한다. 모두가 기존 교회 건물의 네 벽면에 적응해야 한다고 생각할 것이다.

이 운동에서 돌파가 일어나면 교회는 더 큰 건물을 짓기 위한 재정적 캠페인을 기다리지 않고도 새로운 교회를 쉽게 시작할 수 있다. 교회 건물을 기피하는 것은 신자들이 하나님나라의 진전을 위해 다른 곳에 자원을 배치하도록 권한을 부여한다.

4. 친구와 친척 전도

우리는 온 가족을 전도하는데 집중한다. 새로운 제자들은 가족과 친구에게 그들이 배우고 순종하고 있는 것을 이야기한다. 마가복음 5장은 예수님이 어떻게 귀신 들린 사람을 구하셨는지 말해 준다. 예수님이 그 지역을 떠나실 때 그 남자는 함께 가길 원했지만 예수님이 말씀하셨다. "집에 돌아가 주께서 네게 얼마나 큰 일을 하셨는지 네 가족들에게 알리라." 이 남자는 훈련받지 않았다. 신학교에 가본 적도 없었고 교회에 참석한 적도 없었다! 그는 사람들에게 무엇을 말하려고 했을까?

개인 간증은 모든 신학적 진술과 변증보다 더 강력할 수 있다. 머리로 말하는 것은 머리에 와닿지만 마음으로 말하는 것은 마음을 감동시킨다. 바울이 재판받을 때(행 24-26장), 그는 변증을 사용하지 않았다. 그는 자신의 간증을 사용했다. 그래서 우리는 항상 사람들이 간증을 사용하도록 권하고 그들은 첫날부터 주변 사람들과 나누는 습관을 갖게 된다.

5. 말씀이 기초다

복음은 흔히 말씀뿐만 아니라 표적, 기적, 능력 대결로도 돌파가 일어난다. 사람들은 최종 결정권을 가지신 하나님이 살아서 역사하시는 것을 발견한다. 그러나 우리는 기적이 아니라 하나님의 말씀이라는 영원한 진리에 자신의 믿음을 세운다.

우리는 사람들이 하나님의 말씀에서 그분의 뜻을 발견하고 순종하도록 훈련한다. 이것은 우리가 개인적으로 그리고 한 운동으로써 교회 전통보다 성경과 성령을 따른다는 의미다. 우리는 거의 혹은 전혀 결과가 없는데 늘 해오던 일이라고 하지는 않는다. 우리는 성경에 기록된 하나님의 목적에 방해가 되면 전통적 방식을 포기한다.

처음부터 나는 사람들에게 이렇게 가르쳤다. "안수받은 목사가 세례를 주지 마세요. 그런 순진한 생각은 버리세요. 가장이 세례를 주게 하세요. 장례식, 결혼식, 헌아식을 하는 오래된 전통적인 기독교 방식 때문에 걱정하지 마세요. 우리는 인도문화방식[44] 안에서 성경적으로 모든 것을 할 수 있어요. '성경이 이것에 대해 뭐라고 이야기하지?'라고 계속 질문하세요. 각 이슈에 대한 답을 찾고 나서 그 답에 대해 함께 논의해 봅시다." 단순한 성경적 접근방식에 대한 우리의 헌신이 교파를 만드는 것을 피하

---

44   13장의 3번째 질문에서 이런 문제를 어떻게 다룰지에 대한 논의가 나온다.

고, 대신에 유기적이고 토착적이고 역동적인 운동을 만들어 내게 했다.

6. 의도적 개척과 재생산

우리는 복음을 나누고, 제자 삼고, 교회를 개척하는데 있어서 늘 의도성을 갖는다. 이 세 가지는 모두 의도성이 필요하다. 자동적으로 일어나지 않는다. 우리는 의도적으로 제자를 낳는 제자를 낳고 교회를 개척하는 교회를 개척한다. 이 DNA는 20세대 이상의 교회 증식이라는 결과를 낳았다. 그것은 포장된 정보가 아니라 나누는 생활방식을 통해 전수된다.

모든 것은 의도적인 제자화에 달려있다. 제자도에 대한 명확성이 부족하면 실패한다. 많은 교회들이 제자 삼는 방법에 대한 분명한 생각을 가지고 있지 않다. "모든 족속(종족)으로 제자 삼으라."라고 예수님이 우리에게 마지막 명령을 하셨는데, 얼마나 슬픈 일인가? 맥도널드는 햄버거 만드는 법에 대해 혼란스러워하지 않는다. 맥도널드 직원에게 햄버거 만드는 법을 물어보면, 명확하고 간단한 대답을 줄 것이다. 하지만 대부분의 기독교인에게 제자 삼는 방법을 묻는다면 그들의 멍한 표정을 보거나 두서없고 복잡한 대답을 듣기 쉽다.

제자화는 견습 관계에서 가장 잘 일어난다. 이것은 모든 분야의 훈련과 학습에서 가장 효과적인 모델이다. 의사, 목수, 교사, 사업가들이 모두 견습 제도를 통해 배운다. 이것은 교육과정이 아니라 생활방식이다. 강좌가 아니라 일상생활에서 사람들에게 뭔가를 하는 법을 보여주고 그것을 함께 하는 것이다.

이런 제자화는 효과적인 리더십 이양을 가능하게 한다. 우리는 각자의 상황에서 끊임없이 새로운 리더를 멘토링하기 때문에 리더를 "맡을" 사람에 대해 걱정하지 않는다. 우리는 사역이 자신에게 집중되도록 유지하다가 다른 한 사람에게 그 사역을 물려주기를 원하지 않고 우리 자신을 증식한다. 예수님이 이 접근방식을 사용하셨다. 그분은 자신의 사역을 한 사람이 아닌 많은 사람에게 전수하셨다. 우리는 우리 자신을 권력의 중심으로 삼는 것이 아닌 분권화된 증식이 목표다. 제자도와 교회개척에 있어서 이런 의도성은 효과적인 재생산을 가져온다.

7. 말씀에 대한 순종과 책임

우리는 초기부터 순종이 생활방식이 되도록 사람들을 훈련한다. 그것은 리더가 한 특별한 해석에 순종하는 것이 아니라 하나님의 말씀에 직접적으로 순종하는 것이다. 너무 많은 기독교인들이 자신의 순종 수준을 훨씬 뛰어넘는 교육을 받기 때문에 순종은 필수적이다. 그래서 우리는 많은 지식을 전하기 전에 제자들이 순종하도록 돕기 시작한다. 새로운 사람에게 해야 할 일과 하지 말아야 할 일을 말하는 대신 그들이 예수님이 누구신지와 어떻게 그분을 따를 것인지를 발견하도록 돕는다. 신자들은 그룹에서 함께 배우고 성장함으로 자연스럽게 상호 책임을 갖기 때문에 늘 일상생활에서 말씀을 적용한다.

8. 문화적 적합성 및 총체적 사역

이전 장에서 설명한 것처럼 우리는 신약성경이 복음이 들어간 각 문화에 적합한 방식으로 하나님나라를 나타내도록 신자들을 불러냈다고 본다. 이것이 하나님나라가 수입된 외국 종교가 되지 않고 모든 맥락에서 번성할 수 있게 만들어준다. 복음의 총체적 메시지를 선포하는 것이 한 지역사회의 실제적 필요를 채울 수 있는 접근 기회를 가져다준다. 또한 신자들을 위한 영적인 복만이 아니라 모든 사람에게 가시적인 복의 열매를 가져온다. 이렇게 하면 예수님을 따르는 자들이 자기 마을에서 따돌림을 당하지 않고 지역사회의 중요한 구성원이 된다.

9. 타 종교에 대한 민감성

우리는 다른 사람들의 종교적 관습이나 믿음을 공격하거나 비판하지 않는다. 우리는 다른 신앙을 폄하하기보다 하나님의 위대함과 하나님나라의 삶의 복을 선포하고 드러내는 것이 목표다. 이것은 적대감과 불필요한 공격을 줄여준다. 이것은 사람들이 예수님의 탁월한 방식과 자신이 사용할 수 있는 다른 대안을 비교하고 결론을 내릴 수 있게 한다.

10. 개척적(사도적) 아웃리치

우리는 미전도 지역에서 교회를 개척한다. 우리는 더 많은 미전도 종족과 지역에 복음을 전하는 방법에 가치를 두고 지속적으로 집중한다. 이것이 운동의 지속적인 성장과 확장을 부채질한다. 우리는 지속 가능한 사역을 목표로 개척 지역에 들어간다. 이때 주님이 그 지역에 이미 준비해 두셨을지도 모르는 지역 동역자를 발견하도록 인도하시는 주님께 민감해야 한다.

11. 동역 관계

우리는 훈련이나 동역 관계에 관심이 있는 지역 신자들이나 단체들과 함께 일하는 것이 목표다. 우리는 모든 주에서 수백만 명의 사람들에게 전도하는 것이 엄청난 과제라는 것을 안다. 우리 혼자 해낼 수 없다. 그래서 우리는 다른 신자들을 초대해서 우리의 모든 프로그램에 동역자로 참여시킨다. 우리는 지역의 주인의식이 사역의 지속가능성을 위해 필수적이라고 확신한다. 예를 들면 우리 단체가 아니라 지역 동역자의 사역을 강화하기 위해 각각의 CLC를 디자인한다. 우리는 지역적 특색을 만들어내기 위해 지역 사람들이 책임을 지고 리더십의 지위를 갖도록 돕고자 한다.

우리는 복음을 전파하기 위한 하나님의 유일한 대답이 되기를 바라거나 주장하지 않는다. 우리는 다른 사람들이 사역을 소유하기 원한다. 그래서 우리는 자신의 종족을 전도하려는 열정을 갖고 있으면서 사적 이익을 추구하지 않고 주인의식을 가질 이해당사자인, 지역 사람들에게 투자한다.

이 접근방식은 운동이 살아남고 번성할 수 있게 했다. 우리가 운동을 소유했다면 진전될 수 없었을 것이다. 우리는 운동을 관리하지 않는다. 그것은 불가능하다. 우리의 모든 프로그램과 사역에서 우리는 지역 리더들을 강화시킨다. 그렇게 하면 우리는 새로운 개척 지역으로 자유롭게 이동할 수 있다.

결론

이것들이 보즈푸리 운동을 이끄는 핵심 원리들이다. 이것들은 CPM을 위한 비결이 아니라 보즈푸리와 그 주변 다른 종족들 가운데 일어난 운동에 스며든 원리들이다. 이것들은 우리 상황을 위한 주님의 인도를 보여주고 다른 상황에서도 유용할 수 있다.

13장
운동에 대해 자주 하는 질문들

이 책을 읽은 후 몇 가지 질문이 생길 수 있다. 이것들은 목격자들이 보즈푸리 운동에 대해 들었을 때 제기하는 가장 자주 묻는 질문들 중 일부이다.

1. 일반적인 가정교회 모임은 어떤 모습인가?

가정교회가 반드시 집에서 모이는 것은 아니다. 보통 그렇게 모이지만, 외부 들판이나 뜰에서 만날 수도 있다. 가정교회(예배공동체)는 지정된 "교회 건물"이 아닌 다른 곳에서 만나는 모임이다. 장소는 중요하지 않고 모임 시간이나 빈도도 중요하지 않다. 보통 가정교회는 40-100명이 모이고 흔히 누군가의 집안 뜰에서 비닐 그늘막을 치고 모인다.

우리의 접근방식은 처음부터 교회 건물에 투자하고 싶지 않다는 것이었다. 우리는 돈도 없고 교회가 건물에 갇히면 재생산이 잘 이루어지지도 않는다. 주어진 교회가 얼마나 커질지도 잘 모른다.

가정교회

　가정교회 모임에는 제자화된 사람들, 제자화되고 있는 사람들, 제자가 되는 일에 관심 있는 사람들이 모두 포함된다. 많은 가정 모임에는 아직 세례를 받지 않은 사람들 일부와 세례를 준비하는 소수도 있다.

　모임은 보통 현지어로 부르는 많은 찬양, 기도, 성경 읽기, 간증으로 구성된다. 또한 병자를 위해 기도하고 사람들이 삶에서 직면하는 어려움과 도전에 관해 대화하고 나서 이 모든 것을 놓고 기도한다. 그런 다음 누군가 보통 1시간에서 1시간 20분 정도 하나님의 말씀을 설교하거나 가르친다. 이때 끼어들기, 의견 제기, 질문이 가능하다. 이 시간은 대화식이지 일방적인 강의가 아니다. 그들은 헌금을 하는데 때때로 시골 교회에서는 돈이 아닌 현물로 하는 경우도 있다. 대부분의 그룹들은 매달 성찬을 함께 나눈다. 다른 모임들은 한 달에 두 번 혹은 매주 한다. 지역에 따라 다양하다. 교회의 장로들은 (남성뿐만 아니라 여성도) 기도하고 성찬을 섬긴다.

　그룹들은 보통 간단한 인도 악기를 가지고 찬양 반주를 한다. 그래서 외부 사람들은 익숙한 소리를 듣는다. 악기는 인도식 드럼, 작은 풍금(손으로 펌프질 하는 오르간), 작은 심벌즈 등이 있다.

　교회는 장소와 상황에 따라 한 주간 다양한 요일에 모인다. 거의 모든 교회가 한주에 한번 이상 일반적으로 한주에 두세 번 모인다.

2. 교회의 리더십 구조는 어떠한가?

교회는 일반적으로 한 명의 리더가 아니라 복수의 장로들과 여러 단계의 리더십을 가지고 있다. 교회가 재생산하거나 리더 한 명이 떠나더라도 이러한 복수의 리더십으로 인해 모든 것이 잘 돌아간다. 문화를 존중하기 위해 여성은 보통 여성의 목회적인 이슈를 다루고 남성은 남성을 다룬다.

40-100명이 모이는 전형적인 가정 교회에는 보통 4-6명의 장로들이 있다. 일반적으로 선임리더는 한 명인데 동등한 관계의 리더십들 중에 첫 번째다. 그는 임명에 의해서가 아니라 자연스러운 관계 가운데 그렇게 인정된다. 신자들은 상사이기 때문에 한 사람에게 복종하는 것이 아니라 사랑과 존경으로 서로 복종한다. 이 운동에서 우리는 서로를 "형제"라고 부르고, 최고 리더를 형님으로 본다. 이것은 지위보다는 애정을 보여준다.

교회는 다양한 유형의 사람들을 포함한다. 오직 한 가지 유형의 사람만이 교회를 운영할 수 있는 것은 아니다. 제자화 과정에서 다양한 사람들의 필요를 다루고 교제할 수 있는 다양한 유형의 사람들이 필요하다. 일부 교회 리더들은 이렇게 생각한다. "내가 직접 이 모든 사역을 다 해야 해. 나는 그것을 하기 위해 임명되었고 사람들이 내게 그것을 기대하기 때문이야." 그러나 우리는 다양한 사람을 사역에 참여시키고 교회 안에서 그들의 관계를 감당하려고 노력한다.

3. 가정 교회(예배공동체)는 결혼식과 장례식 같은 예식을 어떻게 다루는가? 이런 행사를 주관하는 특정한 사람이 있는가?

중앙 정부는 출생, 결혼, 사망을 등록하도록 요구한다. 그래서 우리는 부부에게 합법적인 결혼식을 갖으라고 권한다. 또한 결혼을 축복하기 위해 모임 전체가 함께 예식을 갖는다. 지역 교회 리더들이 보통 결혼식과 장례식을 인도한다. 우리는 모든 가정 교회 리더들이 자신의 상황에 맞게 이런 일을 하도록 준비시키고 격려한다. 결혼식은 그 지역의 다른 결혼식들과 같아 보이지만, 기독교식 기도와 성경이 결혼에 관해 가르치는 메시지가 포함된다. 그것이 유일한 차이점이다. 그래서 사람들은 안다. "그리스도인이 되었더라도 결혼하기 위해 우리 문화를 버릴 필요가 없구나." 장례식의 경우 현지 사정에 따라 일반적인 인도 관습처럼 일부는 화장도 한다. 그들이 예전에 해오던 의식들만 행하는 것은 아니다. 그들은 잠시 기도하고 지역 문화에 맞게 예식을 진행한다.

보즈푸리 찬양집에는 결혼, 출산, 죽음, 성찬, 헌아식, 자녀 생일, 기념일, 세례 등과 같은 행사에서 무엇을 해야 하는지에 대한 지침서가 포함되어 있다. 리더들이 그런 일을 처음 한다면, 거기서 그들이 따를 수 있는 모범을 얻게 된다. 또한 우리는 훈련을 통해 그들이 준비되도록 돕는다. 찬양집이 보즈푸리어(일부는 다른 언어)로 되어있더라도 이 지침들은 모든 종족의 사람들이 접근할 수 있도록 힌디어로 작성되었다.

일부 그룹은 사람이 사망한 후 며칠 동안 예식을 치른다. 이 예식은 이전의 의식이 아니라 기도를 포함한 기독교 방식으로 행해진다. 우리는 전통적인 모임을 완전히 없애지 않고 애도하는 대신 축하한다. 사람들은 모든 친척들을 예식에 초대하고 복음을 나눈다. 죽은 사람에게 기도하거나 그의 영의 평화를 위해 기도하는 대신에 그들은 하나님이 행하신 일들로 인해 그분께 감사한다. 그래서 장례식은 죽은 사람을 위해 애곡 하는 모임이기보다 축하 행사다.

이 예식에 참석하는 사람들은 보통 긍정적으로 반응한다. 비신자들은 이와 같은 것을 본 적이 없기 때문에, 그들의 마음 문을 여는 기회가 된다. 때때로 약간의 부정적인 반응이 일어나지만, 사람들은 일반적으로 그렇게 진행되는 방식을 좋아한다. 우리는 이런 축하 행사를 위한 규정된 전례를 가지고 있지 않다. 우리는 원리를 만들고 모범을 단순하게 유지하려고 노력한다. 그래서 누구나 쉽게 복음의 생활방식을 전수하고 실천한다.

많은 낮은 카스트 사람들은 높은 카스트 사람들만큼 예식이 많지 않다. 그리고 다른 카스트들은 그들만의 다른 예식을 가지고 있다. 그래서 우리는 예식에 대한 어떤 규칙도 만들지 않는다. 우리는 그들이 자기들의 상황에서 적절하고 의미 있는 예식들을 치르도록 격려한다.

4. 모임을 언제 교회로 여기는가?

이 책에서 우리는 "예배공동체", "모임", "그룹"과 같이 교회를 설명하기 위해 의도적으로 다양한 용어를 사용한다. 이것은 맥락의 민감성을 반영하지만, 교회론적 모호성을 드러내지 않는다. 우리는 교회에 대한 명확한 정의를 갖는 것이 중요하다고 생각한다. 한 집에 두세 사람이 모이는 것이 가정 교회는 아니다. "교회"는 빵을 떼고, 기도하고, 서로 격려하기 위해 정기적으로 함께 만나는 신자들의 모임이다. 핵심 요소는 회개, 제자도, 그리스도를 따르려는 헌신, 세례다. 신자들은 그리스도 안에 있는 자신의 새로운 삶을 축하하려고 함께 모이고, 모임을 떠나면서 복음을 계속 전파하겠다고 약속한다.

또한 교회에 대한 정의에서 교회는 정해진 장소(그래서 모든 사람이 만나는 장소를 안다.)와 정해진 리더나 리더들이 있다는 점을 포함한다. 많은 모임에서 때때로 참석자들의 절반이 아직 세례 받지 않은 추종자들이다. 그들은 여전히 진행 중이다. 그들은 와서 성경공부를 하고 기도에 참여하지만 아직 교회의 일원은 아니다. 그들은 교회의 방문객이거나 손님이다. 이것은 많은 사람들이 믿음으로 향하는 과정의 정상적인 일부다.

이 운동의 교회들은 어떤 교파에도 속하지 않지만 교회의 모든 기능을 수행한다. 때때로 교회가 교파에 속할 수도 있고 이때 일반적으로 더 전통적이 되는 경향이 있다. 우리는 그것을 가정 교회라고 부르지 않는다.

5. 이 운동에서 교회의 수를 어떻게 집계하는가?

가정교회의 맥락에서 교회는 관계를 기반으로 시작하기 때문에 얼마나 많은 교회가 시작되고 있는지에 대해 대략적으로 알고 있다. 하지만 우리는 관리적인 세부사항보다 아웃리치에 집중하기 때문에 특별히 교회 수를 집계하려고 하지 않는다. 무언가를 입증하기 위해 큰 숫자를 인용해야 한다고 생각하지 않는다. 사람들이 한 장소에서 만나기 시작하고 세례 주고 교회의 기능을 수행하기 시작하면 우리는 그것을 교회로 여긴다. 교회가 재생산하기 시작하면 몇 번이나 증식했는지와 얼마나 많은 새 교회를 낳았는지를 추적하기가 매우 어려워진다.

우리는 우리가 직접 훈련한 리더들이 시작한 모임의 수를 안다. 그러나 이 모임들은 장소를 옮기고 증식하고 때때로 몇 개의 모임이 더 큰 교회로 합병한다. 우리가 이 모든 수치를 계속해서 면밀히 추적하기 시작했다면, 주된 초점을 잃었을지도 모른다.

6. 목사들에게 사례하지 않고 어떻게 사역을 유지할 수 있는가?

우리는 처음부터 이중직 리더들(바울, 아굴라, 브리스길라와 같은 '텐트 메이커')을 훈련하는 것이 목표였다. 우리는 이미 목사로 섬기는 사람들에게 또 다른 직업을 갖으라고 강요하지 않는다. 그러나 우리는 농부, 교사, 기술자, 다양한 분야의 노동자들이 교회개척자가 되고 교회를 이끌도록 권한다. 그래서 처음부터 사역에서 급여를 받는 것에 의존하지 않았다. 이 운동은 급여에 의존하지 않고 우리는 운동을 방해하는 급여를 받고 싶지 않다. 모든 하나님의 백성이 주님을 섬길 수 있는 권한을 부여받았기 때문에 이 운동은 번성하고 있다.

7. 어떻게 그룹을 형성하는가?

한 곳에 적어도 두세 명의 신자가 있을 때 우리는 그들이 그룹을 형성하도록 권한다. 또한 그들도 3-4명의 구도자에게 그룹에 참여하도록 초대할 수 있다. 그런 다음 모임을 갖는다. 처음에 4명이나, 5명이나, 7명이 매주 한번 모일 것이다. 모임은 기도와 찬양으로 시작하고, 그다음 천천히 간증을 나누기 시작하고 나서 시편으로 시작해서 하나님의 말씀을 나눈다.

예를 들면 내가 모임을 이끄는데 참석한 구성원들 중 두 명이 3마일 떨어진 곳에서 나온다. 한두 달 정도 그들이 우리 그룹에 올 수 있지만 그리고 나면 나는 그들에게 자기 마을에서 그룹을 형성하라고 권한다. 그러면 이 두 사람은 가족과 친구들을 모으고 예배 모임을 시작한다. 그룹을 형성하는 것은 매우 관계적이고 친구와 가족의 자연스러운 패턴을 따른다.

처음에 리더는 새로운 리더들에게 어떻게 예배드리는지를 보여주고 찬송가와 기도회 인도법을 가르쳐 준다. 처음 한두 달간 리더는 그들을 멘토링하고 안내해 준다. 그들이 예배 그룹을 시작한 후 성경적 예배공동체의 모든 기능을 수행할 만큼 성장하는 동안 리더는 그들을 한 달에 한 번 방문하고 멘토링한다.

8. 교회의 증식은 어떻게 일어나는가?

증식은 처음부터 즉시 일어난다. 교회가 너무 커져서 나눠야 하는 것이 아니다. 교회의 모든 사람에게 동기부여가 되어있고 모든 사람이 의도적이다. 증식은 담임 목사에게 의존하지 않는다. 한 리더가 한 교회에서 20-50명을 돌보는 동안 그 교회의 누군가는 또 다른 교회를 시작한다. 새로운 교회 개척은 교회의 구성원이나 리더, 누구나 할 수 있다. 사실 우리는 직함이 가진 기존 사고방식 때문에 흔히 사람들을 장로나 목사라고 부르지 않는다. 매주 예배를 인도하는 것을 제외하고는 모든 사람들이 목사들을 회중과 매우 동등하게 여긴다. 그래서 모든 사람이 제자를 생산한다. 목사, 장로, 교인이 모두 제자를 생산한다. 그리고 11장에 나오는 비제이의 세대 도표에서 설명한 것처럼 이 제자들 중에서 새로운 회중을 위한 리더들이 자연스럽게 등장한다.

9. 연대기적 성경공부를 하고 있지만 아직 신자가 아닌 구도자들의 발견 그룹이 있는가?

우리는 전도를 하기 위한 방법이 아니라 신자 훈련과 리더 훈련을 위한 귀납적 성경공부 방법으로써 발견성경공부를 사용한다.

10. 발견성경공부에서 일반적으로 사용되는 질문들은 무엇인가?

우리의 기본 패턴은 사람들이 하나님께 듣고 순종하는 일상을 개발하도록 돕기 위해 4가지 간단한 질문을 사용한다.

   1. 이 본문은 무엇을 이야기하는가? (자신의 말로 어떻게 표현할 수 있는가?)

   2. 이 본문에서 주된 원리는 무엇인가?

   3. 이 본문에 순종하기 위해 나는 무엇을 해야 하는가? (내 삶에 어떻게

적용할 것인가?)

　4. 방금 내가 배운 것을 누구에게 가르칠 수 있는가?

11. 이 운동에서 가르침과 설교의 역할은 무엇인가?

이미 언급했듯이 말씀을 가르치고 설교하는 것은 신자들의 모임에서 정기적인 부분이다. 또한 가르침은 이 운동에서 세대를 통해 전수되는 고급 리더십 훈련에서도 매달 이루어진다. 콘퍼런스와 세미나도 가르침과 설교를 포함한다. 하지만 우리는 설교를 특별한 사람들이 하는 것으로 강조하지 않는다. 설교는 다양한 사람들이 할 수 있다.

12. 리더들이 신학교에 다니지 않으면, 이단이 이 운동에 들어오는 것을 어떻게 막는가?

성경이 주된 권위를 가진다. 이 운동은 그룹 학습과 그룹 책임 방식을 사용한다. 한 사람이 성경에 근거하지 않는 가르침을 가지고 들어올 수 없다. 그룹의 나머지 사람들이 그것을 받아들이지 않을 것이다. 신자들은 단지 재능 있거나 뛰어난 한 개인의 생각을 따르지 않는다. 그들은 단순하게 성경을 가지고 자신의 삶에 적용하려고 한다. 그들은 지식이 아니라 순종을 강조한다. 가르침이 새롭고 흥미로운 아이디어를 제시하며 '지식'을 강조할 때 이단이 들어온다. 제자도가 순종에 집중할 때, 주안점은 "해보자"가 된다.

　그룹 학습 과정은 발견성경공부, 기도, 간증으로 구성된다. 그래서 모든 신자는 함께 배우고, 함께 문제를 다루고, 함께 기뻐한다. 책임감은 가족처럼 관계를 통해 생겨난다. 누군가가 잘못된 방향으로 향하면 다른 가족들이 그 조짐을 알아차리기 시작한다. 교회에서도 마찬가지다. 이것은 사람들이 모두 괜찮다는 것을 확인시키기 위해 주간 보고서를 쓰는 것과는 다르다. 이것은 관계적이다. 실제 대화에서 사람들은 자신의 마음에 있는 것을 나눈다.

새로운 제자들을 위한 커리큘럼은 CPM을 좌절시킬 수 있는 두 가지 요소를 막아내도록 성경적 진리를 전달한다.

- 종교적 혼합주의 – 종교의 오래된 사고방식이 교회의 관습으로 들어오는 것
- 명목상 기독교 – 그리스도에 대한 진정한 경험이 없는 기독교 세대

또한 우리는 콘퍼런스와 세미나를 개최하고(이미 앞에서 묘사한 것과 같이) 매달 3-5일 정도 리더를 위한 훈련을 연다. (그런 다음 리더들이 자신이 이끄는 사람들에게 그것을 전수한다). 이것이 지속적인 연결과 관계를 가져온다. 또한 정기적인 상호 작용과 방문은 은연중에 책임감을 갖게 한다.

13. 이 운동에서 세례를 어떻게 다루는가?

우리 스텝이 사람들에게 세례를 주지 않는다. 사람들이 한 지역사회에서 신앙을 갖기 시작하면 흔히 첫 번째 신자인 평화의 사람이 세례를 준다. 시골의 맥락에서 세례는 모임을 시작한 지역 리더가 준다. 다른 도시에서 온 사람이 아니라 그 지역 사람이 세례 주는 것이 중요하다.

일반적으로 리더는 세례를 받는 사람과 가장 가까운 사람을 고려한다. 그가 이미 신자가 된 가까운 친척(삼촌, 아버지, 어머니, 혹은 친구)이 있다면 보통 그 사람이 세례를 주도록 권한다. 그것은 항의와 박해를 줄여준다. 친척이 세례를 준다면 아무도 의문을 제기하지 않는다. 그것을 그들의 권리로 여긴다. 아들이 아버지에게 세례를 주더라도 아무도 신경 쓰

지 않는다. 그것은 가족 문제다.

한 사람이 세례를 받을 때 자신이 어떻게 그리스도를 알게 되었는지를 간증하는 것이 중요하다. 때때로 온 가족이 함께 신앙을 갖기도 하지만 흔히 개인이 먼저 신앙을 갖는다. 대부분의 사람들은 그리스도를 알게 되자마자 세례를 받는다. 이것은 새신자가 받는 기본적 가르침의 일부다. 동시에 우리는 온 가족이 함께 준비하는 세례를 받게 하고 싶다. 그래야 그들이 함께 어떤 압력이나 박해에도 살아남을 수 있다. 사람들이 많아질 때까지 기다리지 않고 세례 주는 것이 중요하다. 두 사람이 세례 준비가 되었다면 우리는 두 사람에게 세례를 준다. 우리는 그들이 큰 무리가 세례 받을 때까지 기다리지 않도록 하기 위해 애쓴다.

세례는 어디서나 줄 수 있다. 상황에 따라 다르다. 근처에 강이 있으면 우리는 그것을 이용한다. 혹은 사용할 수 있는 물탱크가 있다면 집에서 줄 수 있다. 상황에 따른다. 어떤 신자든 사람들에게 세례 줄 수 있다. 제한이 없다. 일반적으로 여성은 다른 여성에게만 세례를 주지만 그것이 규칙은 아니다. 여성이 남성에게 세례를 줄 수 있는 경우들도 있다.

14. 개인 전도와 가족 전도를 어떻게 다루는가?

우리는 복음을 전하는데 있어서 하나님이 사람들을 자신에게로 이끄시는 어떤 방법이든지 환영한다. 때때로 온 가족이 함께 신앙을 갖기도 하지만 흔히 개인이 먼저 신앙을 갖고 나서 나머지 가족을 전도한다. 한 사람이 치유받았기 때문에 신앙을 갖게 되면 흔히 그 사람이 처음 그리스도를 영접한 후 온 가족이 그리스도를 영접하게 된다.

15. 교인들은 그리스도의 인성을 어떻게 이해하는가?

그들은 3억 3천 가지 신들을 따르는 대신에 오직 한 분을 따르기로 선택했다. 그들은 모든 이름 위에 뛰어난 한 분의 이름을 위해 고난을 겪어왔다. 사역이 끌어모으는 식이기보다 관계적이고, 인간 중심적이기보다 그리스도 중심적일 때 그리스도가 첫날부터 초점이 된다. 사람들은 그리스도께 빠져들고 하나님은 사람으로 나타나신다. 기적, 사람들, 기독교, 혜택 때문이 아니다. 사람들은 시간이 지나면서 예수님이 누구신지를 발견하고 하나님은 그들에게 자신의 능력을 보여주신다. 그래서 그들은 하나님을 살아계신 분으로 알게 된다. 제자 삼기의 요점은 예수님을 따르는 것이다.

16. 이 운동에서 기도의 역할은 무엇인가? 기도는 어떤 모습인가? 예를 들면 교회 개척자가 오랫동안 매일 기도할 때, 하나님과 어떻게 교제하는지 설명할 수 있는가?

기도는 이 운동에서 너무나 중요한 부분이다. 이 운동의 DNA의 일부이자 운동의 핵심이다. 기도 없이 아무 일도 일어날 수 없다. 우리가 하는 모든 일은 기도로 시작한다. 우리는 신자들이 자신을 위해 기도할 뿐만 아니라 다른 사람을 위해 기도할 수 있도록 훈련시킨다. 우리는 그들에게 이렇게 가르친다. "내가 여러분을 위해 기도하고 있는 것처럼, 여러분도 가서 다른 사람들을 위해 똑같이 기도할 수 있어요." 또한 우리는 그룹 기도, 기도 행진, 금식 기도, 철야 기도, (특히 선거기간에) 나라를 위한 기도를 한다. 박해가 어딘가에서 일어나고 있다면, 그곳을 위해 기도한다. 우리는 그리스도의 몸 안에 있는 모든 사람들을 기도에 참여시킨다. 그들에게 기도가 목사와 리더만을 위한 것이 아니라고 가르친다.

기도는 모든 사람을 전능하신 하나님과 연결시킨다. 우리는 심지어 비신자들도 참여시킨다. 누구나 자신의 필요가 있다. 그래서 리더들은 자신이 모든 필요를 채워주려고 하기보다 비신자들에게 이렇게 격려한다. "살아계신 하나님께 당신을 연결해 보세요. 하나님은 믿음으로 하는 기도에 응답해 주십니다." 그래서 그들이 하나님께 기도히고 대부분의 경우 하나님이 그 기도에 응답하시고, 이 일을 통해 그들에게 믿음의 여정의 시작이 된다. 그 후 그들은 모임에 초대되어 멘토링을 받고 함께 성경을 읽는다. 그래서 기도는 출발점이다.

때때로 모임은 한 비신자의 필요를 위해 함께 기도할 것이다. 그것이 기도는 만트람[45]을 외치는 것이 아니고 살아계신 하나님과의 개인적인 소통이라는 것을 비신자들이 알도록 돕는다. 기도는 침묵하거나, 그룹으로 하거나, 한 사람이 또 다른 한 사람을 위해 기도할 수도 있다.

우리 문화에서 누군가에게 "당신을 위해 기도해도 될까요?"라고 물으면, 거의 항상 "물론이죠. 저를 위해 꼭 기도해 주세요."라고 대답한다. 그래서 기도는 접근 전략처럼 좋은 연결 도구가 된다. 누군가 기도에 열려 있다면, 그는 더 많은 것에 마음을 열지도 모른다.

인도의 종교적인 사람들 대다수는 단 세 가지 문제에 개인 기도를 집중한다. 그들은 악령으로부터의 보호(신들이 자신에게 해를 끼치지 않도록 달래기), 번영(재산의 증가), 원수에 대한 승리를 위해 기도한다. 구원이 그들의 삶에 임할 때 그것이 온전한 변화를 가져온다. 그들은 더 이상 번영이나, 신들을 달래기 위해 기도하거나 원수에 대한 승리를 위해 간구할 필요가 없다. 우리는 원수를 사랑하고 하나님을 향해 더 성장하도록 도와달라고 하나님께 기도한다. 우리는 재산을 늘리는데 집중하지 않는다. 이

---

45 만트람(Mantram) 또는 진언(眞言: 참된 말, 진실한 말, 진리의 말)은 "영적 또는 물리적 변형을 일으킬" 수 있다고 여겨지고 있는 발음, 음절, 낱말 또는 구절이다.

기적인 이득보다 하나님의 영광을 위해 기도한다.

새신자들은 하나님의 백성들과 기도하면서 합심 기도에 대해 배운다. 그들은 기도가 손뼉을 치거나 다른 몸동작이 아니라 하나님과의 대화라는 것을 발견한다. 합심 기도는 그들에게 혁명을 일으킨다. 제자도와 멘토링의 일부는 모델을 보여주는 것인데 기도의 모델을 보여주는 것도 포함된다.

이 운동의 리더들 대부분은 기도하는데 하루 3-5시간을 사용한다. 이 사실은 조사되고 보고되었다. 이것은 이 운동의 문화 중 일부다. 첫 번째 동기부여 요소는 전도하려는 그들의 비전이다. 그들은 새로운 장소로 갈 때 인도해 달라고 기도한다. 생존을 위해 기도하고 비기독교인과 자신을 박해하는 사람들로부터 오는 도전과 관련해서 기도한다. 질문을 가지고 오는 구도자와 소통할 때 지혜를 달라고 기도한다. 그리고 어떤 사람이 악령을 쫓아내거나 누군가를 치유하기 위해 기도하러 가자고 그들을 초대할 때 그들은 하나님이 자신을 사용해 달라고 미리 기도하는 시간을 갖는다.

17. 이 운동에서 기도 행진은 일반적인가?

사람들은 새로운 사역을 시작하기 위해 새로운 지역이나 마을로 갈 때 흔히 기도 행진을 한다. 우리는 개척할 지역이나 미전도 지역에 갈 때마다 항상 기도로 시작한다. 때때로 둘 씩 짝지어서 혹은 그룹 전체가 기도 행진을 한다. 보즈푸리 운동이 시작되기 전에, 그리고 진행되고 있을 때도 우리는 기도 행진을 많이 했다. 이것은 중요한 장소와 영적인 힘을 가진 특별한 장소와 관련된 기도를 포함한다.

걸으면서 기도하는 것은 우리 맥락에서 많은 사람들에게 새로운 경험이다. 우리는 사람들을 경험을 통해 훈련시킨다. 사람들이 함께 걸으며 뭔가를 토의할 때 가끔 자연스럽게 기회가 생길 수도 있다. 그들 중 한 사람이 이렇게 제안할지 모른다. "이 일에 대해 우리가 기도하면 어떨까요?"

기도 행진 같은 것들은 리더 개인의 패턴이나 선호도에 많은 것이 달렸다. 우리가 그것을 간섭하거나 감시하거나 감독하지 않는다. 하지만 이 운동은 기도의 문화가 분명히 존재하고 기도에 상당한 시간을 사용한다.

18. 대부분의 리더들이 이중직이고, 하루에 3-5시간 기도한다면, 어떻게 사역과 가족을 위한 시간을 갖는가?

8시간 자고 8시간 일해도 여전히 하루에 8시간이 더 남는다. 이 시간에 기도, 식사, 사역, 가족과 그 밖에 다른 모든 일을 한다. 하나님은 우리가 그분이나 서로를 위한 시간이 없도록 만들지 않으신다. 나는 하나님께 "주님을 위해 15분 밖에 없어요."라고 말할 수 없다. 그리고 내 아내나 아이들에게 "15분 내에 해야 할 말을 다 해."라고 말할 수 없다. 인도에서 시간 사용은 관계에 더 기초한다. 따라서 서구의 관점에서 보면 많은 시간이 낭비된다고 말할 수 있다. 하지만 우리에게는 그것이 일을 성취하는 방법이다. 그리고 마을에서 많은 이중직 사역자들은 농업이나 장사를 하는 자영업이거나 숙련공이다. 그들은 새벽 4시 반에 일어나 하루 일을 시작하기 전에 두 시간을 기도한다.

어떤 사람들은 어린애들을 돌보거나 부엌 일을 하는데 분주하다. 그래서 부엌 일을 하면서 기도한다. 나는 기도하는 것 외에 아무것도 하지 않으면서 두 시간을 보내지 않는다. 우리는 무슨 일을 하더라도 기도할 수 있다. 내가 방문하려고 할 때 가는 길에 그 방문과 모임을 위해 기도한다.

19. 이 운동에서 금식은 흔히 행해지는가?

금식을 행하는 것은 리더들과 그들의 하나님과 관계에 따라서 다양하다. 대부분의 모임은 정기적으로 매주 기도와 금식의 날을 갖는다. 주일이나 수요일 저녁이나 모두가 동의하는 날에 한다. 흔히 그들은 밤을 새워 기도한다. 혹은 그들이 심하게 아픈 사람을 위해 기도하려고 한다면, 때때로 신자들에게 요청한다. "주님이 이 사람을 치유해 주시도록 금식하며 기도합시다." 그리고 때때로 그들은 금식하며 기도 행진을 하려고 짝을 정한다.

일반적으로 신자들이 금식과 기도를 위해 모이면 예배로 시작하고 난 후 그들의 다양한 필요를 위해 기도한다. 그들은 자기 이웃과 그 지역을 위해 기도하고, 하나님이 그들에게 갈 곳을 보여주시고 그곳의 문을 열어 주시기를 기도한다. 혹은 그들이 이미 한두 번 접촉했던 그 지역에 다시 가서 후속조치를 취하길 원할 수 있다. 그래서 그것을 위해 그룹 기도를 한다. 또한 능력 대결이 자주 일어나기 때문에 능력 대결을 할 때마다 그것에 담대히 직면할 수 있도록 예수님의 보혈(계 12:11)로 덮어 달라고 기도한다. 악령을 쫓아내는 것은 쉽지 않지만 새신자들에게는 새로운 경험이다.

20. 새신자들이 기도로 하나님과 관계 맺도록 준비시키기 위해 어떤 훈련을 개발했는가?

우리는 기도가 포함된 제자도에 관한 소책자를 가지고 있다. 하나님의 말씀을 가르칠 때 우리는 모든 것을 가르친다. 우리는 성경, 모범, 직접 참여를 통해 기도를 가르친다. 이것은 모두 재생산이 가능하다.

21. 어떻게 누군가를 제자화하는가?

우리는 제자화 과정 내내 기도한다. 우리는 관계를 맺기 위해 먼저 그 사람과 접촉한다. 그 관계를 통해 그는 복음의 일부분이나 우리의 간증이나 삶을 통해 어떤 식으로든 그리스도를 아는 것에 관심을 갖게 될 수 있다.

다음 단계는 누군가 그리스도께 헌신할 때이다. 그들은 하나님의 능력을 경험하고 기도를 배우고 하나님의 능력을 자신의 삶에서 경험한다. 그 제자화 과정 중에 그들은 자신의 가족과 친구에게도 전한다. 그것은 그들이 헌신하는 동안 그들이 다른 사람들도 똑같이 할 수 있도록 준비시키기 위해서다. 그런 다음 그들은 모임을 시작하고 교회의 일원이 된다. 때때로 그들도 새로운 모임을 시작하라는 영감을 받는다.

우리는 제자화 과정의 일부로써 사람들을 기도, 성경공부, 신자들과의 교제에 계속 참여시킨다. 또한 우리는 그들에게 어떻게 성장하는지, 기도하는지, 믿음을 계속 유지할 수 있는지에 대한 우리의 간증을 나눈다. 그리고 힘든 상황이 오면 그것을 어떻게 다루는지에 대해서도 나눈다.

"새로운 제자들을 위한 커리큘럼"은 새신자들에게 (하나님, 사람, 죄, 구원, 하나님의 말씀에 대한) 성경의 기본 지식을 알려주고, 이 진리들을 영적 성장과 하나님의 말씀에 순종하기 위해 어떻게 적용할지를 알려준다. 또한 그들이 잃어버린 자들을 전도하고 다른 사람들과 제자화 과정을 시작할 수 있도록 준비시켜 준다. 이 과정은 복음의 순수성을 지키면서 다양한 문화적 배경에 그것을 적용하는 것이 목표다. 우리는 상호 책임을 갖기 위해 가급적 그룹으로 모여 참여자들과 제자들이 성경에서 이런 진리를 발견하도록 대화식으로 가르치기 위해 이 커리큘럼을 고안했다. 우리는 지식을 습득하는 것보다는 실제 일상생활에서 하나님의 말씀에 순종할 수 있도록 제자 한 명 한 명을 격려하는데 집중한다. 제자들이 다른 사람들을 제자로 삼고 이 과정이 지속적으로 계속될 때 그 자연스러운 결과가 CPM이다.

22. 멘토링 과정은 대체로 어떤 모습인가?

멘토링은 정해진 커리큘럼에 의존하지 않는다. 그것은 저절로 모아진다. 멘토링 관계에서 리더들은 자신이 멘토링하는 사람들과 정기적으로 만난다. 그들이 직면한 이슈들에 대한 성경적 관점을 얻고, 복음을 나누는 법을 알고, 교회를 시작하고 운영하는 법을 배우도록 돕는다. 또한 미래에 일어날 수 있는 모든 일에 그들을 준비시키고 일반적으로 마음속에 있는 모든 것을 나눈다. 이것은 함께 무언가를 하는 일상적인 과정이다. 함께 실행하고 진행되는 사역을 관찰한다. 매일 만나는 것은 아니다. 그들은 기회가 생길 때마다 시간을 함께 보낸다. 때때로 그들은 함께 기도하거나 멘티가 가진 의심이나 질문을 다룬다. 때로는 직면한 이슈들을 다루기 위해 성경적인 참고사항을 나누거나 목회적 돌봄에 관해 조언하거나 이슈를 다루기 위해 책을 추천한다. 이것은 장기적인 관계다.

새로운 리더(멘티)가 교회에서 문제를 겪는다면 멘토는 개인적으로 교회나 가정을 방문해 몇 가지 지침을 주거나 그 지역의 리더들과 함께 올 수 있다. 가장 중요한 것은 그 리더와 시간을 보내는 것이고, 그래서 그가 필요할 때 멘토가 시간을 낸다는 것을 아는 것이다. 마찬가지로 각 리더가 자신이 이끄는 공동체와 사람들에게 시간을 낼 수 있게 되는 것이 목표다.

리더들이 자신감을 갖게 되면 멘토링 시간은 줄어든다. 우리는 새로운 리더들에게 앞서 나갈 수 있는 자유를 준다. 그들이 잘하고 있다면 그들을 항상 가르치거나 간섭할 필요는 없다. 하지만 그들이 이야기해야 할 문제나 질문이 있다면 우리는 여전히 시간을 낼 수 있다. 멘토링은 일정대로 진행되지 않는다. "이제 X만큼 시간이 지났으니, 다시 이야기할 시간이에요." 이것은 좀 더 서구적 접근방식이다. 멘토링에서 가장 중요한 부분은 리더들에게 사역에서 자유를 주고, 통제하지 않고 권한을 부여하는 것이다. 이것이 증식에 도움이 된다.

멘토링을 항상 (남성은 남성을 멘토링하고 여성은 여성을 멘토링하는) 동성끼리 하는 것은 아니다. 때때로 혼성 간에도 하지만 우리는 둘이서만 대화하지 않도록 주의한다. 우리는 일대일로 멘토링하지 않기 때문에 항상 주변에 다른 사람들이 있다. 그룹은 책임감을 부여하기 때문에 우리는 항상 팀으로 일한다. 우리는 결코 혼자 돌아다니지 않기 때문에 멘토링이 개인 중심으로 이루어지지 않는다.

23. 여성들은 이 운동에서 어떤 역할을 하는가?

우리는 여성을 복음과 사역에서 동등한 동역자로서 대한다. 이것은 우리 입장에서 반문화적이고 의도적이다. 맨 처음부터 우리의 입장은 남성과 여성이 평등하다는 것이었다. 하나님이 남자를 부르신 것처럼 여자도 부르셨다. 남자가 제자를 삼을 수 있다면, 여자도 제자를 삼을 수 있다. 그래서 이 운동에는 리더이고 교회개척자인 여성들이 많다. 그들은 사람들을 제자화하고 온 가족을 구원했다. 우리는 교회에서 여성을 리더로 세우는데 아무런 문제가 없다. 우리 단체의 대표는 여성이다. 그녀는 아주 훌륭한 섬기는 리더다.

24. 영적 전쟁이 당신의 경험의 일부라면 영적 전쟁을 어떻게 설명하겠는가?

영적 전쟁은 계속되는 제자 훈련의 일부다. 일단 당신이 주님의 편에 선다면, 어둠의 권세와 주관자들에게 맞서 싸워야 한다. 영적 전쟁은 박해, 가족 문제, 자녀의 질병, 당신을 반대하는 사람, 거짓 비난하는 사람을 통해 올 수 있다. 이런 종류의 모든 공격은 우리가 직면한 영적 전쟁의 일부로써 다양한 방향에서 올 수 있다. 그러나 우리가 이 전쟁에서 계속 기도하고 굳게 설 때, 그리스도가 이미 승리하셨기 때문에 승리는 우리 것이다! 신자들은 이 사실을 안다. "우리는 싸워야 하고 인내해야 한다." 포기하면 진다. 우리가 전장에 남아있는 한 승리는 보장된다.

사람들이 주님을 영접한 후 계속 성숙되어 가기가 쉽지 않다. 유혹, 박해, 반대가 있다. 많은 일이 일어나겠지만 우리는 항상 하나님을 의지해야 한다. 인생은 싸움의 연속이지만 모든 승리는 우리가 다음 싸움에 대한 믿음을 갖도록 도와준다. 다윗은 하나님이 어떻게 사자와 곰을 이기게 하셨는지 기억했고, 그로 인해 믿음이 커졌고 골리앗에게 맞섰다. 하나님은 과거의 승리에 기반을 두신다.

대부분의 경우 전쟁은 우리 마음속에서 일어난다. 마음은 영혼과 연결되어 있고 감정과 연결되어 있어서 우리를 산만하게 할 수 있다. 그래서 우리는 끊임없이 자기 마음을 주시하고 모든 생각을 사로잡아야 한다(고후 10:4-5). 마귀는 온갖 종류의 생각들을 가져오고 우리는 그것들과 씨름하기 시작한다. 하지만 나는 내 마음과 정신에 외친다. "하나님이 하신 일을 항상 기억하라." 그런 다음 나는 씨름을 멈추고 승리하기 시작한다. 시편기자는 말한다. "내가 주께 범죄 하지 아니하려 하여 주의 말씀을 내 마음에 두었나이다."(시 119:11). 예수님이 사탄에게 대답하셨을 때, 하나님의 말씀을 사용하셔서 우리에게 본을 보여주셨다(눅 4장). "이것이 너희가 이 전쟁에서 싸우는 방법이다. 인간의 논리를 사용하려고 하지 말아라. 그렇지 않으면 마귀가 더욱 혼란스럽게 만들 것이다. 하나님의 말씀을 사용해라." 그래서 기도와 하나님의 말씀은 우리가 이 전쟁에서 싸우는데 도움을 준다.

영적 전쟁은 항상 외부로부터 오는 것이 아니다. 때때로 우리 단체, 우리 가족, 우리 마음 등 우리 안에서 일어난다. 그래서 그것은 매일 다른 종류의 경험이다. 거시적인 차원에서도 우리가 이 운동을 방해하는 영적 세력에 맞서는 방법은 이 진리들을 적용하고 하나님의 말씀에 순종하는 것이다.

25. 사단이 운동의 진전을 막기 위해 사용하는 전형적인 전략이 있었는가?
그렇다. 사탄이 선호하는 전략 중 하나는 하나님의 백성을 좌절시켜서 그들이 낙심하고 포기하는 것이다. 흔히 박해는 6장에서 이미 언급했듯이 좌절을 가져오는 사탄의 첫 번째 전략의 일부다. 또 다른 전략은 진리를 가장하는 것이다. 유사하지만 근거 없는 것을 제시한다. 많은 위조된 것들은 오래가지 않지만 사라지기 전에 심각한 피해를 줄 수 있다. 사탄의 세 번째 전략은 비교를 통해 생길 수 있는 산만함을 만들어내는 것이다. "그는 성공하고 있지만 나는 아니야. 그는 오토바이를 가졌는데 나는 없어. 그는 자기 집을 짓고 있지만 나는 못 지어."

또한 사탄은 특히 리더들이 짓는 눈에 띄는 죄를 통해 방해하려고 한다. 이 운동이 시작하자마자 교회 리더들 중 한 명이 간음하다가 잡혔다. 어떤 사람들은 우리가 교회를 폐쇄해야 한다고 생각했다. 하지만 우리는 사도바울이 고린도 교회에 취한 반응을 적용하려고 노력했다. 교회 권징의 목표는 징계가 아니라 회복이다. 죄가 무엇이든 사탄의 전략은 정죄하고 파괴하는 것이지만 하나님의 전략은 구속(redeem)하는 것이다.

26. 이 운동에서 표적과 기적은 일반적인 것인가? 그것들은 기도와 금식과 관련이 있는가?

우리의 상황에서 표적과 기적은 복음이 전파되는 곳마다 항상 뒤따른다. 기적은 이 운동에서 아주 흔하지만 우리는 거기에 집중하지 않는다. 우리는 이 땅에 하나님의 영광을 드러내기 위해 그분께 순종하고 그분이 명령하신 것을 행하는데 집중한다. 하나님이 위대한 일을 하시고 살아계신 하나님이신 것을 드러내시리라 믿으며 기도하고 금식한다. 그러나 X만큼의 기도와 금식이 결국 기적의 가능성을 Y만큼 증가시킨다는 식의 공식은 없다. 우리는 하나님의 팔을 비틀어서 그분이 행동하시도록 특별한 일을 하려는 것이 아니다. 그분이 우리의 사랑스러운 아버지이시기 때문에 우리는 그분께 가까이 다가간다. 그분이 위대한 구원자이시기 때문에 놀라운 일을 하신다.

27. 이 운동이 일어나고 있다는 것을 믿지 않는 외부 기독교인들의 비판을 어떻게 다루는가?

우리는 하나님이 우리에게 하라고 맡기신 일을 계속할 뿐이다. 다윗의 형제들이 그를 비판했을 때도 그것이 그가 골리앗과 싸우는 것을 막지 못했다. 그는 하나님께 순종했고 하나님이 그에게 하라고 말씀하신 것을 해냈다. 그는 다른 사람들이 아니라 하나님이 말씀하신 것에 집중했다. 우리도 그렇게 한다. 느헤미야가 성벽을 건축할 때도 마찬가지였다. 그는 그 일을 계속했을 뿐이다.

28. 운동의 추진력을 어떻게 여러 세대에 걸쳐서 유지하는가?

처음부터 지역 리더들이 참여했고 그들이 그 과정을 주도했다. 그들은 자신의 지역사회에서 사역에 필요한 것을 얻는다. 각 지역에 소규모 운동이 있고 그것들을 모두 합치면 큰 운동이 된다. 그들은 각자의 (12장의 원리들이 반영된) DNA를 가까운 사람들에게 전수해서 동일한 DNA가 세대를 통해 전수되도록 한다. 모든 사람은 자신의 관계망을 가지고 자신의 내적 동기를 따라 행동한다.

사람들과 복음을 나누는 첫날부터 우리는 그들에게 말한다. "우리가 어떤 복을 받든지, 다른 사람들과 나눠야 해요." 같은 방식으로 우리는 리더들에게 말한다. "우리가 무엇을 배우든지, 다른 사람들과 나눠야 해요." 그래서 사람들이 주도권을 가지고 새로운 교회를 시작할 때 그들이 받았던 것과 동일한 축복을 전한다.

29. 무엇이 증식의 가능성을 증가시키는가?

단순한 성경적 패턴이 사람들의 눈부신 아이디어보다 훨씬 더 효과적으로 이 사역을 증식시킨다. 증식은 모든 사람이 주인의식을 갖고, 모든 사람이 권한을 부여받아 모든 사람이 하나님의 명령에 순종할 때 자연적으로 일어난다.

30. 빠른 증식이 피상적인 신자들을 만들어냈는가?

사람들이 하나님의 말씀을 적극적으로 공부하고 지속적으로 순종한다면 왜 그들이 피상적이 되겠는가? 피상적인 것은 하나님의 말씀에 대해 순종하기보다 더 많은 진리를 알려고만 하는 사람들에게서 비롯된다. 발견성경공부는 이 두 가지 문제를 다 막아준다. 신자들은 그리스도 안에 거할 때 열매를 맺는다. 모든 사람은 성장하고 증식할 수 있는 기회가 있다. 보즈푸리 운동은 20년 이상 계속 증식해 왔다. 어떤 사람들은 궁금해한다. "이처럼 빠르게 성장하는데 어떻게 이 운동이 피상적이지 않고 동시에 계속 확산될 수 있는가?"

대답은 간단하다. 우리는 문제를 성경적으로 다루고 리더십이 가능한 빨리 성숙할 수 있도록 만든다. 모든 사람이 자신의 영향력의 범위 안에서 잃어버린 사람들을 전도할 비전을 가지고 있고 그룹들은 안수받거나 사례받는 리더들에게 의존하지 않는다.

사도행전의 교회는 급속한 증식이 피상적인 신자들을 만들 수 있다고 걱정하지 않았다. 그들은 가능한 많은 사람들에게 복음을 선포하고 그리스도를 아는 구원의 지식을 얻게 하라는 예수님의 명령에 순종하는데 집중했다. 우리도 그렇게 하고 싶고 다른 신자들도 그렇게 하기를 바란다.

31. 인도에서 일어난 이런 CPM이 서구에서는 일어날 수 없는가?

하나님의 백성이 그분의 말씀에 순종하면 그것은 어디서든지 역사한다. 이 운동은 시골 지역에서 시작했고 많은 사람들이 "도시 지역에서는 안 될 겁니다."라고 말했다. 그러나 우리는 하나님이 일하실 수 있는 곳과 없는 곳을 제한할 수 없다. 하나님은 사람들이 기꺼이 순종할 때 어디서든지 일하실 수 있다. 우리가 특정 장소에서 "하나님이 일하실 수 없어요."라고 말한다면 하나님에 대한 우리의 믿음에 문제가 있는 것이다. "내 믿음이 커지기 위해서 무엇을 해야 하나요?"라고 묻는 것이 더 낫다. 하나님이 우리가 구하거나 상상하는 모든 것보다 측량할 수 없을 만큼 더 많은 것을 하실 수 있다고 신뢰하는 것이 필요하다.

아람 사람들은 이스라엘의 하나님이 산의 신일뿐이고 특정 지역에서만 일하실 수 있다고 생각했다. 하지만 하나님은 평지에서 그들을 물리치시고 자신의 위대함을 보여주셨다. 그분이 말씀하셨다. "아람 사람이 말하기를 여호와는 산의 신이요 골짜기의 신은 아니라 하는도다. 그러므로 내가 이 큰 군대를 다 네 손에 넘기리니 너희는 내가 여호와인 줄을 알리라."(왕상 20:28). 우리의 임무는 하나님을 믿고 순종하라는 도전을 받아들이는 것이다.

32. 개종(proselyting)에 대한 비난을 어떻게 피하는가?

우리가 사람들을 기독교로 개종(convert)시켰다고 비난한다면 우리는 사람들을 어떤 종교로 개종시키기 위해 여기 있는 것이 아니라고 대답한다. 우리는 사람들의 삶을 변화시키기 위해 여기 있다. 우리는 사람들을 어떤 종교로 개종시키기 위해서가 아니라 온 세상의 모든 믿는 사람들에게 영생을 주시기 위해서 예수님이 이 세상에 오셨다는 사실을 성경에서 인용한다. 우리가 하는 일은 서로 사랑하고 가난하고 억압받는 사람들을 돕는 일이 포함된 예수 그리스도의 복음을 나누는 것이라고 설명한다. 누군가 우리의 활동과 행동이나 메시지에 영향을 받아 예수님을 따르고 싶다면 우리는 그 사람을 개종시키지 않는다. 그것은 그들의 개인적인 결정이다.

과거에 일부 사람들이 약간의 재정적이거나 사회적인 이득을 얻기 위해 기독교로 개종했다. 그래서 그들이 개종했다는 증거로 눈에 띄는 외면적 변화가 가장 중요했고 그것 때문에 그들은 이득을 얻었다. 그러나 그것이 기독교인들 가운데 영적 변화나 진정한 영적 삶을 촉진시키지는 못했다. 우리는 외면적인 것들에 관심이 없고 이 운동은 사람들에게 어떤 재정적이거나 사회적인 이득을 제공하지 않는다. 우리는 모든 사람을 축복하려고 한다. 그 가운데 마음을 여는 사람들은 하나님의 말씀에 순종하고, 그분의 백성과 교제함으로 그리스도를 통해서 하나님과 개인적인 관계를 경험할 수 있다.

33. 인도에서 '개종(conversion)'은 왜 그렇게 큰 이슈인가?

인도인의 대다수는 힌두교인이지만 공식적 인구조사 자료는 힌두교 인구 비율이 1951년 84.1%, 1991년 81.5%, 2001년 80.4%, 2011년 79.8%로 꾸준히 감소한 것으로 나타났다. 이 비율은 인도 인구의 급속한 증가에도 불구하고 계속 감소해 왔다. 기독교인의 비율은 이 60년 동안 공식적으로 2.3%에 머물렀고 무슬림의 비율은 (주로 더 높은 출생률로 인해) 증가했다. 어떤 종교에서 다른 종교로 개종했을 수 있는 수치와 관련해서 구할 수 있는 공식 자료는 없지만 기독교와 힌두교 자료에서 나오는 일화적 (anecdotal) 증거는 많은 수의 '개종'을 암시한다.

　인도 헌법 제25조는 "양심의 자유와 자유로운 직업, 종교의 실천과 전파"를 보장한다. 하지만 일부 주는 ('종교의 자유'법으로 완곡히 불리는) 개종금지법을 통과시켰고 현재 중앙정부는 개종금지법 통과에 우호적이다.

　힌두교 민족주의 단체들은 기독교 선교사들이 강제로 힌두교인들을 기독교로 개종시킨다고 주장한다. 그래서 개종금지법에 명시된 목적은 "강제, 사기, 유인, 유혹에 의한" 종교의 개종을 금지하는 것이다. 하지만 대부분의 기독교인들은 이 법이 모든 유형의 종교적 변화를 막고 힌두교 문화의 지배력을 유지하려는 의도라고 본다. 힌두교 민족주의자들은 자주 기독교 사역자들을 괴롭혔다. 거짓 고발로 그들을 투옥시키거나 기도모임을 공격했고 힌두교인들을 개종시키려는 기독교인을 붙잡았다고 주장했다.

　여러 주에서 소수 기독교 공동체 구성원들에게 불리한 종교의 자유법에 따라 근거 없는 기소가 시작되었다. "미국 국제종교자유 위원회는

2011년 보고서에서 이렇게 지적했다. '종교적 소수자들에 대한 괴롭힘과 폭력은 "종교의 자유" 법안을 채택했거나 그런 법률을 고려하는 주에서 더 두드러지게 나타난다.' 보고서는 추가로 이렇게 언급했다. '이 법률로 인한 체포는 거의 없었고 유죄 판결은 전혀 없었다.' 미 국무부에 따르면 2009년 6월부터 2010년 12월 사이에 약 27건의 체포가 마디야 프라데시(Madhya Pradesh)와 차티스가르(Chhattisgarh)에서 있었지만 아무도 유죄 판결을 받지 않았다.'[46]

앞에서 설명한 것처럼 우리가 아무도 "개종"시키지 않지만 이런 종류의 "개종금지" 압력은 우리 사역에 도전으로 여겨진다.

34. 기독교가 외국종교라는 비난에 어떻게 대응하는가?

우리는 실제 리서치 하고 많은 사람들에게 물었다. "왜 사람들은 기독교가 외국종교라고 말할까요?"

주된 대답은 이것이다. "사람들이 그리스도를 영접할 때 그들의 음식문화가 너무 달라지기 때문이에요. 그들은 수저를 사용하고 흰 셔츠와 넥타이를 착용하기 시작해요. 그들은 높임말을 사용하는 대신에 '엄마'와 '아빠'라고 부르기 시작하죠. 그래서 외국인처럼 느껴져요."

그래서 우리는 이런 문제점을 발견했다. '사람들은 자신의 신앙을 바꾸는 것이 아니라 생활양식과 문화를 전부 다 바꾸었다.' 신자들이 외국문화를 받아들이기 때문에 사람들이 외국종교라고 부르는 것이다.

한 마을에서 당신이 "나는 기독교인입니다."라고 말하는 순간 모든 사람은 즉시 "아, 이 사람은 포도주를 마시고 소고기와 돼지고기를 먹는 대

---

46   "인도에서 개종금지법의 확산"을 참고하라. http://evangelicalfocus.com/blogs/1734/The_Spread_of_Anticonversion_Laws_from_India#_edn10 2018년 12월 15일에 접속.

성당에 다니나 보네."라고 생각한다. 그래서 우리는 기독교에 대한 인식을 바꿔야 한다. 우리는 기독교 메시지를 지혜롭게 제시해야 한다. 시골 지역에서 기독교는 인도 방식이어야 한다.

소도시나 도시에서 사람들은 일반적으로 기독교가 서구 방식이라도 크게 개의치 않는다. 그중 일부는 기독교인이 되기를 원할지도 모르는데 그것은 기독교 문화를 받아들인다는 의미다. 시골 지역에서는 이 점이 많은 사람들의 관심을 끌지 못한다. 그래서 우리는 그 상황과 우리가 대화하고 있는 사람에 대해 알아야 한다. 우리는 청중에 따라 명확하고 타당한 답변을 준다.

35. 이 운동의 신자들은 자신을 무엇이라고 부르는가? 그들의 공적인 종교 정체성은 무엇인가?

이 사역의 시작부터 우리는 결코 정체성의 위기를 겪지 않았다. 그래서 우리는 교파를 만들거나 교회에 가입할 필요도 없었다. 이것이 일부 전통적인 사고를 하는 사람들을 혼란스럽게 한다. 그들은 말한다. "당신은 주교도 아닌데 어떻게 수천 개의 교회가 있다고 말씀하시죠?" 우리는 우리 이름이 남길 원하지 않는다. 이 운동은 계속되고 있다. 그것은 하나님의 일이고 다른 사람들에게 영감을 주었다. 이 운동은 중앙집권화되지 않고 원심적이며 추진력이 외부로 향한다.

이 운동의 많은 사람들은 '기독교'라는 단어를 사용하지 않는다. 그것이 외국종교로 간주되기 때문이다. 그래서 우리는 제자를 '신자'라고 부른다. 모든 사람이 이 용어를 이해하지만 부정적인 반응을 일으키진 않는다. 우리는 다만 문제를 일으킬 수 있는 종교적 용어의 사용을 피한다.

어떤 맥락에서 우리는 예수 박타(Jesu Bhakta, "예수 그리스도의 제자"를 의미하는 힌디어)를 삼고 있다고 말한다. 그들은 스스로를 기독교인이라고 부르지 말아야 한다. 이 운동의 많은 사람들이 말한다. "우리는 그리스도를 따르는 자들입니다. '기독교인'이 아닙니다." 그들은 예수님의 제자가 되는 것이 이름을 바꾸고 특정한 음식을 먹거나 특정한 옷을 입는 것을 의미하지 않는다는 것을 이해한다. 변화는 자신의 마음과 하나님과의 관계와 기도 생활에서 일어난다. 우리는 사람들에게 기독교인이 되기 위해 '개종'했다고 말하지 않고 (사람들이 우리가 '개종'했다는 표시로 해석할 수 있는) 이름도 바꾸지 않는다.

우리의 목표는 사람들에게 예수님과 그분이 가르치신 것을 알려주어서 그들이 예수님을 따를 수 있게 하는 것이다. 따라서 우리의 생활방식은 이 목표를 이루는데 문화적으로 적합하다. 우리는 그 지역 문화와 관습을 존중한다. 사람들은 성경에 위배되지 않는 한 음식과 언어, 혹은 생활방식을 바꾸지 않아야 한다. 예를 들면 내가 결혼했을 때 '기독교 문화'가 아니라 나 자신의 문화 양식을 따랐다. 내 아내는 (힌두교인에게 평범하지만, 기독교인에게 평범한 흰색 드레스와는 다른) 붉은색 사리를 입었다. 이렇게 우리가 중립적인 문화 양식을 계속 유지한다면 사람들에게 우리가 '외국 종교로 개종'하지 않은 것으로 보인다.

36. 신자들은 더 보편적인 (세계적이고 역사적인) 그리스도의 몸과 어떤 연대감을 가지는가? 그들은 교파에 속하지 않고 그중 많은 사람들이 자신을 기독교인이라고 부르지 않는데. "우리는 누구인가?"에 대한 그들의 생각은 무엇인가?

처음부터 이 운동은 교육과 상호지원 관계를 통해 세계 교회와 연결되어 있었다. 일부 마을에서 많은 신자들은 가족 중에 그리스도를 영접한 첫 번째 사람들이다. 그래서 '교파'에 대한 개념이 전혀 없다. 그리고 성경이 교파를 언급하지 않기 때문에, 뭔가를 놓치고 있다고 생각하지 않는다. 연례 보즈푸리 콘퍼런스처럼 대규모 콘퍼런스는 그들이 "우리는 혼자가 아니다. 우리에게는 많은 지체들이 있고 우리 모두는 그리스도 안에 있는 거대한 가족이다."라는 사실을 느끼도록 도와준다. 우리는 주 전역과 그 주변의 리더들을 콘퍼런스에 참여하도록 초대한다. 그래서 사람들은 그리스도의 몸과 연대감을 느낀다.

더 많은 교육을 받고 국제적인 인식을 가진 리더들은 자신과 모든 신자들이 세계적이고 역사적인 그리스도의 몸에 속한다는 것을 안다.

37. 비전은 있었지만 운동의 조짐이 없었던 초창기에 개인적으로 배운 교훈은 무엇인가?

내(빅터)가 이 사역을 시작할 즈음 몇 년 동안 매우 침체되어 있었다. 나는 때때로 무척 외로웠다. 친구들을 모두 잃었고 사역에서 많은 일이 일어나지 않았기 때문이다. 나는 반복해서 보즈푸리 지역이 '선교의 무덤'이라는 생각을 무의식적으로 상기시켰다. 그러나 나는 그것을 인정하길 거부하려고 애썼다. 그 전쟁은 날마다 계속되었다. 많은 사람들이 내가 하고 있는 일이 미친 짓이라고 생각했다.

나는 사람들에게 내 사역을 어떻게 분류해야 할지 설명하기가 어렵다는 것을 발견했다. 내가 "나는 개척하는 교회 개척자입니다."라고 말하면 사람들이 물었다. "왜 당신은 가족과 함께 멀리 떨어진 곳에 거주하지 않고 그리스도를 위해 고난을 당하고 있나요?", "왜 당신이 목회하는 교회가 없나요?"

내 친구들은 나에게 거리를 뒀다. 내가 잘못된 길을 가고 있다고 생각했기 때문이다. 내 주위에 내가 의지하거나 나를 보호해 줄 수 있는 사람들이 많지 않았다. 나는 매우 연약해졌다. 사람들은 "나는 빅터가 올바른 사역을 하고 있다고 생각하지 않아."라고 말했고 모든 사람이 그렇게 믿었다.

나는 하나님께 이 문제에 관해 물었고 하나님은 이렇게 말씀하셨다. "내가 너의 친구다."

나는 스스로에게 물었다. "내가 정말로 하나님을 아는가?" 내가 그렇지 못하다는 것을 발견했다.

하나님이 말씀하셨다. "지금이 나를 친구로서 알 수 있는 기회다. 하나님과 창조주로서만이 아니라 너의 친구로서 나를 발견할 수 있는 기회다."

이것이 나를 해방시켰다. 나는 갑자기 매우 만족스럽고 행복하고 자유로워진 나 자신을 발견했다. 나는 언제든지 하나님의 임재 가운데 있을 수 있었다. 이제 내가 무엇을 하든지 그분의 임재 안에 있고 그분의 영광 안에 있고 거룩한 손길을 느낄 수 있다. 나는 내 친구들이 나에게 이것을 선물로 주었다고 말한다. 그들이 나를 떠나지 않았다면 나는 여전히 이것을 경험하고 있지 못할 수도 있기 때문이다.

내가 이런 식으로 하나님을 만나지 못했다면 이 운동은 시작되지 못했을 것 같다. 이 운동은 하나님과의 강한 내적 관계 위에 세워져야 한다. 그것은 당신이 가르치는 철학이 아니다. "성공적인 교회개척을 위한 4가지 요점"이 아니다. 어느 시점에서 당신은 창조주를 만나고 그분과의 일대일 만남을 갖고 이를 친밀한 관계로 발전시켜야 한다. 이때부터 자기 부인과 자기 평가의 과정이 시작된다. 이 지점에서 미래가 현재가 되고 신자는 하나님의 목적을 성취하면서 또 다른 단계로 넘어갈 수 있다.

그것은 내 개인의 거룩이나 성화나 지식에 관한 것이 아니다. 그것은 생활방식으로서의 단순한 순종이다. 하나님이 나를 벌하실까 봐 두려워서 순종하거나 규칙으로서 순종하는 것이 아니다. 하나님과의 만남과 관계는 그분이 누구신지와 내가 누구인지를 이해하게 했다.

"내가 이것저것을 해서 이 운동이 일어났어요." 당신은 내가 이렇게 말하는 것을 결코 듣지 못할 것이다. 나는 그리스도가 하신 일을 잘 알고 있다. 나는 내가 하나님을 움직이고 일하시게 만드는 선한 행동을 결코 할 수 없다는 것을 안다. 우리는 모든 것을 하신 분이 하나님이라는 것을 깨닫고 인정해야 한다. "내가 해냈어요." 나는 이렇게 말하지 않으려고 매우 조심한다.

누군가 "당신이 사람들에게 해 주고 싶은 말이 있다면 무엇인가요?"라고 묻는다면, 나는 이렇게 말할 것이다. "당신은 '집으로 가서' 하나님과의 내면의 우정을 발전시켜야 합니다. 거기서 하나님은 당신에게 친구로서 이야기하실 수 있어요."

나는 힌두교인들과 함께 고츠(Ghats, 갠지스 강으로 내려가는 계단)를 걸으며 손을 들어 기도하곤 했다. 나는 스스로를 괴롭혔지만, 별다른 일이 일어나지 않았다. 내가 한 일 때문에 하나님이 움직이시는 것이 아니다. 어떤 사람들은 자신이 특별한 일을 하고 나면 하나님이 움직이실 것이라고 생각한다. 그들은 하나님이 인간의 행위에 의해서 좌지우지되시는 것처럼 말한다. "내가 40일을 금식했더니, 하나님이 움직이셨어요.", "내가 무릎을 꿇고 기도했더니, 하나님이 돌파해 주셨어요." 인간은 아무도 "내가 하나님이 이런 행동을 하시도록 만드는 일을 했어."라고 생각해서는 안된다.

나는 그런 말을 들으면 떨린다. 그리고 이런 생각을 한다. "우리 하나님이 누구신지 아는가? 그분은 소멸하는 불이시다. 그분은 내 삶을 순식간에 없애실 수 있다." 나는 결코 이렇게 말해서는 안 된다. "내가 하나님이 움직이시도록 이 일을 했어요." 어떤 사람들이 당신을 궁금하게 만드는 말을 할 것이다. "당신이 가기 전에 하나님이 거기 계셨나요?" 내가 뭔가를 해서 하나님이 움직이신 것이 아니다. 그것은 하나님의 운동이다. 우리는 그분이 하시고 계신 일을 따르고 하나님이 주신 역할을 할 뿐이다.

38. 미래에 대한 비전은 무엇인가?

우리의 비전은 대위임령에 계속 순종하고, 그리스도를 여러 언어 지역사회에 전하고, 전 세계에 영향을 주는 것이다. 대위임령은 전 세계적인 비전이다. 그래서 우리는 모든 사람들에게 영향을 미치기 위해 그 비전을 나눈다. (9장 '보즈푸리를 넘어서'에서 설명한) 우리가 보았던 운동의 진전은 우리가 하나님이 미래에 하실 일을 믿도록 격려한다.

39. 이 운동에서 외국인은 (만일 있다면) 어떤 역할을 하는가?

이 운동이 토착적이고 인도인들에 의해서 주도되는 동안 우리는 다른 나라에서 온 친구들의 공헌, 특히 가르침과 수많은 자원에 대해서 무척 감사한다. 우리 단체의 역사 내내 우리는 서구인들과 동역관계를 가져왔다. 외국인들은 우리가 이미 언급했듯이 수년에 걸쳐 유용한 역할을 많이 해왔다. 요즘 우리는 지역 사람들의 기술을 향상시키기 위해서 의학, 비즈니스, 교육, 영어교육과 같은 분야에서 단기 자원봉사자들을 훈련가로 쓰고 있다.

또한 우리는 하나님이 여기서 하신 일들에 대한 이야기를 기록하기 위해 많은 도움이 필요하다. 우리는 그 이야기들을 기록할 시간이 없고 우리 중 누구도 영어로 글쓰기를 잘하지 못한다. 우리는 이 일을 도와줄 사람이 필요하다. 또한 여기 와서 우리를 가르쳐 주고 핵심 리더들에게 목회적 돌봄을 줄 수 있는 사람들도 필요하다. 하지만 외국인들이 현장에 나가서 복음을 직접 전할 필요는 없다.

외국인들이 지역사회 접근 전략에 참여할 때 그들도 복음을 전할 수 있는 기회들이 약간 생긴다. 예를 들면 어떤 사람이 비즈니스 수업을 가르친다면 그는 다른 신앙을 가진 사람들과 직접 소통할 수 있고 전도할 기회를 얻는다.

최근 한 교수가 대학생들을 가르치기 위해 텍사스에서 왔다. 10일간 가르치는 동안 그는 누군가를 그리스도께로 인도했다. 외국인들이 영어를 가르치든, 다른 기술개발 프로그램을 가르치든, 수준에 맞게 가르치면 학생들과 직접 소통할 수 있다. 전문성을 가진 외국인이 온다면 그 분야의 훈련가를 양성하는 교육을 할 수 있다. 또한 사업가들을 교육하고 그들을 컨설팅할 수 있다. 그러나 우리는 외국인들이 사람들을 전도하기 위해 직접 지역사회에 가는 것을 권하지 않는다.

40. 전 세계 다른 지역에 있는 기독교인들이 어떻게 이 운동을 위해 긍정적인 역할을 할 수 있는가?

운동을 위해 기도하는 것이 첫 번째다.

- 비신자들에게 복음을 전하고 매일 어려움과 문제에 직면하면서 이 운동의 최전방에서 필수적인 역할을 하고 있는 사람들을 위해 기도하라.
- 하나님의 말씀이 전해질 때 비옥한 땅에 심기고 성장하고, 성령님이 사람들을 만지시고 그리스도께 이끄시도록 기도하라.
- 이중직 사역자들의 필요를 위해 기도하라.
- 하나님이 장애물을 극복하시고 반대하는 그룹들과 개인들조차 복음에 마음의 문을 열 수 있도록 기도하라.

또한 위에서 언급했듯이 전 세계 다른 지역에서 온 기독교인들도 다양한 총체적 프로젝트에 지원해서 참여할 수 있다. 모든 사람들이 어떤 역할을 하면서 자신의 기술들을 가지고 이 운동에 기여할 수 있다.

41. 이 사역을 지원하거나 직접 와서 참여하고 싶다면 어떻게 연락할 수 있는가?
www.apii.org/contact을 통해 우리와 연락할 수 있다.

☏ 한국 연락처: 킹덤 파트너스(dorcas2002@hanmail.net)

역자 소개

이현수

북코카서스 지역에서 사역했고, 국제프론티어스선교회 한국본부를 개척하여 현재까지 대표를 맡고 있다.

염종열

이곳, 저곳에서 소규모 교회들을 개척하고 있다. 함께가는교회 목사이고 한 아내와 세 자녀의 아빠이다.

보즈푸리 돌파

초판 발행: 2024년 3월 18일

지은이: 빅터 존, 데이브 콜스
옮긴이: 이현수, 염종열
펴낸이: 30일기도운동네트워크
펴낸곳: 30일기도운동네트워크
등록: 제 2020-000324
주소: 서울시 강남구 학동로88길 12, 403호(삼성동)
전화: 02-518-0290
팩스: 0303-0518-0293
이메일: pray30days@gmail.com

ISBN: 979-11-973974-0-0 (03230)